Quelle économie politique pour la France ?

Yves Perrier
François Ewald

Quelle économie politique pour la France ?

Pour un nouveau pacte entre l'État, les entreprises et les citoyens

Préface d'Hubert Védrine

Éditions de L'Observatoire

ISBN : 979-10-329-2269-9
Dépôt légal : 2023, mars

170 *bis*, boulevard du Montparnasse, 75014 Paris

Préface
d'Hubert Védrine

L'analyse critique solidement étayée de l'histoire économique de la France depuis la globalisation, que nous propose Yves Perrier dans cet ouvrage écrit avec François Ewald, est percutante, opportune et vient au bon moment. Elle se nourrit de l'exceptionnelle expérience économique et financière acquise par le premier au sein des plus grandes banques françaises ou entités financières au cours des dernières décennies ainsi que de la réflexion philosophique et sociale du second. Ils n'y vont pas par quatre chemins, et ils ont raison, car il y a urgence. Le déclin français – ou plutôt le décrochage – est maintenant une évidence mesurable et difficilement contestable, depuis, selon eux, les années 1980. Je ferais pour ma part une analyse un peu différente de la période mitterrandienne et de son bilan, mais là n'est pas la priorité d'aujourd'hui. Pour les auteurs, si la France a raté le virage de la globalisation, outre le fait de ne plus avoir assez travaillé et d'avoir cru que l'euro nous dispenserait de tout effort, c'est pour une raison principale : avoir laissé se déliter, par aveuglement, intérêt ou idéologie, le pacte entreprises-État-citoyens qui, en alignant les intérêts de tous les acteurs autour d'un projet commun, avait fait la force du pays aux premières heures de la Ve République. C'est aussi d'avoir sous-estimé la permanence et les conséquences d'une stratégie de puissance des États-Unis dans ce qui a pourtant toujours été une américano-globalisation. C'est enfin de n'avoir tiré aucune leçon des vrais fondements du succès du « modèle » allemand, et de n'avoir pas voulu voir la volonté allemande de reconstitution d'une puissance géopolitique par l'économie. Le constat est sévère ! On pourra discuter certains points, mais il est difficile aujourd'hui de contester l'analyse qu'ils font de « la grande divergence France/Allemagne », que mesurent la « désindustrialisation », les « déficits » et « l'endettement croissant ».

Une des forces de cet essai est aussi, on le voit à propos de l'Allemagne, d'asseoir cette rigoureuse histoire économique sur une vision réaliste du contexte géopolitique européen et mondial. Mais pas seulement. Il intègre totalement à sa réflexion la transition énergétique, qui passera par une « révolution industrielle, laquelle nécessite une nouvelle économie politique ». C'est très fort, c'est vigoureux, nourri par l'expérience économique et financière d'Yves Perrier ainsi que sa réflexion sur les transformations induites par la transition énergétique. Son plaidoyer en faveur de la réindustrialisation du pays prend au sérieux l'avertissement de Thierry Breton lorsqu'il déclare qu'« il est vital de maintenir en Europe une base industrielle solide, en particulier dans les secteurs essentiels pour l'avenir », poursuivant : « Le destin de l'Europe est entre nos mains. » Il s'accorde également avec la volonté de Bruno Le Maire voulant faire de la France « la première nation industrielle verte d'Europe ». L'analyse des causes du déclin industriel français est absolument en phase avec l'analyse que fait Nicolas Dufourcq, à partir des témoignages et des recommandations qu'il a recueillis en 2021, dans *La Désindustrialisation de la France*. Dans le chapitre 3, « Capitalisme : le temps de la réforme » – où Yves Perrier est au cœur de son expertise –, le tableau des limites du capitalisme financier et de la nécessité de sa réforme est éclairant et convaincant. Fait remarquable : sur ce point névralgique, il est en phase avec ce qu'a écrit Jacques de Larosière, l'ancien directeur général du FMI, en 2021, dans *Quarante Ans d'égarements économiques*. On pourrait citer Éric Lombard – qui, dans son dernier livre, se dit en accord avec Thomas Piketty ! –, pour critiquer les taux de rendement trop élevés exigés par les investisseurs[1], le célèbre éditorialiste économique du *Financial Times* Martin Wolf qui parle de la crise du capitalisme démocratique[2] ou encore Joseph Stiglitz, Prix Nobel d'économie qui, dans un ouvrage paru en 2019, nous prévient : « Nous devons maintenant réécrire à nouveau les règles afin que notre économie serve mieux notre société[3]. » Il est frappant de voir que des personnes aussi différentes, aussi remarquables, nourries d'expériences d'aussi haut niveau se rejoignent sur les mêmes urgences. Et encourageant !

Et maintenant ? Il faut souhaiter que chacune des composantes du pacte proposé soit lue et débattue, et qu'elle ait des suites concrètes. Le nouvel équilibre

1. Éric Lombard, *Au cœur de la finance utile*, Éditions de l'Observatoire, 2022.

2. Martin Wolf, *The Crisis of Democratic Capitalism*, Penguin Press, 2023.

3. Joseph E. Stiglitz, *Peuple, pouvoir et profits*, Les Liens qui libèrent, 2019.

à atteindre État-entreprises-marchés financiers. Très bien ! Mais comment y parvenir et dompter les forces qui s'y opposeront ? L'encadrement de l'économie de marché par des politiques industrielles et par une *planification* : il faut préciser sous quelles formes. Même remarque sur la réforme de l'État, la réforme de la protection sociale, la recréation d'un capitalisme responsable *au service du pays*, les réformes proposées pour l'actionnariat et la gouvernance des entreprises, et bien sûr la discipline de « marché/climat ». Sans jamais oublier les évidences de base : la France doit travailler plus, et investir davantage dans la formation. Tout cela, et les auteurs font bien de le rappeler tout au long de l'ouvrage, n'est crédible que dans un cadre européen conçu de façon plus réaliste au sein duquel notre pays devra défendre vigoureusement ses intérêts, ce qui imposera de les avoir plus clairement redéfinis. De belles controverses en vue ! Ensuite, il faudra trouver des relais et des points d'appui en Europe et au sein même des institutions européennes. Impossible ? Je ne le pense pas. L'approche à laquelle Yves Perrier apporte tout le poids de son expérience et de sa réflexion gagne du terrain. Il n'est que de voir les réactions européennes à l'*Inflation Reduction Act* (IRA) américain et à ses 369 milliards de dollars. L'IRA produira peut-être ce que les 20 milliards de sanctions iniques imposées à des banques européennes par le gouvernement américain n'avaient pas suffi à déclencher ! Après les lamentations contre un nouveau « protectionnisme », s'imposera la nécessité pour l'Europe d'imiter les États-Unis en défendant plus fermement ses intérêts.

C'est en fait, avec ce pacte entre l'État, les entreprises et les citoyens, les contours d'un véritable programme de redressement économique de la France qui est proposé aux dirigeants politiques et économiques d'aujourd'hui et de demain, et à leurs inspirateurs et tous ceux qui continuent à vouloir que « la France » ait un avenir !

Hubert Védrine
Février 2023

Introduction

En 1973, le Hudson Institute, un think tank américain, considérait que la France allait devenir le pays dont la croissance économique serait la plus forte. Celle-ci lui permettrait de dépasser ses voisins d'Europe du Nord, l'Allemagne en particulier. La France deviendrait « d'ici dix ans l'économie européenne la plus puissante en ce qui concerne la production totale[1] ». Pour cet institut, « le concept d'une France dans l'ombre industrielle et économique du Royaume-Uni et de l'Allemagne n'est plus plausible. Il reflète un état d'esprit qui aurait pu être adapté à la France pendant sa période de faiblesse, au XIXe siècle ». L'heure était au contraire à la célébration d'une France laborieuse, industrielle, technologique, « puissante et dynamique au plan économique, dont les principales exportations ne sont plus la haute couture et les vins ». Comment comprendre que l'envol que prédisait l'Hudson Institute ne se soit pas réalisé mais qu'au contraire la France ait connu, à partir des années 1980, un déclin continu ?

Car tous les indicateurs convergent : que ce soit en matière de richesse globale ou de PIB par habitant,

1. « L'envol de la France dans les années 1980 », Hudson Institute, p. 17.

de balance commerciale ou d'endettement, la position de notre pays s'est dégradée en Europe et dans le monde. La comparaison avec l'Allemagne est éloquente. Au début des années 2000, les deux voisins font à peu près jeu égal, sur les plans du PIB par habitant, de l'endettement public et du taux de chômage. Vingt ans plus tard, le décrochage de la France est significatif : l'endettement est deux fois plus élevé et le chômage est à un niveau durablement supérieur. Le revenu par habitant était identique entre les deux pays au début des années 2000 ; vingt ans plus tard, celui des Allemands est de 15 % plus élevé que celui des Français.

Le déclin est reflété de manière objective dans ces chiffres, mais il est aussi ressenti par les Français dans leur vie quotidienne à travers la baisse de la qualité des services publics, la crise de l'enseignement ou le déclassement d'une partie de la société. Plus grave encore, les Français perdent confiance dans l'avenir du pays et ne se font plus confiance mutuellement. En témoigne la succession des sondages qui montrent que les Français sont pessimistes sur l'avenir du pays[1].

Notre propos n'est pas de tenir un nouveau discours sur le déclin français, déclin qui doit s'apprécier de manière relative. Il porte au contraire sur les conditions du redressement. La France dispose de nombreux atouts ; mais elle connaît un affaiblissement économique et industriel préoccupant. Le redressement de son économie doit être une priorité pour maintenir sa puissance et assurer une prospérité collective.

1. Par exemple le dernier sondage Elabe, en septembre 2022, conclut qu'une écrasante majorité de français (86 %) sont inquiets, voire très inquiets pour la situation économique du pays.

Le redressement passe en premier lieu par l'établissement du bon diagnostic : faible croissance, déficit budgétaire et commercial, hausse de l'endettement, tous ces indicateurs ne sont pas les causes du déclin français mais seulement ses symptômes. La première partie du livre vise à dégager les causes profondes du déclin à travers la comparaison des trajectoires, plus encore des stratégies, de la France et de l'Allemagne dans le contexte économique façonné par les États-Unis depuis la fin de la Seconde Guerre mondiale. Il en ressort que l'Allemagne et la France ont répondu à partir des années 1980 à ce contexte de manières différentes lorsque les États-Unis ont pris le tournant néolibéral.

Après le choc pétrolier de 1973, et pour faire face à la crise qu'ils traversent, les Américains vont abandonner l'économie politique « fordiste » pour celle du capitalisme financier[1]. Le fordisme était une économie politique reposant sur un pacte entre l'État, les entreprises et les salariés, fort bien résumé par la formule : « *big government, big business, big labor* ». Dans l'après-guerre, ce modèle permit un formidable développement de la prospérité américaine et fut une référence pour les pays européens durant la guerre froide. Le capitalisme fordiste était d'abord un capitalisme industriel, le système financier étant à son service.

À la faveur de la crise, les néolibéraux, avec Ronald Reagan, prennent le pouvoir et vont rompre cet équilibre : « L'État n'est plus la solution, c'est le problème. » Le pouvoir économique change de main :

1. Voir notamment l'ouvrage de Robert Boyer, *Économie politique des capitalismes*, La Découverte, 2015.

il passe progressivement des conglomérats industriels aux nouveaux acteurs qui forment ce que l'on appelle les marchés financiers. Cette nouvelle économie politique – néolibérale dans sa dimension idéologique, financière dans sa dimension économique – est le choix que font les États-Unis. Il va façonner l'économie mondiale dans ce que l'on a appelé la globalisation à partir du début des années 1990, après l'effondrement de l'Union soviétique.

Privés d'ennemis à leur taille, les États-Unis se pensent comme la « nation indispensable[1] » et peuvent croire que l'utopie de « la cité sur la colline[2] », fondement de leur messianisme, est en train de s'accomplir.

C'est alors une tout autre économie politique qui se met en place dans laquelle le pouvoir est donné à ceux que l'on appelait sous l'Ancien Régime les « marchands[3] » : les nouveaux acteurs des marchés financiers, les banques d'investissement notamment. Se met en place ce que l'on a appelé « la discipline de marché » qui encadre les entreprises dans leurs objectifs et leur gouvernance. La volonté de puissance américaine va désormais s'appuyer sur ce nouvel ordre, dont le cœur est à New York, et qui, étant essentiellement américain, est destiné, tout naturellement, à servir les intérêts des États-Unis.

La globalisation va permettre une croissance inédite dans l'histoire, croissance qui sera tirée par le développement des pays émergents, la Chine tout d'abord, qui

1. Formule utilisée pour la première fois par Madeleine Albright, secrétaire d'État sous l'administration de Bill Clinton.

2. Expression que l'on doit à John Winthrop, dans son sermon « A model of christian charity ».

3. Jacques Le Goff, *Marchands et banquiers du Moyen Âge*, Puf, 1956.

devient l'atelier du monde, mais plus généralement l'ensemble des pays d'Asie. En retour, elle va provoquer la désindustrialisation des États-Unis, l'affaiblissement de sa classe moyenne, conduisant à la crise démocratique que connaît aujourd'hui ce pays. Elle va se traduire également par l'affirmation de la stratégie de puissance de la Chine, qui passe de la position d'atelier du monde à celle de concurrent, puis de rival systémique contestant l'hégémonie américaine.

Durant cette période, les choix et les trajectoires de la France et de l'Allemagne vont diverger. Cette dernière ne va pas se départir de son modèle d'économie sociale de marché fondé sur une doctrine, l'ordolibéralisme, qui est la sienne depuis l'après-guerre. Ce modèle, que l'on connaît aussi sous le nom de capitalisme rhénan, diffère profondément du modèle anglo-saxon, dans la mesure où il s'agit d'un capitalisme d'abord industriel, fondé sur une vision de l'entreprise reposant sur un équilibre des parties prenantes, actionnaires et salariés, une vision claire des responsabilités respectives des entreprises et de l'État. C'est en fait un pacte entre les différents acteurs qui est fondé sur un dialogue permanent et qui génère une grande capacité de consensus au service du projet national. L'Allemagne ne cède pas aux mirages de Wall Street et conserve pour l'essentiel son modèle et son ambition nationale tournée vers la puissance économique. Elle sera pendant trente ans, période qui s'apparente pour elle à de véritables Trente Glorieuses, une grande gagnante de la mondialisation, devenant, au plan économique, quasi hégémonique en Europe.

La France, au contraire, a décroché parce qu'elle a laissé se défaire le pacte gaullo-pompidolien qui organisait son économie. L'économie politique qui le sous-tendait était à la fois libérale et colbertiste. Libérale, avec le plan Rueff-Pinay, l'économie étant fondée sur la liberté des agents et des prix ainsi que sur l'initiative entrepreneuriale. Colbertiste, parce que l'État a soutenu les grands projets industriels dans l'énergie, la défense, les transports notamment. *L'État stratège* organisait la cohérence de l'action entre les différents acteurs, notamment grâce à la planification, cette « ardente obligation », pour reprendre l'expression du général de Gaulle.

La première rupture est intervenue au début des années 1980 avec les nationalisations qui vont créer un mouvement de défiance et d'opposition entre l'État et les entreprises, notamment les plus grandes. Le second point de rupture se situe à partir des années 1990 avec le passage du capital des grands groupes français dans les mains des fonds de pension anglo-saxons. Dès lors, l'État et les entreprises vont se désaligner, à la fois dans leurs objectifs et dans leurs modes d'action. Les grands groupes vont s'inscrire dans la logique du capitalisme financier néolibéral, de ses objectifs de rentabilité, de ses méthodes de gouvernance, de ses narratifs. Ils vont s'internationaliser, délocaliser leur production, la France devenant un territoire parmi d'autres. De son côté, l'État va changer de raison d'être : l'État stratège du pacte d'autrefois devient un *État thérapeute* qui s'efforce de compenser socialement les effets du déclin économique. Le citoyen-consommateur maintient peu ou prou son pouvoir d'achat, bénéficiant d'une part des biens de consommation à bas prix des pays émergents, et d'autre part d'une redistribution sociale croissante qui affaiblit la compétitivité des entreprises et accentue ainsi le déclassement économique.

Au pacte explicite des années 1960 qui fédérait les acteurs, leurs efforts, autour d'une volonté de puissance économique, se substitue un consensus implicite du déclin, promouvant les mythes de la société post-industrielle et de la civilisation des loisirs, et reportant les efforts inévitables pour résorber les déficits et la dette pesant sur les générations futures.

Ainsi s'explique, pour l'essentiel, le déclin français. Beaucoup d'observateurs estiment qu'il est inéluctable, que, dans le contexte actuel, la France, trop petite et trop faible, ne peut avoir un avenir qu'en se fondant dans une Europe qui seule détienne les attributs de la puissance. C'était ce qu'exprimait François Mitterrand dans sa formule « La France est notre patrie, l'Europe est notre avenir[1]. »

Le projet européen tel qu'il s'est construit depuis la fin de la Seconde Guerre mondiale est un grand succès : il a soutenu la diffusion de la démocratie sur le continent et a permis d'organiser une coopération pacifique entre des puissances qui, historiquement, ont souvent été en conflit. Néanmoins, il n'a pas supprimé la rivalité entre les nations : cette coopération l'a simplement cantonnée à la sphère économique.

Pour autant, il faut être réaliste ; aujourd'hui les conditions ne sont pas réunies pour que l'Union européenne devienne une puissance disposant de tous les attributs de la souveraineté, notamment en matière de défense. L'immense majorité des pays d'Europe ne s'inscrit pas dans cette vision d'une « Europe européenne » qui était celle que prônait pour le long terme

1. Déclaration du président François Mitterrand à l'occasion de la campagne pour les élections européennes de juin 1989.

le général de Gaulle. Dès lors, faire de l'Europe un substitut à notre déclin serait une chimère. Ajoutons que toute nouvelle avancée européenne supposerait un accord entre les deux principaux pays, l'Allemagne et la France, accord qui exige un partenariat équilibré, ce qui n'est plus le cas aujourd'hui. Pour la France, renouer avec la puissance économique est une ardente obligation tant pour elle-même que pour l'avenir du projet européen.

* * *

Retrouver la puissance économique est un objectif à la portée du pays pour deux raisons : la première, c'est que la transformation du monde, telle qu'elle est en train de s'opérer, et que nous appelons la « grande reconfiguration » – analysée dans la deuxième partie de ce livre –, rebat les cartes et crée un contexte qui lui est favorable. Nous entrons dans une période de mouvement : se transformer n'est pas une option, c'est une obligation.

La deuxième raison, c'est que la France, même affaiblie, dispose de beaucoup d'atouts.

Que retenir des transformations en cours ?

Du point de vue géopolitique, elles conduisent, de fait, à la fin de la globalisation telle que nous l'avons connue ces trente dernières années. Globalisation qui organisait le cadre économique au niveau mondial de telle sorte que les questions de souveraineté et d'indépendance pouvaient être mises de côté. Les chaînes de valeur étaient conçues avec un objectif unique : optimiser dans une économie organisée selon les principes ricardiens du libre-échange la compétitivité et la rentabilité des entreprises.

Le centre de gravité du monde a changé. L'Asie représente aujourd'hui 55 % de la population mondiale et plus de 40 % du PIB mondial, exprimé en parité de pouvoir d'achat. La Chine a dépassé les États-Unis selon cet indicateur. Elle est devenue le compétiteur principal de l'Amérique et est perçue par elle comme un rival systémique, remettant en cause son hégémonie. De plus, d'autres puissances émergent, comme l'Inde, la Corée du Sud, l'Indonésie mais aussi la Russie et la Turquie pour ne citer que quelques exemples. Plus généralement pour les émergents, l'heure est comme à Bandung en 1955, au non-alignement et au libre choix d'alliances qui ne veulent pas s'inscrire dans une logique de bloc idéologique. Le monde dans lequel nous entrons est un monde d'affirmation des stratégies de puissance, des stratégies nationales à tous les niveaux.

Ces évolutions comportent trois conséquences principales.

La première, c'est le retour du primat de la politique sur l'économie. La stratégie économique d'un pays doit à nouveau intégrer les notions de souveraineté et d'indépendance qui avaient été mises de côté dans la période précédente. La deuxième conséquence réside dans la nécessité pour le monde occidental de se réindustrialiser. La troisième, c'est que l'inflation sera structurellement plus élevée car la faible hausse des prix des trente dernières années s'expliquait principalement par l'importation de produits peu coûteux en provenance de la Chine et des pays émergents. Réindustrialiser nos pays est indispensable, mais ce sera plus coûteux pour les consommateurs.

La deuxième grande transformation est engendrée par la lutte contre le réchauffement climatique. Réussir la transition énergétique nécessite pour tous les pays d'opérer une révolution industrielle. En effet, réaliser la transition énergétique implique tout d'abord de réinventer l'énergie en sortant des énergies fossiles qui représentent aujourd'hui les trois quarts de l'énergie primaire. C'est un défi prométhéen. Mais c'est aussi modifier les produits, changer les modes de production, adapter les chaînes de valeur, transformer les usages. Le succès de la réalisation de cette révolution industrielle est essentiel pour la maîtrise de l'évolution climatique, mais il sera aussi déterminant dans la réussite industrielle et économique de chaque pays. Au fond, les objectifs de décarbonation de l'économie et de réindustrialisation se confondent.

La conjonction de la déglobalisation et de la transition énergétique change radicalement les règles du jeu économique telles qu'elles se sont construites ces quarante dernières années. Les principes qui les fondaient, c'était que le libre jeu de l'offre et de la demande et l'efficience des marchés financiers étaient à eux seuls de nature à répondre aux défis économiques et sociaux ; que l'État devait se borner à créer les conditions optimales pour leur fonctionnement et à adapter le cadre social à cette fin ; que les entreprises devaient avoir pour seul objectif la rentabilité financière pour leurs actionnaires.

Le nouveau contexte rend cette logique inopérante. Nous entrons *de facto* dans un cadre économique qui s'apparente, à bien des égards, à une « économie de guerre », c'est-à-dire une économie dont le fonctionnement est surdéterminé par de nouvelles contraintes :

la souveraineté du pays, la maîtrise du climat, la cohésion sociale. Dès lors, une nouvelle économie politique doit être mise en place : l'État doit retrouver sa fonction de stratège, de coordonnateur des acteurs économiques en s'en donnant les moyens, notamment par la planification et des politiques industrielles ciblées.

Les entreprises doivent inscrire leur stratégie en intégrant ces impératifs nationaux et climatiques, et non plus seulement les intérêts de leurs actionnaires. La discipline de marché qui a structuré le fonctionnement des entreprises dans la période antérieure ne peut plus être le seul corps de règles qui encadre leur fonctionnement.

La construction de cette nouvelle économie politique implique la réforme du modèle de capitalisme tel qu'il s'est déployé depuis les années 1980 selon la logique néolibérale. Avant même ces transformations, ce modèle, depuis 2008, était en crise ; crise d'un système qui privilégie les intérêts des actionnaires au détriment du développement des capacités productives ; crise d'un modèle générateur de profondes inégalités sociales ; crise d'un modèle qui s'est nourri, pour croître, de la globalisation et des politiques de création monétaire. Ce modèle qui a mis en avant le fanion libéral est en effet devenu dépendant, pour sa survie, des béquilles que lui fournissent l'intervention des États et des banques centrales[1]. Mais cette capacité d'action est dorénavant limitée en raison des niveaux atteints par la dette publique et de la nécessité pour les banques centrales de combattre l'inflation, conformément à leur mandat.

1. Selon la formule qu'utilisent Patrick Arthus et Marie-Paule Virard dans leur livre *La Dernière Chance du capitalisme*, Odile Jacob, 2021.

Les États-Unis ont d'ores et déjà tiré les conséquences de ce nouvel ordre mondial et des nouveaux enjeux qui en résultent. Le plan Biden vise à faire de la transition énergétique un levier de réindustrialisation du pays, tout en s'affranchissant du dogme libre-échangiste dont le pays avait fait une règle précédemment. En Amérique, l'État est de retour, non seulement au plan social mais également en matière industrielle.

L'Allemagne, qui était à son apogée avant la guerre en Ukraine, voit son modèle ébranlé : elle est prise à revers dans sa stratégie énergétique du fait de sa dépendance au gaz russe ; la déglobalisation fragilise son modèle mercantiliste fondé sur l'exportation de produits manufacturés, notamment vers la Chine. Pour autant, elle prend la mesure de ce « changement d'époque[1] ». L'Allemagne engage un tournant majeur, se fixant l'objectif d'avoir la première armée conventionnelle d'Europe, et soutient massivement son industrie face à l'envolée du coût de l'énergie. Elle s'en donne les moyens financiers, quitte à renoncer provisoirement à sa règle d'équilibre budgétaire.

Dans cette nouvelle configuration, la France n'est pas dénuée d'atouts.

En premier lieu, notre pays conserve tous les attributs d'une puissance géopolitique. Il possède la première armée d'Europe, il est doté d'une dissuasion nucléaire autonome et siège parmi les cinq membres permanents du Conseil de sécurité de l'Organisation des nations unies. La Constitution de la Ve République, avec la primauté de l'exécutif, garantit une stabilité suffisante

1. Olaf Scholz, « The Global Zeitenwende », *Foreign Affairs*, janvier 2023.

pour inscrire l'action publique dans le temps long, ce qui, dans le nouveau contexte, est un atout essentiel.

En second lieu, la France bénéficie d'un système énergétique fondé sur le nucléaire, héritage des années gaulliennes, qui lui confère un avantage compétitif pour opérer la transition climatique. Certes cette filière a été affaiblie par une dizaine d'années d'errements stratégiques, mais le tournant a été pris et notre système énergétique, dès lors que les investissements nécessaires y seront consacrés, est apte à répondre à la fois à l'objectif de décarbonation de l'économie et à celui de la réindustrialisation, ces deux objectifs se confondant.

Enfin, la France dispose au plan économique de toutes les capacités technologiques pour gérer cette mutation : ses grands groupes peuvent jouer un rôle majeur dès lors que leur stratégie s'accorde avec celle du pays. Son système financier est l'un des plus solides d'Europe, et le pays dispose d'une épargne abondante.

* * *

La France est à la croisée des chemins : soit nous restons sur la pente actuelle du déclin et nous ne ferons plus partie des nations qui choisissent et façonnent leur destin, soit nous trouvons en nous la volonté de redresser le pays à travers la mobilisation de l'ensemble de ses forces vives au service d'un projet commun dans le nouveau monde multipolaire qui se dessine. Celui d'une puissance respectée pour ses capacités économiques, son autonomie stratégique, son rayonnement culturel. Ce projet est aussi celui d'un pays qui puisse porter sa voix propre dans le concert des nations et contribuer à influencer l'évolution de l'ordre du monde sur les questions universelles, la maîtrise du réchauffement climatique bien sûr, mais également le développement des pays pauvres (en Afrique notamment) et les droits de l'Homme. Enfin ce projet, c'est celui d'un modèle de société qui assure la prospérité et la cohésion sociale et qui, ainsi, redonne confiance dans l'avenir à ses citoyens.

Retrouver la puissance économique est pour la France l'objectif prioritaire car, même si les autres attributs de puissance, en particulier le domaine militaire, ont été réévalués par le nouveau contexte géopolitique, la compétition entre les nations va continuer à avoir comme terrain de jeu principal l'économie. Le redressement de notre économie passe par la réindustrialisation : c'est d'abord dans l'industrie que se crée la valeur ajoutée, c'est par l'industrie que se développent un grand nombre de services. L'industrie est également un moteur pour la recherche et l'innovation car, à la différence des services, elle est toujours exposée à la compétition internationale. Le renouveau industriel est aussi indispensable pour assurer un développement harmonieux des territoires et renforcer la cohésion sociale.

Pour réaliser ces objectifs, un nouveau pacte entre l'État, les entreprises et les citoyens doit être établi. Qu'entendons-nous par pacte ?

Il désigne une forme de gouvernement de l'économie, une économie politique fondée sur une définition claire des rôles, des responsabilités, des interactions et des solidarités entre les trois principaux acteurs de l'économie que sont l'État, les entreprises et les citoyens. Le nouveau contexte implique pour chacun de ces acteurs de se transformer. La troisième partie de ce livre est consacrée à présenter l'architecture de ce pacte et la nature de la transformation des acteurs qu'elle implique.

Dans l'histoire de France, l'État a toujours joué un rôle essentiel. C'est la France qui, avec Philippe le Bel, Louis XIV puis Napoléon, a inventé l'État moderne. Aujourd'hui l'État et la fonction politique qui le dirige ont été affaiblis. Ils ont perdu une partie de leur autorité dans les fonctions régaliennes, et de leur efficacité dans le pilotage des politiques publiques, en particulier des politiques sociales. L'État doit se réformer. Tout d'abord, pour exercer pleinement ses fonctions régaliennes et sa fonction de stratège de l'économie. Il doit se doter d'outils adéquats, en particulier avec le recours à la planification. La nouvelle architecture gouvernementale mise en place par Emmanuel Macron dans son second mandat s'inscrit dans cette optique. Reste à faire en sorte que cette planification ne soit pas simplement une production technocratique mais soit, comme elle le fut dans les années 1950 et 1960 avec Jean Monnet, un outil fixant une vision commune pour tous les acteurs et qui les engage car co-construite avec eux.

Ensuite, l'État doit rehausser la qualité des services publics et maîtriser ses dépenses pour soutenir la compétitivité des entreprises et l'équilibre des finances. Il doit enfin reprendre le contrôle de sa production normative.

Ainsi il sera perçu non plus seulement comme une charge pour les entreprises et l'économie, mais comme un levier pour leur développement.

Le nouveau contexte nécessite que la raison d'être et les missions des entreprises soient redéfinies. Leur objectif ne peut plus être seulement d'enrichir leurs actionnaires : il doit aussi être de faire la richesse de l'entreprise France, en s'inscrivant pleinement dans l'objectif de réindustrialisation. Ainsi, les entreprises contribueront au renforcement de la cohésion sociale. L'entreprise doit devenir davantage une communauté d'intérêts. Le renforcement de la participation des salariés à leur gouvernance et au partage de la valeur s'inscrit dans cet objectif.

Pour cela, elles doivent supporter un niveau de charges leur permettant de lutter à armes égales avec leurs concurrents étrangers. Elles doivent disposer des ressources permettant les investissements requis pour réindustrialiser et effectuer les transformations induites par la transition énergétique. Dans les années 1990, bon nombre de groupes français sont passés sous contrôle des fonds anglo-saxons, ce qui avait conduit à décrire l'économie française comme un capitalisme sans capital. Réallouer l'épargne vers l'investissement productif et le capital des groupes français en vue de l'investissement productif constitue donc un enjeu majeur.

Réformer l'État et le système économique est essentiel. Mais l'économie, avant d'être un ensemble de règles, de procédures, ce sont des femmes et des hommes qui entreprennent, innovent et travaillent. La déglobalisation dans laquelle nous entrons ne crée pas un monde moins compétitif. Au contraire la compétition que se livrent les pays va exiger plus d'efforts et plus de responsabilités de la part des citoyens. Mais c'est aussi une opportunité pour retrouver du sens, de l'engagement, de la solidarité. L'adhésion des citoyens aux efforts nécessaires implique une revitalisation de la vie démocratique. C'est en effet par l'expression démocratique que se forment non seulement le consentement mais aussi l'engagement autour du projet commun qui fédère la nation.

* * *

Ce livre est une contribution au débat pour dégager les voies et moyens du redressement économique du pays. C'est également un message d'optimisme et de confiance. Cette confiance se nourrit de l'histoire d'un pays oscillant entre grandeur et déclin, mais qui a toujours su trouver en lui les forces du redressement et du renouveau. Elle se nourrit surtout d'une analyse lucide de nos faiblesses mais consciente de nos forces et des opportunités que nous offrent les transformations actuelles.

Première partie

Les vraies raisons du déclin français : comment la France a raté le virage de la globalisation

1

L'ordre américain : mutation et permanence d'une stratégie de puissance

> « À la fin de la guerre froide, l'Amérique est vraiment la nation indispensable du monde. Il y a des moments où seule l'Amérique peut faire la différence entre la guerre et la paix, entre la liberté et la répression, entre l'espoir et la peur. Nous ne pouvons et ne devons pas essayer d'être le gendarme du monde. Mais lorsque nos intérêts et nos valeurs sont clairement en jeu, et lorsque nous pouvons faire la différence, nous devons agir et diriger. »
>
> Bill Clinton,
> discours à l'occasion
> du 50e anniversaire de l'Otan, 1999.

Depuis la fin de la Seconde Guerre mondiale, les États-Unis sont la première puissance de la planète. En 1945, Churchill ne s'y trompe pas : « Les États-Unis se tiennent désormais au sommet du monde[1] », fait-il remarquer. Ils assurent la stabilité de l'ordre

1. David Cannadine (dir.), *Blood, Toil, Tears and Sweat: The Speeches of Winston Churchill*, Boston, 1989, p. 28.

international et du commerce, une *Pax Americana*, semblable à ce qu'était autrefois la paix romaine. Cette paix, et les règles qui l'accompagnent, s'est cantonnée au monde libre durant la guerre froide, puis s'est étendue après 1991, à l'ensemble de la planète : le second XXe siècle, de 1945 à nos jours, aura donc été un « siècle américain[1] ».

Les États-Unis assurent d'autant plus facilement ce rôle hégémonique qu'il correspond à une ambition inscrite au cœur de leur identité : l'idée de « la destinée manifeste », et la conviction que l'Amérique, cette grande « cité sur la colline » doit être un modèle qui inspire le reste du monde. Dans l'après-guerre, cet exceptionnalisme change de dimension : la prospérité économique que connaît le pays grâce à son capitalisme, mais aussi le défi stratégique de la guerre froide, de l'endiguement de l'URSS, font des États-Unis le chef de file du monde libre, un modèle à imiter pour les autres nations.

Si, comme l'écrit Walter Lippmann, l'Amérique ne peut pas être un empire car elle est une démocratie[2], les États-Unis vont dans la pratique étendre leur influence sur le monde entier au point que certains historiens, à la suite de Charles Maier, voient dans les États-Unis le premier véritable « empire post-territorial[3] ».

1. Oliver Zunz, *Le Siècle américain, Essai sur l'essor d'une grande puissance*, Fayard, 2000.

2. « L'antipathie américaine à l'égard de l'impérialisme n'est point un sentiment humanitaire, cultivé au hasard. Elle est organique et fait partie du caractère américain » ; Walter Lippmann, *Buts de guerre des États-Unis*, Overseas Éditions, 1944, p. 26.

3. Charles S. Maier, *Among Empires: America Ascendancy and its Predecessors*, Cambridge, Mass, Harvard Univ. Press, 2006, p. 109.

La volonté de puissance américaine ne passe pas par la conquête de territoires : elle s'appuie sur la fascination qu'exercent son modèle économique et sa société, fascination savamment entretenue par les États-Unis eux-mêmes, soucieux d'exporter leurs valeurs et de rallier le monde à leurs intérêts.

Précisément, depuis la fin de la Seconde Guerre mondiale, le monde occidental vit dans le cadre fixé par les États-Unis : il y trouve sa sécurité en matière de géopolitique comme les capitaux de la reconstruction. Il y trouve aussi les institutions et les principes qui organisent l'ordre international à l'image de l'ONU et de la Déclaration universelle des droits de l'homme. Il y trouve encore les dispositifs et les instruments qui organisent le capitalisme et qui président aux échanges, définis à Bretton Woods. Ce sont d'abord ses institutions financières, en particulier le FMI et la Banque mondiale, mais aussi une monnaie, le dollar, ainsi que les normes et les standards qui régissent les conventions entre les acteurs : États, entreprises, et institutions financières.

Nous n'avons donc guère le choix : pour comprendre le destin français il faut commencer par s'installer à New York, Washington ou San Francisco, les centres de la nouvelle économie-monde, en ayant à l'esprit que les États-Unis vont exercer leur leadership sur la base de deux modèles de capitalisme différents : le capitalisme fordiste jusqu'aux années 1970, puis le capitalisme financier (ou néolibéral).

Les États-Unis au temps du fordisme

Le modèle fordiste américain : un capitalisme au service de la prospérité des États-Unis

Au lendemain de la Seconde Guerre mondiale, l'Amérique est la première puissance économique du monde : l'économie américaine représente environ 40 % du PIB mondial contre 20 % avant guerre. La richesse que produisent les États-Unis est trois fois supérieure à celle de l'Union soviétique, plus de cinq fois celle du Royaume-Uni. Cette puissance est avant tout industrielle : les États-Unis assurent plus de 50 % de la production industrielle mondiale[1], alors qu'ils ne représentent guère plus de 7 % de la population de la planète.

Le succès qu'ils connaissent à cette époque n'est pas seulement industriel : il est aussi social. La croissance économique durant les années d'après-guerre apporte la prospérité au plus grand nombre. La majorité des Américains jouissent d'un degré de sécurité économique et d'un niveau de confort matériel jusque-là réservés aux élites. L'économie est au plein emploi, la croissance du pays permet de multiplier la richesse nationale par deux en vingt ans. La réduction continue des inégalités qui en résulte soutient la constitution d'une large classe moyenne, soudée autour des valeurs du consumérisme, de l'accès à la propriété immobilière et du patriotisme.

1. Barry Eichengreen, *The Cambridge Economic History of the United States*, Princeton University Press, 2008, p. 489.

À l'étranger, cette prospérité suscite l'admiration. Dans les années 1960, deux journalistes français, Pierre et Renée Gosset, visitent l'Amérique. Ils s'émerveillent des conditions matérielles dont bénéficie le foyer d'un Américain moyen de l'époque : « Il y avait trois chambres à coucher, deux salles de bains, étincelantes bien sûr ; une salle à manger qui servait à exposer l'argenterie, une cuisine dans laquelle on mangeait. Renée était dans la cuisine avec son énorme réfrigérateur, son four sensationnel, et un évier avec des placards... tout était incroyable[1]. »

En pleine guerre froide, les réussites de ce capitalisme sont l'un des meilleurs atouts dont disposent les États-Unis dans la lutte contre l'idéologie communiste. Pour le diplomate George Kennan, théoricien du *containment*, le succès à long terme des États-Unis dans le bras de fer qui s'engage avec l'URSS dépend de la capacité de l'Amérique à « créer parmi les peuples du monde l'impression d'un pays qui sait ce qu'il veut, qui fait face avec succès aux problèmes de sa vie interne et aux responsabilités d'une puissance mondiale, et qui a une vitalité spirituelle capable de s'imposer parmi les grands courants idéologiques de l'époque[2] ».

Quels sont les fondements de cette prospérité collective ? Elle s'appuie sur les facteurs structurels du modèle américain d'après guerre. Parmi ceux-ci, le poids de l'industrie, la structure oligopolistique de l'économie, son mode de financement reposant essentiellement sur l'épargne, l'autofinancement et le crédit

1. Cité dans, Richard Kuisel, *Le Miroir américain. Cinquante ans de regard français sur l'Amérique*, J.-C. Lattès, 1996, p. 187.

2. George Kennan, « The sources of Soviet conduct », *Foreign Affairs*, juillet 1947.

bancaire, plutôt que l'activité des marchés financiers. À cette époque un facteur décisif de la performance américaine est d'ordre institutionnel : la forte cohésion de la société américaine permise par « l'ordre du New Deal[1] ». Pendant toute cette période, les États-Unis bénéficient d'une alliance entre les différentes forces productives, un pacte qui unit l'État américain, les entreprises et les travailleurs.

Dans l'analyse qu'il fait du dynamisme des États-Unis au XXe siècle, « siècle américain » – et dont les pages suivantes s'inspirent –, l'historien Pierre Mélandri propose de qualifier le pacte américain de cette période de « social-libéral[2] ». Il assure une relative primauté aux grandes sociétés et aux objectifs économiques, tout en garantissant un partage équitable des fruits de la productivité grâce à un État et des syndicats puissants jouant le rôle de « pouvoirs compensateurs[3] ». La fortune de l'Amérique repose sur une alliance entre le *big government*, le *big business* et le *big labor*, qui est au principe de l'économie politique fordiste.

L'État voit son rôle profondément renouvelé : il est le garant d'un équilibre entre les intérêts économiques et sociaux. Il n'hésite plus à intervenir dans l'économie pour soutenir l'emploi, la production et le bien-être collectif, se faisant le défenseur d'un « keynésianisme bien tempéré[4] ». Sous la présidence du général

1. Steve Fraser et Gary Gerstle, *The Rise and Fall of the New Deal Order (1930-1980)*, Princeton University Press, 1989.

2. Pierre Mélandri, *Le Siècle américain, une histoire*, Perrin, 2016, p. 189.

3. John K. Galbraith, *Le Capitalisme américain*, Génin, 1956, p. 143 et s.

4. Selon la formule de Jean Rivière (*Le Modèle économique anglo-saxon à l'épreuve du capitalisme réel*, Azuelos, 1996).

Eisenhower se met en œuvre une politique de « la voie moyenne », qui cherche à éviter les déséquilibres dans la politique budgétaire mais aussi dans le domaine social. Le New Deal a fait de l'État l'arbitre de l'économie : le poids de la réglementation est important, en particulier dans le secteur financier, tout comme celui la fiscalité[1]. L'État met également en œuvre une régulation politique de l'économie : il soutient le progressisme des syndicats, mais n'hésite pas à tempérer leurs ardeurs lorsque celles-ci sont exagérées[2].

Du côté de l'entreprise, le capitalisme fordiste voit s'épanouir l'ère du *big business*. L'heure est aux grandes entreprises conglomérales, dirigées par des patrons qui se comportent en véritables « hommes d'État économiques[3] ». L'intérêt de l'entreprise converge avec celui de la nation. C'est l'époque où le dirigeant de la General Motors, Charles E. Wilson, peut déclarer devant le Congrès américain que « ce qui est bon pour General Motors est bon pour les États-Unis et réciproquement ». L'entreprise américaine promeut « un

1. Emmanuel Saez et Thomas Piketty, dans leur article « Income inequality in the United States, 1913-1998 » (*The Quarterly Journal of Economics*, vol. 118, n° 1, février 2003), calculent que jusqu'au milieu des années 1960 le taux marginal d'imposition sur les revenus s'échelonnait de 20 % pour la première tranche de revenu à 91 % pour la dernière contre 15 % à 39,6 % aujourd'hui. De façon encore plus significative le taux d'imposition sur les sociétés était de 53 % contre 21 % aujourd'hui.

2. Tout en soutenant l'action des syndicats le gouvernement n'hésite pas à encadrer, voire à limiter l'exercice du droit de grève et les pouvoirs dont disposent les syndicats lorsque ceux-ci sont jugés abusifs ou qu'ils entravent de façon trop importante la production. Les lois Taft-Hartley et Landrum-Griffin en sont deux exemples.

3. Pierre Mélandri, *Le Siècle américain*, ouvr. cité, p. 180.

capitalisme des parties prenantes », dont le théoricien de l'époque est Howard Bowen[1]. Elle ne poursuit pas seulement la maximisation de la valeur actionnariale, mais elle cherche aussi à assurer la stabilité de la production, du profit et de la main-d'œuvre. En 1960, le principal employeur du pays, General Motors, est aussi la société la plus rentable tout en versant les salaires les plus élevés.

Ce mode de gestion, à l'avantage de tous, est permis par une forte indépendance de l'entreprise vis-à-vis de ses créanciers. Dans *Le Nouvel État industriel* (1967), l'économiste J.K. Galbraith montre que l'économie américaine repose sur un système dualiste. D'un côté, de grandes entreprises proches du pouvoir politique qui ne fonctionnent pas selon les règles d'un marché concurrentiel[2]. De l'autre, une majorité de petites entreprises qui jouent le rôle de sous-traitants dans un cadre concurrentiel. Cette structure oligopolistique de l'économie donne aux producteurs des avantages considérables, notamment à l'international : de gros bénéfices, un taux de rentabilité élevé, la possibilité d'un autofinancement à 70 ou 75 %, l'efficacité d'un marketing à grande échelle, l'ouverture vers la recherche fondamentale.

Ces grandes entreprises sont aussi relativement libres vis-à-vis de leurs actionnaires. Le pouvoir de décision actionnarial n'est pas absent mais il est limité par la faible mobilité des capitaux et l'absence de gros fonds

1. Howard Bowen, *Social Responsibilities of the Businessman*, Harper, 1953.

2. John Kenneth Galbraith, *Le Nouvel État industriel : Essai sur le système économique américain*, Gallimard, 1974, p. 40-49.

d'investissement[1]. Le capital des entreprises est surtout détenu par de petits porteurs, un actionnariat stable, fidèle et peu regardant sur la gestion concrète des grandes entreprises. Le pouvoir est à l'époque dans les mains de la technostructure des entreprises.

Du côté des syndicats, les deux principales centrales, l'AFL et le CIO, sont des acteurs puissants qui rassemblent près de quinze millions d'adhérents à la fin de la Seconde Guerre mondiale. Durant cette période, le pourcentage de salariés américains syndiqués était de 35 %, soit deux fois plus élevé qu'il ne l'était dix ans plus tôt[2]. Depuis la guerre, le *big labor* américain s'inscrit dans une démarche de négociation avec le patronat qui le conduit à rejeter le communisme et la lutte des classes[3]. Le syndicalisme s'engage pour la cause nationale, négociant des salaires élevés et des conditions de travail favorables à la majorité des travailleurs. Comme l'écrit Paul Krugman, « leur nouvelle puissance a joué un rôle majeur dans la création d'une société de classe

1. C'est ce que montrent Tristan Auvray et Thomas Dallery, dans un article intitulé « Une histoire des relations finance-industrie aux États-Unis : origines et remèdes à la financiarisation des entreprises » (*Entreprises et histoire*, n° 94, janvier 2019, p. 30-49). Le pouvoir de décision actionnarial n'est pas absent, mais il est limité par le contrôle des capitaux mis en place à Bretton Woods. Ce contrôle a limité la capacité de mobilité des actionnaires américains qui perdent ainsi une grande partie du pouvoir de sanction sur le management. La liquidité des actionnaires américains est fortement restreinte de la crise des années 1930 à la libéralisation des années 1970. Dans les faits cette contrainte conduit à un actionnariat stable aux pouvoirs limités, ce qui a permis au capitalisme managérial de l'après-guerre de prospérer.

2. Paul Krugman, *L'Amérique que nous voulons*, Flammarion, 2008, p. 129.

3. En particulier depuis 1949 et le congrès de Cleveland où les deux grandes syndicales rejettent l'affiliation des syndicats communisants.

moyenne[1] ». De nombreuses figures syndicales affichent leur proximité avec le gouvernement, accentuant la dimension politique et institutionnelle de la régulation de l'économie. En 1955, un dirigeant syndical, Martin Patrick Durkin, participera au gouvernement Eisenhower en tant que ministre du Travail. Dans les années 1960, George Meany, le dirigeant de l'AFL-CIO, est un proche conseiller de Lyndon B. Johnson.

Les institutions de 1945 et la construction d'un ordre multilatéral

Au lendemain de la guerre, les États-Unis sont conscients qu'ils ne peuvent rester un îlot de prospérité dans un monde en ruine. Dès 1941, avec la charte de l'Atlantique, les Américains jettent les bases d'un ordre international qui, tout en servant les intérêts des nations, doit servir les projets des États-Unis. Il doit accomplir la prophétie que formulait dès 1941 Henry Luce ; celle d'un siècle américain dans lequel les États-Unis joueraient le rôle de « Bon Samaritain du monde entier », de « principal garant de la liberté des mers », une « vision de l'Amérique en tant que leader dynamique du commerce mondial, [qui] contient en elle les possibilités d'un progrès humain si énorme qu'il interpelle l'imagination »[2].

L'ordre politique international que défendent à partir de 1945 les États-Unis est un ordre au service des libertés. Conformément aux idéaux du président Wilson, il garantit le droit des peuples à disposer d'eux-mêmes

1. Paul Krugman, *L'Amérique que nous voulons*, ouvr. cité., p. 101.
2. Henry R. Luce, « The American century », *Life Magazine*, 17 février 1941.

ainsi que l'indépendance et l'égalité des nations, contre les prétentions impérialistes ou coloniales. La charte des Nations unies consacre les États comme souverains et principaux acteurs des relations internationales. Elle respecte leur souveraineté en matière juridique et économique en même temps qu'elle organise les modalités de leur coopération au sein de la nouvelle ONU. Cet ordre est *international* mais aussi *multilatéral*, les États-Unis partageant le pouvoir et les responsabilités globales avec certains alliés.

Les préoccupations économiques sont centrales dans le nouvel ordre que mettent en place les Américains. Acquis aux principes du libre-échange, notamment pour exporter leur surplus industriel, les États-Unis soutiennent la constitution d'un grand marché international. Comme l'écrit Philip Golub, spécialiste des États-Unis, « dans des conditions de disparité économique importante et grandissante entre l'Europe et les États-Unis, un système commercial ouvert et non discriminatoire devait glorifier les principes du capitalisme libéral, fournir des débouchés à la production agricole et industrielle américaine et bloquer la montée en puissance stratégique d'autres nations[1] ». Le nouveau marché mondial doit donc être aussi large que possible : il encourage le développement des nouveaux pays, décolonisés, avec la création de la Banque mondiale. Pour éviter le retour du protectionnisme, l'Accord général sur les tarifs douaniers et le commerce, connu sous l'abréaviation GATT, prévoit un abaissement progressif des droits de douane des pays, négociés à l'occasion de *rounds*.

1. Philip Golub, *Une autre histoire de la puissance américaine*, Seuil, 2011, p. 120.

Pour être pérenne, cet ordre ne doit pas seulement être ouvert : il doit être aussi régulé. Ce rôle revient au système de Bretton Woods, véritable pierre angulaire de ce nouvel ordre économique international. L'accord de Bretton Woods, ratifié en 1944, met en place un nouvel étalon monétaire dont l'objectif est de garantir la cohérence des prix internationaux et la stabilité des échanges. L'étalon monétaire adopté est le *Gold Exchange Standard*, un système où toutes les devises sont convertibles en dollars, cette devise étant la seule convertible en or.

Le premier objectif poursuivi par le dispositif mis en place à Bretton Woods est d'instaurer un cadre monétaire stable favorisant la coopération entre les États. Les taux de change sont semi-fixes afin d'éviter les risques de guerre des monnaies. Les dévaluations restent possibles, mais un État qui souhaite y recourir doit obtenir l'accord du Fonds monétaire international. Créé à cette occasion, celui-ci assure la coordination des politiques macroéconomiques et fournit une assistance en cas de crise de la balance des paiements.

Le système de Bretton Woods ne se contente pas d'encadrer l'action des États dans la sphère monétaire internationale : il offre aussi la possibilité aux États de mieux contrôler leur économie interne. En décidant de limiter la circulation des capitaux, le nouveau système se dote d'un objectif clair : empêcher les attaques spéculatives qui avaient cours dans les années 1930. Les États-Unis, dans leur volonté de proposer « *a New Deal for a new world*[1] », vont chercher à faire « sortir les

1. Comme le déclare le chef de la délégation américaine Harry Dexter White au moment de la conférence de Bretton Woods. Cité dans Benn

usuriers du temple de la finance internationale » selon la formule du secrétaire du Trésor américain Henry Morgenthau[1]. Le financement de l'après-guerre, tout comme le pilotage de la politique économique passent pour l'essentiel par les États.

La philosophie de cet ordre international va devoir prendre en compte le contexte né de l'irruption de la guerre froide. L'extension de la menace communiste conduit les États-Unis à s'engager dans une série de traités politico-militaires (Otan, Anzus), de conflits (Corée, Vietnam) ainsi qu'à financer massivement le relèvement des économies de leurs alliés. Dans un contexte où la menace communiste se précise, les États-Unis ont tout intérêt à encourager une reconstruction rapide des pays européens et du Japon afin de disposer de partenaires et d'alliés solides partageant un même modèle.

Les États-Unis vont ainsi prendre à leur charge la défense du monde libre. Cette hégémonie a un coût, mais elle leur offre aussi certains avantages. Au sein du système de Bretton Woods, les États-Unis, en faisant du dollar *as good as gold* la seule monnaie de référence, s'offrent un privilège exorbitant, celui de pouvoir s'endetter en dollar sans craindre de crise de la balance des paiements. De même, l'aide qu'ils fournissent aux pays pour leur reconstruction, dans le cadre du plan Marshall, est assortie de conditions qui les favorisent : achat de matériel américain, baisse des barrières douanières, promotion de syndicats non communistes.

Steil, *The Battle of Bretton Woods: John Maynard Keynes, Harry Dexter White, and the Making of a New World Order*, Princeton University Press, 2014, p. 1.

1. Cité dans Eric Helleiner, *The Forgotten Foundations of Bretton Woods*, Cornell University Press, 2014, chap. 4, p. 144.

Cet activisme permanent que certains qualifieront d'impérialisme est bien accepté par la majorité des pays qui le soutiennent. Durant toute la période d'après guerre, la réussite de l'ordre américain repose sur la capacité qu'ont les États-Unis d'organiser une convergence d'intérêts à leur avantage : dans la sphère domestique d'abord, où le modèle fordiste américain est un modèle d'équilibre entre le capital et le travail, où le dynamisme industriel sert la prospérité du plus grand nombre ; dans la sphère internationale également, où les Américains ont su exploiter les succès de leur modèle économique pour étendre leur influence auprès de leurs partenaires tout en s'assurant leur appui. Le modèle ainsi construit favorise certes la puissance américaine mais sert aussi les intérêts de leurs alliés, puisque y consentent ceux qui y adhèrent.

Le capitalisme financier néolibéral, un modèle au service de l'hégémonie américaine dans le monde

L'année 1991 est une année charnière, qui voit, avec la chute de l'Union soviétique, l'essor de la globalisation. Cette année-là paraît le livre de Michel Albert *Capitalisme contre capitalisme*, où il écrit :

> Envol de la Bourse ! Explosion de la finance ! De ses rites, de ses pompes et de ses magies… Les intermédiaires financiers, en effet, se sont multipliés – et enrichis – au même rythme. De nouvelles sociétés financières, hier encore peu connues du grand public, ont accédé au rang de stars médiatiques, objets d'innombrables reportages.

> Elles détrônaient du même coup des entreprises aussi prestigieuses qu'IBM, Apple ou Colgate. Elles participaient d'une mythologie qui conjuguait une magie très « branchée », celle de la spéculation boursière, avec le strass et les paillettes du showbiz [...] Dans ce contexte, l'industrie ressemble un peu au parent pauvre, à la cousine de province sans beaucoup d'attraits et dont les robes démodées font sourire[1].

Que s'est-il passé pour qu'un tel changement ait pu avoir lieu ? Comment expliquer le passage de ce capitalisme national, foncièrement industriel et commercial, au modèle financiarisé et global que nous connaissons aujourd'hui ?

Les origines du capitalisme financier : la crise des années 1970 et la révolution néolibérale

La convergence d'intérêts orchestrée par les États-Unis et qui assurait la stabilité et la prospérité du bloc occidental vole en éclat dans les années 1970, ébranlant les règles qui structuraient le jeu économique depuis l'après-guerre.

Les premières difficultés se manifestent vers la fin des années 1960. Les dépenses militaires de la guerre du Vietnam et les dépenses de « la Grande Société », grande ambition sociale que porte le président Lyndon Johnson, vont entraîner une forte hausse des déficits publics. Dès 1967, l'inflation et le chômage augmentent tandis que la croissance fléchit. Le modèle fordiste américain entre en crise : les gains de productivité

1. Michel Albert, *Capitalisme contre capitalisme*, Seuil, 1991, p. 81.

ralentissent, la rentabilité du capital se dégrade et l'investissement productif décélère fortement. Cette évolution sera aggravée par le choc pétrolier de 1973, plongeant l'économie américaine dans une décennie de stagflation.

Au plan des échanges extérieurs, l'Amérique doit également faire face à une concurrence commerciale et industrielle qui s'intensifie. L'Europe se relève, sa part dans les exportations mondiales est multipliée par deux entre 1950 et 1970. L'Allemagne, en particulier, accumule les excédents commerciaux avec les États-Unis. En Asie, le Japon parvient, grâce à son modèle industriel, à concilier à un niveau inégalé innovation, flexibilité et qualité dans la production. À partir du milieu des années 1960, le secteur manufacturier américain décline et voit sa rentabilité baisser, la part des exportations américaines dans le monde se réduit de 16,7 % à 13,7 %. L'Amérique connaît ses premières désindustrialisations : « l'empire de la production », une autre expression qu'utilise Charles Maier pour décrire les États-Unis de l'après-guerre, est en crise. En revanche, l'empire de la consommation américain ne fléchit pas, les Américains voulant maintenir leur niveau de vie, même si cela doit entraîner toujours plus de déficit et d'inflation.

Cette dégradation de la position économique américaine vis-à-vis du reste du monde conduit à une crise du système monétaire international. Le dollar cesse d'être considéré comme « *as good as gold* », les pays européens exigent la conversion en or de leurs avoirs en dollars auprès du Trésor américain. En 1971, préoccupés par l'épuisement de leurs réserves, les États-Unis décident de suspendre la convertibilité du dollar en or. L'édifice de Bretton Woods s'effondre. La parité semi-fixe des monnaies et la convertibilité du dollar contraignaient les États à une relative discipline budgétaire et financière. À partir de 1973, ces contraintes d'ajustement disparaissent : les États-Unis peuvent désormais s'endetter sans limites et laisser filer les déficits. « Le dollar est notre monnaie, mais c'est votre problème[1] ! », lance le secrétaire au Trésor John Connally fin 1973.

Le coup de force de Bretton Woods redonne des marges de manœuvre aux États-Unis pour agir en fonction de leurs intérêts propres. Mais les difficultés économiques et les humiliations politiques s'accumulent. L'image de l'Amérique, tout comme son leadership, s'effrite. Dès 1976, le politologue Richard Roseсrance s'interroge : est-ce la fin du siècle américain que prédisait Henry Luce ? L'Amérique est-elle devenue un « pays ordinaire[2] » ? La crise que traversent les États-Unis est profonde : elle est économique, géopolitique mais elle est aussi morale, une crise de la destinée manifeste dont les États-Unis se sentent investis : alors que leur modèle semble faillir, quelle prospérité, quel message peuvent-ils encore apporter au monde ?

En réponse à ces interrogations, de nouveaux paradigmes émergent. Dans le domaine économique, les thèses néolibérales défendues par l'école de Chicago, dont le plus célèbre des représentants est Milton Friedman, acquièrent une audience considérable. Pour les néolibéraux, la crise que traverse le capitalisme

1. Leo Panitch et Sam Ginding *The Making of Global Capitalism: the Political Economy of American Empire*, Verso, 2012, p. 144.

2. Richard Rosecrance, *America as an Ordinary Country: U.S. Foreign Policy and the Future*, Cornell University Press, 1976, p. 11, cité dans Pierre Mélandri, *Le Siècle américain, une histoire*, ouvr. cité.

américain se rattache à un problème qui n'est pas seulement économique : il est aussi politique. Le mode de régulation de la société qui a émergé à la suite du New Deal, faisant une large place à l'interventionnisme, aux logiques bureaucratiques et aux monopoles, conduit à multiplier les rentes et crée les conditions d'une économie peu efficace, peu innovante et peu productive[1].

Milton Friedman, dans son livre *Capitalisme et liberté*, préconise l'instauration d'un « modèle de société organisé grâce à l'échange volontaire, l'économie libre de l'échange et de l'entreprise privée, c'est-à-dire un capitalisme de concurrence[2] ». Le néolibéralisme se veut une révolution, un *radicalisme* en faveur de la liberté, contre l'étatisme. Il faut promouvoir l'individu, son audace, ses potentialités et sa créativité. La révolution des technologies de l'information qui se profile promet un monde plus horizontal et débureaucratisé. En revenant au « fondamentalisme du marché[3] », l'Amérique pourra retrouver le message originel de liberté dont elle est porteuse pour le monde, car « la liberté économique est indispensable comme moyen d'obtenir la liberté politique[4] ».

Ces idées vont rapidement se diffuser parmi les élites pour devenir le nouveau paradigme américain.

1. « Ce qu'il y a de tragique dans le mouvement centralisateur, comme plus généralement dans la tendance à étendre le champ d'action du gouvernement, c'est qu'on trouve à sa tête des gens de bonne volonté qui seront les premiers à en regretter les conséquences », écrit Milton Friedman dans l'introduction de *Capitalisme et liberté* (Champs Essais, p. 28).

2. Milton Friedman, *Capitalisme et liberté*, ouvr. cité, p. 41.

3. Expression popularisée notamment par le financier George Soros dans son livre *La Vérité sur la crise financière*, Denoël, 2008.

4. Milton Friedman, *Capitalisme et liberté*, ouvr. cité, p. 34.

L'interprétation selon laquelle le retour en force de l'Amérique passe par une libéralisation et une mise en concurrence généralisées va séduire les dirigeants du monde des affaires. Réunis autour de la Business Roundtable, un lobby patronal créé en 1972, ils entendent combattre le pouvoir des syndicats, défendre la compétitivité, déréglementer l'économie et baisser drastiquement les impôts. Ce programme va devenir la plateforme économique du parti républicain et de son candidat à la présidence des États-Unis, Ronald Reagan. Celui-ci promet de restaurer la primauté de l'Amérique dans le monde avec un slogan simple et percutant : « *Let's make America great again.* »

La montée en puissance du capitalisme financier dans les années 1980 : un nouveau modèle pour l'Amérique

À partir des années 1980, le capitalisme américain accélère sa mue vers le capitalisme financier. Enthousiasmés par les perspectives d'une nouvelle société de l'information qui promet l'émergence d'un grand « village planétaire[1] », revigorés à l'idée d'une restauration de leur puissance par le retour au marché, les États-Unis vont faire le pari de la société post-industrielle que décrit le sociologue Daniel Bell. L'Amérique se recentre sur ce qui fait sa force : sa capacité à innover, à utiliser son influence pour ouvrir de nouveaux marchés. L'industrie perd le caractère central qu'elle possédait autrefois au profit de

1. Expression utilisée par Marshall McLuhan et Quentin Fiore dans *The Medium is the Message*, Bantham, 1967.

nouveaux domaines : les nouvelles technologies et la finance.

À partir des années 1980, le développement de l'industrie financière suit une trajectoire exponentielle. L'effondrement de Bretton Woods favorise l'essor des marchés financiers et le développement des produits dérivés qui assurent les agents contre les risques de taux de change. La fin de Bretton Woods s'accompagne aussi d'une levée des restrictions qui pesaient sur la circulation des capitaux : Wall Street devient le lieu où se concentre le capital du monde entier, que les grands gestionnaires de fonds américains investissent pour le compte de leurs clients.

D'autres transformations ont encouragé cet essor. En 1979, un nouveau banquier central, Paul Volcker, parvient à la tête de la Federal Reserve américaine. Monétariste, acquis aux idées de Milton Friedman, Volcker fait de la lutte contre l'inflation la priorité de sa politique monétaire. La forte hausse des taux d'intérêt qui en résulte améliore mécaniquement la profitabilité du capital, renforçant l'attractivité des États-Unis pour les capitaux internationaux.

En parallèle, l'élection de Ronald Reagan s'accompagne d'une suppression des barrières réglementaires que le New Deal avait instaurées[1]. Comme le diront les deux banquiers d'affaires Simon Johnson et James

1. On peut citer parmi ces mesures celles qui concernent le secteur financier, notamment le Depository Institutions Deregulation and Monetary Control Act (1980), mettant fin à la Regulation Q du New Deal ; le Secondary Mortgage Market Enhancement Act (1984) visant à faciliter l'octroi de crédits hypothécaires, le Tax Reform Act (1986) ou encore le Financial Institutions Deregulation Act (1983), première tentative d'abrogation du Glass Steagle Act.

Kwak, c'est la fin du « *boring banking*[1] ». La déréglementation du monde financier permet le développement de produits plus complexes, de modèles d'affaires plus agressifs permettant de multiplier les effets de levier, la rentabilité des opérateurs de marché mais aussi les risques...

La montée en puissance de Wall Street n'est pas sans conséquences sur la société américaine. Le pacte qui unissait pendant la période fordiste l'État, les entreprises et les syndicats ne correspond plus aux intérêts du capitalisme financier dont les maîtres mots sont *rentabilité*, *liquidité* et *flexibilité*. L'administration de Ronald Reagan fait du démantèlement du *big government* une priorité de son action, en particulier dans les volets réglementaire, fiscal et social. Les syndicats sont les grands perdants de ce nouvel équilibre : les grèves sont réprimées tandis que des agences spécialisées dans l'affaiblissement des syndicats voient le jour. Les effectifs syndiqués chutent, tout comme les grèves dont le nombre passe de deux cents en 1970 à trente-cinq en 1993[2].

Au sein du monde économique, les rapports de pouvoirs sont, eux aussi, bouleversés par la financiarisation de l'économie.

Les financiers prennent l'ascendant sur les capitaines d'industrie et dictent leurs règles aux entreprises. Tout au long de la période fordiste, les actionnaires disposaient de peu d'occasions de diversifier leurs placements et de faire pression sur l'entreprise.

1. Simon Johnson et James Kwak, *13 Bankers. The Wall Street Takeover and the Next Financial Meltdown*, Pantheon Books, 2010, p. 61.

2. Cité dans Pierre Mélandri, *Le Siècle américain*, ouvr. cité, chap. 5, p. 370.

La loi Erisa de 1974 permet aux caisses de retraite américaines de diversifier leurs placements en les orientant vers des actions et des produits plus risqués. Alors qu'autrefois la retraite d'un salarié était investie au sein de l'entreprise dans laquelle il travaillait, tout change à présent : la gestion des fonds de pension va être confiée à des investisseurs professionnels – *hedge funds*, gestionnaires d'actifs – dont la mission va consister à arbitrer entre les performances financières des entreprises pour investir dans les plus rentables[1]. Ce n'est plus la finance qui sert l'entreprise mais bien l'entreprise qui sert la finance. Comme l'écrit Milton Friedman, la responsabilité sociale des entreprises est de servir les intérêts de leurs actionnaires, laissant à la discrétion de l'État le soin d'intervenir dans les domaines sociaux[2].

Ce nouveau capitalisme accompagne la montée en puissance du secteur de la technologie de l'information qui se concrétisera trente ans plus tard avec les GAFAM (Google, Apple, Facebook, Amazon et Microsoft).

La globalisation, un nouveau projet au service de l'hégémonie américaine

En 1991, une nouvelle étape est franchie dans la reconstitution de l'influence américaine : l'effondrement de l'URSS laisse les États-Unis dans une situation d'« hyperpuissance », selon la formule d'Hubert Védrine, sans rival stratégique. Zbigniew Brzeziński,

1. Pierre-Yves Gomez, *L'Esprit malin du capitalisme*, Desclée de Brouwer, 2022, p. 16-18.

2. Milton Friedman développe cette idée dans « The social responsibility of business is to increase its profits », *The New York Times*, 13 septembre 1970.

dans son livre *Le Grand Échiquier*, se fait l'écho de cette nouvelle donne : les États-Unis sont devenus la première véritable puissance globale de l'histoire[1]. Rome vient de défaire Carthage. Pour Francis Fukuyama, plus aucun obstacle ne peut empêcher le triomphe des démocraties libérales et du marché. « La plus grande démocratie du monde, prophétisera Clinton, prendra la tête d'un monde où il n'existera plus que des démocraties[2]. »

Dans ce contexte, la stratégie des États-Unis va se confondre avec celle de ses entreprises. Joseph Stiglitz, qui a été le conseiller économique de Bill Clinton, se souvient :

> Le leadership mondial nous était tombé sur les bras : l'administration Clinton n'avait aucun projet de nouvel ordre international pour l'après-guerre froide mais les milieux d'affaires et la communauté financière en avaient un : ce qu'ils voyaient, c'était de nouvelles possibilités de profit ; de leur point de vue l'État avait un rôle tout trouvé : les aider à accéder à ces marchés. Le cadre politique dont nous nous sommes faits les avocats à l'étranger était celui qui pouvait aider nos entreprises à réussir dans ces pays[3].

Le thème de la globalisation, de l'émergence d'un « monde plat[4] », dominé par les lois du marché, et non plus par les lois du politique, devient alors le

1. Zbigniew Brzeziński, *Le Grand Échiquier. L'Amérique et le reste du monde*, Hachette, 2000, p. 41.

2. Pierre Mélandri, *Le Siècle américain*, ouvr. cité, p. 372.

3. Joseph Stiglitz, *Quand le capitalisme perd la tête*, Livre de poche, 2005, p. 77.

4. Formule qu'utilise le journaliste Thomas Friedman dans son livre *La Terre est plate, Une brève histoire du* XXI*e* *siècle*, Perrin, 2010.

discours dominant. En 1995, devant la nouvelle Organisation mondiale du commerce, le président Clinton déclare : « La mondialisation est un fait et non pas un choix politique. Nous sommes confrontés à un dilemme : nous atteler à façonner ces forces puissantes de changement dans l'intérêt de nos peuples ou nous retrancher derrière les remparts du protectionnisme[1]. » Cette confusion entre la mondialisation des échanges qui traduit simplement l'interconnexion des économies et le projet américain de puissance par la globalisation est l'un des traits caractéristiques de la période.

Pourtant, ce n'est pas la main invisible du marché mais bien la main visible des acteurs qui promeuvent cet ordre global. Le président Mitterrand n'est pas dupe : « La France ne le sait pas, mais nous sommes en guerre avec l'Amérique. Oui, une guerre permanente, une guerre vitale, une guerre économique, une guerre sans mort apparemment. Oui, ils sont très durs, les Américains, ils sont voraces, ils veulent un pouvoir sans partage sur le monde. C'est une guerre inconnue, une guerre permanente, sans mort apparemment et pourtant une guerre à mort[2]. » Au cours de cette décennie, les États-Unis vont saisir les occasions qui se présentent à eux : en Pologne comme en Russie, les Américains vont soutenir la conversion à marche forcée des économies vers un régime libéral, encourageant les privatisations, l'implantation d'entreprises américaines

1. Jean-Claude Buhrer, « Le président Clinton plaide pour le libre-échange devant l'OMC », *Le Monde*, 21 août 2003.

2. Georges-Marc Benamou, *Le Dernier Mitterrand*, Plon, 1996, p. 52 cité dans Pierre Mélandri, *Le Siècle américain*, ouvr. cité.

et la libéralisation financière[1]. Cette action en faveur de la globalisation est relayée par les institutions internationales (OMC, FMI), acquises au « consensus de Washington », des grandes banques, des cabinets d'audits, des firmes juridiques qui vont établir les nouveaux standards de la globalisation. L'État américain va se faire le relais de cette transformation en utilisant la puissance du dollar et l'extraterritorialité du droit américain. Tout en étant le promoteur d'une coopération multilatérale toujours plus étendue, l'Amérique poursuit du même mouvement ses intérêts avec vigueur : tout au long des années 1990, la doctrine de l'administration américaine est largement inspirée par la formule suivante « *multilateralism when we can, unilateralism when we must* »[2].

À l'ère globale, la part des profits des grandes entreprises américaines réalisés à l'étranger passe de 6 % en 1960 à 30 % en 2000[3]. Dans cette nouvelle organisation du monde, l'entreprise se détache progressivement de toute référence nationale : sa prospérité repose sur un immense marché standardisé. Dans ces conditions, le lieu de production ne compte que par la compétitivité qu'il offre. Des rapports comme le Doing Business Index classent les États selon ce point de vue. Poussées par la recherche d'une rentabilité des fonds propres élevée de 15 % par an, dictée par les actionnaires, les entreprises américaines vont délocaliser leur production vers des pays à bas coût de main-d'œuvre. Elles vont bénéficier de la signature d'accords de libre-échange négociés par Washington :

1. Naomi Klein, *La Stratégie du choc. La montée d'un capitalisme du désastre*, Actes Sud, 2010, p. 216
2. Louis Gautier, *Face à la guerre*, La Table ronde, 2006, p. 96.
3. Pierre Mélandri, *Le Siècle américain*, ouvr. cité, p. 489.

sur le continent américain, l'Accord de libre-échange nord-américain, plus connu par son abréviation Alena, va jouer ce rôle ; en Asie, la Chine va devenir une pièce essentielle de ce dispositif, jouant volontairement le jeu des entreprises américaines pour s'industrialiser, quitte à réprimer, pour un temps, les exigences sociales de sa propre population. La Chine, avec ses zones économiques spéciales, devient une base arrière de la production des entreprises américaines, permettant ainsi une industrialisation à marche forcée qui fera sa puissance.

Lorsqu'elle est défendue par les élites économiques américaines au début des années 1990, la globalisation est présentée comme un pari gagnant pour l'hégémonie des États-Unis. Ils sous-traitent les activités de production aux pays émergents tout en se concentrant sur les segments à haute valeur ajoutée. En retour, les capitaux américains vont s'investir dans les entreprises du monde entier pour capter une part du profit et exercer un pouvoir de contrôle. Or, pour que les États-Unis ressortent gagnants de ce pari, deux conditions étaient nécessaires. Il fallait d'une part que l'insertion dans le monde global agisse comme un dispositif de dépolitisation et de neutralisation des pays, contraints d'accepter les règles du marché sous peine de se voir qualifiés d'« États non coopératifs », d'autre part que ces pays se développent, mais pas suffisamment pour concurrencer les États-Unis sur l'innovation ou sur les secteurs les plus rentables. Cette délégation n'est de fait pas sans risque. En 1975 Robert Gilpin soulignait déjà les dangers d'une telle stratégie : « À travers l'exportation de leurs capitaux, de leur technologie et de leur savoir-faire managérial, les États-Unis ont renforcé leurs compétiteurs industriels. Même si ce transfert de ressources s'est accompagné, sauf au Japon, de l'extension du contrôle des États-Unis sur d'importants secteurs des économies étrangères, cela ne change rien au fait fondamental que cela a encouragé un glissement dans la distribution de la puissance industrielle[1]. »

Ainsi, avec la globalisation, les États-Unis se désindustrialisent progressivement. À partir de 1973, la balance commerciale américaine sera toujours déficitaire. En 2022, son déficit atteint le montant record de près de 1 000 milliards de dollars. Mais peu importe, les capitaux affluent du monde entier et permettent de financer un endettement privé et public croissant.

Jusqu'au début des années 2000, les succès de ce nouveau modèle éclipsent largement ses inconvénients. Ni les risques induits par les marchés financiers, pourtant déjà bien manifestes avec le krach de 1987 puis l'explosion de la bulle Internet en 2000, ni le risque géopolitique, ni la régression sociale que génère ce nouveau modèle ne sont considérés comme des problèmes. Michel Albert, toujours fin observateur de la période, écrit :

> Malgré ses points faibles, la nouvelle Amérique, ressuscitée par Ronald Reagan, est vite à l'apogée de son influence. Elle paraît même être redevenue cette Rome messianique du capitalisme à nouveau capable d'inonder la planète de ses lumières. Le credo libéral reaganien se répand d'ailleurs comme une traînée de poudre. Les Européens, bons élèves, ouvrent la marche, bientôt suivis par les pays du tiers-monde. Dans les pays du Sud

1. Robert Gilpin, *U.S. Power and the Multinational Corporation: The Political Economy of Foreign Direct Investment*, Basic Books, 1975, p. 188-189, cité dans Pierre Mélandri, *Le Siècle américain*, ouvr. cité, p. 490.

> comme en Europe, on privatise à tour de bras. […]. Bref, au milieu des années 1980, l'Amérique de Reagan brille à nouveau comme les étoiles qui ornent son drapeau. À nouveau respectée (ou crainte), à nouveau imitée, à nouveau enviée, elle a bel et bien repris le leadership[1].

Le leadership mondial que l'Amérique a acquis à travers la montée en puissance du capitalisme financier et la globalisation va entrer en crise à partir des années 2000.

2007-2021 : L'ordre américain en crise

La grande récession et la crise du capitalisme financier

Les États-Unis ont connu depuis Reagan la plus longue phase d'expansion économique de leur histoire, ce que le président de la Fed Alan Greenspan qualifiera de performance « phénoménale » : augmentation du PIB de 67 % entre 1990 et 2007[2], conjugaison d'un taux de croissance élevé avec un taux d'inflation bas, taux de chômage particulièrement modéré (autour de 4 % en 2000) et envol des cours boursiers. Entre 1982 et 2007, le Dow Jones bondit de 776 à 14 000 points[3].

Mais à la fin de l'été 2007, le système financier américain se grippe. En l'espace d'un an, les faillites et les scandales financiers s'enchaînent, révélant la fragilité de l'édifice bâti. Les contradictions du modèle sur lequel s'était appuyée l'Amérique pour son redressement apparaissent

1. Michel Albert, *Capitalisme contre capitalisme*, ouvr. cité, p. 39.
2. Évolution du PIB à prix constant (source : Banque mondiale).
3. Paul Krugman, *L'Amérique que nous voulons*, ouvr. cité., p. 13.

au grand jour : « En résumé, nous, Américains, avons bâti un fragile château de cartes financières[1] » dira Alan Blinder, ancien conseiller économique de Bill Clinton et vice-chairman de la Fed. Cette crise révèle d'abord les faiblesses des moteurs de la croissance de ce capitalisme, qui a reposé sur un double endettement, source des déséquilibres : endettement des États-Unis à l'égard du monde, et surendettement des ménages américains. Nul hasard si la crise de 2007 part du compartiment des *subprimes*, des crédits immobiliers octroyés à des ménages américains pauvres et surendettés, dans le seul but de spéculer sur cette dette entre acteurs financiers. Cette crise met aussi en lumière une insuffisante régulation d'activités qui se sont développées de manière exubérante, et une crise de responsabilité qui a modifié la culture du risque de certains établissements bancaires.

Pourtant, en dépit de son extraordinaire sévérité, la crise de 2007-2008 ne mettra pas fin au modèle. Les États et les banques centrales vont se mobiliser pour empêcher le système financier de s'effondrer. L'endettement public comme la création monétaire vont devenir les deux « béquilles » de ce capitalisme[2].

La fragmentation de la globalisation

Dans un livre publié en 2010, *Le Siècle américain est-il terminé ?*, le stratège et politologue Joseph Nye s'interroge sur la capacité des États-Unis à rester la grande

1. Alan Blinder, *After the Music Stopped. The Financial Crisis, the Response, and the Work Ahead*, Penguin Books, 2013, p. 84.

2. Patrick Arthus et Marie-Paule Virard, *La Dernière Chance du capitalisme*, ouvr. cité, p 87-112.

puissance du XXIe siècle[1]. À partir des années 2000, les fronts de contestation de l'ordre américain se multiplient.

Depuis la conférence de Munich sur la sécurité, en 2007, la Russie s'oppose à l'hégémonie américaine au nom de l'avènement d'un monde multipolaire, composé de nouvelles puissances régionales réunies au sein de l'abréviation Brics (Brésil, Russie, Inde, Chine, Afrique du Sud-South Africa). Elle est rejointe par la Chine, qui s'affirme comme la grande puissance stratégique rivale des États-Unis s'appuyant sur la puissance économique acquise grâce au partenariat industrialo-financier qu'elle a tissé avec l'Amérique depuis 1979.

Là où la Russie multiplie les coups de force et les opérations militaires (Géorgie, Syrie, Ukraine), la Chine se concentre sur la promotion de nouvelles institutions multilatérales alternatives à celles de la globalisation américaine, à l'image de l'organisation de coopération de Shanghai. Elle déploie le plan ambitieux des routes de la soie pour promouvoir ses intérêts économiques, notamment sa capacité exportatrice.

Plus récemment, la Turquie, ou l'Arabie saoudite, l'un membre de l'Otan, l'autre allié inconditionnel des États-Unis, constatent toutes deux les divergences entre leurs intérêts nationaux et ceux des États-Unis, ce qui les incite à suivre un agenda autonome.

L'Amérique doit également faire face aux problèmes que le capitalisme financier global engendre sur son propre territoire. Alors que le capitalisme fordiste assurait une prospérité pour le plus grand nombre, le capitalisme financier a permis que la création de richesses soit captée

1. Joseph S. Nye, *Is the American Century Over?*, John Wiley & Sons, 2015.

par une minorité, le plus souvent des diplômés urbains travaillant dans le tertiaire. La part du 1 % le plus favorisé dans le revenu national des États-Unis est passée de 10 % en 1980 à plus du double trente ans plus tard[1].

La part de la production industrielle a quant à elle été divisée par deux entre les années 1970 et la fin des années 2000, huit millions d'emplois industriels ont été détruits. Dans les régions les plus touchées par la désindustrialisation, le chômage, la criminalité et la consommation d'opiacés explosent. Signe d'une société qui va mal, depuis 2014 l'espérance de vie recule aux États-Unis.

Les clivages économiques et sociaux ont pris une dimension telle qu'ils fragilisent la démocratie américaine. La société américaine est de plus en plus divisée idéologiquement entre un camps conservateur et progressiste. Mais surtout une part croissante de l'électorat américain refuse d'être laissée pour compte et exprime sa défiance. L'élection de Donald Trump en 2017 traduit cette évolution avec le risque d'affaiblir les institutions, comme l'a montré la marche sur le Capitole de janvier 2021.

Les États-Unis aujourd'hui : une nouvelle stratégie pour maintenir leur statut de puissance dominante

Les États-Unis font à nouveau face à la hantise de leur déclin ; restent-ils pour autant sans agir ? La montée en puissance de la menace stratégique chinoise réactive une forme de consensus bipartisan. La nouvelle administration Biden n'est d'ailleurs pas revenue sur

1. Voir les travaux du Laboratoire sur les inégalités mondiales, notamment les statistiques du World Inequality Report, 2018, p. 12.

la plupart des mesures protectionnistes mises en œuvre durant l'ère Trump.

Depuis leur retour au pouvoir, les démocrates ont pris acte de l'effondrement du paradigme néolibéral, révélé par l'élection de Donald Trump, et cherchent à mettre en œuvre une nouvelle économie politique. Un consensus existe sur la nécessité de réformer le capitalisme financier, même si les modalités concrètes d'un nouveau modèle peinent encore à émerger.

Le plan d'investissement Build Back Better décidé par le président Joe Biden convoque l'imaginaire du New Deal et renoue avec une politique industrielle et sociale visant à réencastrer l'économie dans les préoccupations stratégiques des États-Unis. Les mesures de l'Inflation Reduction Act de 2022 visent à favoriser cette politique de réindustrialisation en instaurant *de facto* des mesures protectionnistes. C'est notamment le cas dans l'industrie automobile. L'administration Biden encourage la reconstitution des syndicats en dépit de la résistance des entreprises américaines[1].

Malgré les fragilités du modèle américain, malgré la montée en puissance de rivaux stratégiques, ni l'Inde, ni la Chine, ni la Russie ne sont, à l'heure actuelle, en mesure de rivaliser avec les États-Unis dans les différentes dimensions de la puissance. Chacun de ces pays est également aux prises avec des difficultés propres, qu'elles soient économiques, démographiques, climatiques, énergétiques ou stratégiques. On serait alors tenté de conclure avec Joseph Nye : « Le siècle américain – date de naissance : 1941 – date de décès : incertaine[2] ».

1. Rana Foroohar, *Homecoming, the path to prosperity in a post-global world*, Crown, 2022, p. 107-108.

2. Joseph S. Nye, *Is the American Century Over?*, ouvr. cité. p. 14.

2

L'Allemagne : la puissance par l'économie

> « Aujourd'hui, nous sommes confrontés à un nouveau défi. Nous sommes confrontés au défi suivant : les nouveaux développements de la technologie ont changé notre monde. Les technologies de l'information et de la communication ont permis le développement de la mondialisation. Tout s'est accéléré. Aujourd'hui, dans notre ordre démocratique libéral, nous devons parvenir à surmonter des contradictions. Nous devons concilier la contradiction entre la mondialisation d'une part et l'enracinement dans notre propre pays d'autre part. C'est la tâche à laquelle nous sommes confrontés en Allemagne. »
>
> Angela Merkel,
> congrès de la CDU à Dresde, 2001.

Avec la globalisation, les États-Unis ont défini le jeu. Un jeu qui est destiné à assurer leur hégémonie économique et politique. Ce jeu va être diversement pratiqué par leurs partenaires comme la Chine, le Brésil, la Russie ou encore la Corée du Sud. En Europe, on assiste à un grand écart entre la France et l'Allemagne :

quand l'Allemagne sait profiter de la mondialisation pour s'affirmer comme une grande puissance économique, la France la subit et en pâtit.

Aujourd'hui, l'Allemagne est la première nation d'Europe par sa démographie, la quatrième puissance économique mondiale et le troisième plus grand exportateur au monde. Son PIB est de 40 % supérieur à celui de la France et son revenu par tête excède de 15 % celui de la France[1].

Le but des deux chapitres qui vont suivre est d'examiner les raisons de cette divergence. Le succès de l'Allemagne, comparativement à l'échec de la France, montre que l'on n'est pas nécessairement victime de la mondialisation. Bien que les réformes Schröder ou la création de l'euro soient souvent évoquées, le succès économique de l'Allemagne est plus ancien et il a des causes structurelles beaucoup plus profondes[2].

Pour le comprendre, il nous faut remonter au moment où l'Allemagne, en 1947, fait le choix radical d'adopter un modèle économique original : « l'économie sociale de marché ».

1945-1991 : une réussite économique fondée sur un modèle original

Pour désigner la rapidité de la reconstruction du pays dans l'après-guerre, on a parlé de « miracle économique allemand » (*Wirtschaftwunder*). Ce n'est pas le fruit de

1. Voir annexe 3.
2. Guillaume Duval, *Made in Germany : le modèle allemand au-delà des mythes*, Points, 2014, p. 11.

la providence, ou d'une conjoncture favorable. La réussite de l'Allemagne, depuis la création de la République fédérale, repose sur une certaine vision de l'économie, sur des choix stratégiques, ainsi que sur un ensemble d'institutions qui ont été mises en place au moment de la reconstruction.

Dès les années 1950, le chemin qu'emprunte l'Allemagne apparaît profondément original par rapport aux autres pays : « Étonnant contraste de l'histoire économique. À l'heure où la patrie d'Adam Smith se convertissait à l'économie dirigée, celle de List et de Schmoller se tournait vers le libéralisme... L'Allemagne a accompli son relèvement sous la tutelle des Anglo-Saxons mais en rébellion contre leurs théories[1] », écrit en 1952 l'économiste français André Piettre.

Ce choix est peut-être singulier, il s'explique, compte tenu de l'histoire de l'Allemagne, par la manière dont s'y articulent l'économique et le politique. La Seconde Guerre mondiale s'est achevée par la défaite totale de l'État allemand et de sa volonté impérialiste. À partir de 1945, en se reconstruisant par l'économie, l'Allemagne va devenir un espace au service de la liberté, non seulement dans le domaine des échanges, mais aussi dans l'espace politique et dans la société[2].

1. Cité dans Fabrice Pesin et Christophe Strassel, *Le Modèle allemand en question*, Economica, 2006, p. 9.

2. Ludwig Erhard, futur ministre de l'Économie et chancelier de la RFA, ne dit pas autre chose dans un livre qu'il publie en 1954, où il raconte ces années : « En passant de l'économie de la contrainte à l'économie libérale nous avons fait plus que prendre une simple mesure économique. Nous avons voulu partir sur des bases nouvelles. Il s'agissait d'abjurer l'intolérance qui finit par mener à la tyrannie et au totalitarisme. Nous devons créer une société fondée sur l'ordre et la conscience

Cette réussite du libéralisme économique va offrir à l'Allemagne un nouveau visage, celui d'une économie moderne, d'une démocratie modèle, d'un État légitime et responsable, au sein d'un monde ouvert. Cette réussite va aussi lui permettre de se reconstituer en tant que puissance nationale. L'Allemagne va faire de l'économie l'espace même où s'exprime la volonté de renaissance nationale. Alors qu'en France l'économie rime avec division et conflictualité idéologique, en Allemagne elle devient un lieu où s'exprime le consensus national. Un tel consensus n'est pas spontané, mais il est rendu possible par les institutions qui sont mises en place[1].

Aux racines du modèle allemand : l'ordolibéralisme

Cette reconstruction par l'économique n'aurait pas été possible sans une nouvelle philosophie de l'économie. Un courant intellectuel, en particulier, va exercer une influence déterminante sur l'orientation économique de l'Allemagne et expliquer son virage dès 1948 vers le

---

de la responsabilité » (Ludwig Erhard, *La Prospérité pour tous*, Plon, 1959, p. 14).

1. « Dans l'Allemagne contemporaine, l'économie, le développement économique, la croissance économique produit de la souveraineté politique. L'économie produit de la légitimité pour l'État qui en est le garant [...]. Elle produit un consensus permanent, un consensus permanent de tous ceux qui peuvent apparaître comme agents à l'intérieur de ces processus économiques. Agents à titre d'investisseurs, agents à titre d'ouvriers, agents à titre de patrons, agents à titre de syndicats. Tous ces partenaires de l'économie, dans la mesure même où ils acceptent ce jeu économique de la liberté, produisent un consensus qui est un consensus politique » (Michel Foucault, *Naissance de la biopolitique*, Gallimard, 2004, p. 85-86).

libéralisme : il s'agit de l'ordolibéralisme. Ce courant, fondé par des universitaires dans les années 1930, pour la plupart économistes et juristes, a eu pour ambition de rénover le cadre libéral, au moment même où celui-ci était en plein discrédit[1]. Quel a été l'apport de l'ordolibéralisme ? De façon schématique, celui-ci porte sur quatre points.

En premier lieu, les ordolibéraux défendent la liberté des marchés comme étant le meilleur moyen de concilier la liberté des individus et l'efficacité socio-économique. Dans les sociétés modernes, la complexité des interactions entre acteurs économiques et la diversité de leurs besoins rendent vaine toute tentative de centralisation ou d'administration de l'économie. Elles entraînent une altération du mécanisme de fixation des prix, qui accroît les déséquilibres économiques (inflation, chômage) et génère des tensions sociales. Dans une série d'articles qu'il écrit en 1942, Wilhelm Röpke rappelle que le libre-échange, à condition d'être fixé sur des bases justes, est une condition de la paix sociale et internationale[2].

Contrairement aux économistes classiques, les ordolibéraux, en particulier Alexander Rüstow, ne croient à l'existence ni d'une main invisible, ni d'un ordre naturel permettant au marché de s'ajuster automatiquement[3]. Le fonctionnement du marché est intrinsèquement fragile, il n'est ni spontané, ni autorégulé. Comme le souligne Walter Eucken, le marché suppose au préalable un « ordre économique »

1. François Bilger, « La pensée économique libérale dans l'Allemagne contemporaine », Centre d'études politiques et civiques, 1966, p. 7-9.

2. Patricia Commun, *Les Ordolibéraux, Histoire d'un libéralisme à l'allemande*, Les Belles Lettres, 2016, p. 161.

3. *Ibid.*, p. 167.

(*Wirtschaftsordnung*) dont l'existence repose sur un certain nombre d'institutions, juridiques et monétaires en particulier[1]. Dans ce contexte, l'action de l'État est nécessaire pour garantir le bon fonctionnement des marchés, en luttant contre les abus de position dominante qui menacent de modifier de façon arbitraire la fixation des prix. L'ordolibéralisme propose une doctrine à partir de laquelle l'économie produit de la légitimité politique.

En troisième lieu, les ordolibéraux proposent de repenser les instruments de la politique économique. Contrairement au libéralisme classique, qui prône le laissez-faire et le libre-échange, l'ordolibéralisme met l'accent sur l'importance d'une concurrence juste que l'État doit garantir. Cette mission justifie d'ailleurs un interventionnisme permanent. Il n'existe pas de limite quantitative à l'intervention de l'État mais seulement une limite qualitative. Contrairement aux préceptes keynésiens, l'intervention de l'État doit porter sur ce que les ordolibéraux appellent « le cadre » et non sur « le processus ». L'État doit protéger l'économie de son action arbitraire, c'est pourquoi il doit limiter les interventions directes pour lui préférer une action par les règles. Les ordolibéraux expriment leur préférence pour des politiques structurelles qui encadrent et permettent des échanges économiques socialement bénéfiques : l'État peut alors intervenir pour encourager la production d'infrastructures, l'éducation, la concurrence ou encore la stabilité des prix.

Enfin, à côté de la politique structurelle, les ordolibéraux revendiquent une ambition sociologique qui

1. *Ibid.*, p. 121-130.

articule l'économie avec d'autres dimensions importantes de l'existence humaine[1]. Wilhelm Röpke, dans son livre *Civitas humana*, développe une philosophie à la fois sociale, libérale et conservatrice faisant une large place à la responsabilité individuelle qu'elle articule avec le rôle d'institutions comme la famille ou la religion. Inspiré par le modèle suisse, qu'il admire, Röpke défend une économie de marché composée d'entreprises industrielles à taille humaine, réalisant un équilibre entre les territoires urbains et ruraux, le tout dans un ensemble politique décentralisé. Il se défie des excès du capitalisme comme de ceux du collectivisme et les renvoie dos à dos en défendant l'idée d'un monde de classes moyennes et d'ouvriers déprolétarisés grâce à l'éducation et à l'accès à la propriété[2].

L'économie sociale de marché : une véritable Constitution économique pour l'Allemagne

À la fin de la guerre, ces idées vont servir de fondement à la reconstruction de l'Allemagne. Ludwig Erhard, ministre de l'Économie de la République fédérale d'Allemagne et futur chancelier, va s'inspirer de la philosophie ordolibérale, pour en proposer une synthèse pragmatique : l'économie sociale de marché. Initialement pensée comme un programme politique pour les conservateurs et les libéraux, « l'économie sociale de marché » va connaître un succès considérable

1. François Bilger, « La pensée économique libérale dans l'Allemagne contemporaine », ouvr. cité, p. 12.

2. Patricia Commun, *Les Ordolibéraux, Histoire d'un libéralisme à l'allemande*, ouvr. cité, p. 183-185.

avec le miracle économique allemand, conduisant à son adoption en 1958 par les socialistes du SPD, au congrès de Bad Godesberg. Il n'est pas exagéré de reconnaître dans l'économie sociale de marché, objet de consensus depuis lors, une véritable Constitution économique de l'Allemagne contemporaine[1].

Un modèle d'équilibre faisant une large place à la liberté des acteurs

L'économie sociale de marché est un principe d'organisation à la fois économique et sociale. Le rôle de l'État est de définir le cadre et les règles du jeu, mais en contrepartie ses interventions dans l'économie et la vie des entreprises sont rares.

Elle se donne pour mission première de garantir une grande liberté des individus en matière économique, justification même de l'existence de l'État. La liberté de fixation des prix est ainsi rétablie dès 1948 par Ludwig Erhard. De même, l'État soutient la liberté d'entreprendre à laquelle il oppose très peu de restrictions, soucieux de ne pas favoriser les corporatismes et les rentes. L'État va aussi défendre la liberté de commercer à l'international. L'Allemagne fait ainsi partie des premiers pays à baisser ses droits de douane, en 1949.

La seconde mission pour laquelle l'État dispose de pouvoirs étendus est celle d'assurer le bon fonctionnement de l'économie. Cela exige en particulier de défendre la stabilité des prix et la libre concurrence.

1. Serge Audier, « Une voie allemande du libéralisme ? Ordolibéralisme, libéralisme sociologique et économie sociale de marché », *Alternatives économiques*, 1er octobre 2013.

La création du deutschemark, en 1948, met fin aux problèmes d'inflation en Allemagne et confère au pays une devise stable et puissante. Dans un pays marqué par l'hyperinflation des années 1920, le succès de la création du deutschemark va profondément ancrer la défense de la monnaie comme l'un des piliers de l'action économique. La gestion de la masse monétaire sera confiée en 1957 à la Bundesbank, dont la mission vise explicitement la gestion de la masse monétaire et la lutte contre l'inflation.

En matière de défense de la concurrence, Ludwig Erhard va s'engager dans une politique de décartellisation de l'économie allemande. Sera ainsi créé un Office des cartels, chargé de lutter contre les monopoles et autres pratiques abusives. La législation sera renforcée plusieurs fois en 1957 puis 1973[1].

En tant que Constitution économique, l'économie sociale de marché organise une certaine répartition des pouvoirs entre l'État et les acteurs économiques. Elle établit une séparation stricte entre l'État et le secteur privé. Après avoir défini le cadre économique au sein duquel se déroulent les échanges (le processus), l'État doit en principe ne plus intervenir et laisser les acteurs économiques libres d'agir. L'économie sociale de marché admet toutefois des exceptions, notamment en matière sociale, où la puissance publique peut intervenir à condition de s'appliquer les règles qu'elle a fixées pour les autres acteurs. On retrouve là une traduction dans le

1. « Pour sauvegarder la liberté d'un État, il importe absolument d'assurer le libre fonctionnement du mécanisme de la concurrence [...] Ceux qui prônent les cartels sous le prétexte vague de la nécessité économique ne sont que des intellectuels héritiers des planificateurs socialistes. » (Ludwig Erhard, *La Prospérité pour tous*, ouvr. cité, p. 3).

domaine économique de la conception de l'État de droit. Ce souci d'impartialité et de protection des droits, y compris contre son propre arbitraire, conduit l'État à confier à des institutions indépendantes certaines missions économiques clés. C'est le cas pour la Banque centrale et l'Office des cartels.

Cette conception où l'État définit le cadre et laisse ensuite aux acteurs une très grande liberté contractuelle s'applique aussi en matière sociale. L'État social, en Allemagne, n'est pas à proprement parler un État-providence. Il ne définit pas son action à partir de la quantité d'interventions qu'il met en œuvre ou du nombre de risques qu'il prend à sa charge. Il faut davantage y voir un « État d'assurance sociale », qui institue des organismes de protection sociale dont il confie par la suite la gestion aux acteurs concernés.

La protection sociale en Allemagne répond à deux principes : d'une part un principe de gestion paritaire par les organisations patronales et syndicales ; d'autre part un principe de subsidiarité conférant aux *Länder* des prérogatives importantes par rapport à l'État fédéral. Ce dernier conserve toutefois un rôle de tutelle sur les régimes de protection sociale et peut intervenir en cas d'échec des négociations entre les partenaires.

En matière de négociation collective, l'État joue un rôle similaire. L'article 9 de la Loi fondamentale de 1949 consacre le principe d'autonomie des acteurs. Cette liberté permet aux organisations syndicales et patronales des négociations au niveau de la branche, voire de l'entreprise, grâce à la pratique de négociation dérogatoire en matière de protection d'emploi, avec la conclusion d'accords au plus près des spécificités et des contraintes économiques et sociales de chaque secteur.

Cette liberté est aussi une façon de responsabiliser les partenaires sociaux et de donner corps à la notion de démocratie sociale.

Une doctrine sociale conditionnée par la performance de l'économie

L'économie sociale de marché cherche à accorder à la liberté économique la plus grande place possible. Pour autant, les préoccupations d'équité et de justice sociales ne sont pas absentes. L'exigence sociale est même le deuxième principe fondamental, après la liberté économique.

Suivant la tendance qui prévaut en Europe à cette époque, l'Allemagne fait une large place aux droits sociaux[1]. L'économie sociale de marché se donne pour mission d'assurer ce que Ludwig Erhard appelle « la prospérité pour tous ». Mais la méthode qu'elle met en place est profondément originale : l'économie sociale de marché n'est pas, comme on le pense souvent, une troisième voie, qui serait à mi-chemin entre l'économie de marché et le socialisme. Elle ne laisse pas prospérer une sphère sociale à côté ou en marge de l'économie. Au contraire, l'économie sociale de marché cherche à articuler étroitement les dimensions sociale et économique en réalisant la justice sociale *à l'intérieur même* de l'économie de marché. Cela a plusieurs implications d'importance sur la façon dont est conçue la politique sociale en Allemagne.

En premier lieu, il faut comprendre qu'elle a pour objectif le fonctionnement même de l'économie de

1. L'article 20 de la Loi fondamentale de 1949 définit la République fédérale d'Allemagne comme « un État fédéral démocratique et social ».

marché : un marché libre où s'exercent une saine concurrence et la stabilité des prix génère par lui-même de la justice sociale. Comme l'écrit Ludwig Erhard dans *La Prospérité pour tous*, « c'est la concurrence qui reste le moyen d'atteindre à un tel bien-être économique. Elle est seule capable du progrès économique et de réunir tous les avantages auxquels les hommes ne pourraient sans cela prétendre. La concurrence mène, au plein sens du terme, à une socialisation des progrès et des profits ; c'est elle qui maintient toujours en éveil l'effort de production ». Il conclut plus loin : « Le "bien-être pour tous" et le "bien-être par la concurrence" sont synonymes, et c'est là notre postulat fondamental[1]. » Il s'ensuit que la politique sociale, plutôt que de subventionner différentes formes d'inactivité, doit avant tout permettre la participation du plus grand nombre à la prospérité de l'économie. C'est en réalisant la croissance et le plein emploi dans la stabilité des prix que l'économie de marché remplit sa mission sociale. Dans ce contexte, la redistribution ne peut être que résiduelle par rapport aux efforts individuels et collectifs en faveur de l'emploi. Le but de la politique sociale est d'exercer une forme de responsabilité de la société envers elle-même en permettant la liberté de tous ; elle n'est pas d'assurer, à tout prix, l'égalité de tous. Toutefois, l'économie sociale de marché tient compte des différences de capacités des individus et ne restreint aucunement les transferts vers les plus fragiles.

En second lieu, la politique sociale s'élabore au plus près des conditions de marché, et doit donc

1. Ludwig Erhard, *La Prospérité pour tous*, ouvr. cité, p. 2-3.

constamment s'adapter aux évolutions du contexte économique. Comme le dit Alfred Müller-Armack, collaborateur de Ludwig Erhard et inventeur du terme *Soziale Marktwirtschaft*, l'économie sociale de marché est « un ordre économique dont l'objectif est de combiner, dans une économie ouverte à la concurrence, la libre initiative et le progrès social garanti précisément par les performances de l'économie de marché[1] ». La redistribution est donc subordonnée à la performance économique générale du pays, et doit servir la stratégie commerciale dont se dote l'Allemagne en 1945, tournée vers l'exportation[2].

Enfin, dernière caractéristique du modèle, et non des moindres : sa plasticité. Cette dimension est soulignée par Alfred Müller-Armack : « L'économie sociale de marché ne constitue pas un système achevé, ni un projet qui, défini une fois pour toutes, pourrait être mis en œuvre toujours dans le même sens. Il s'agit au contraire d'un système évolutif qui, s'il est fondé sur un principe invariant – à savoir que toute action doit s'effectuer dans le respect d'un ordre libéral –, exige en permanence de développer de nouvelles approches afin de répondre aux exigences des temps qui changent.[3] »

1. Alfred Armack-Müller cité dans Hans Tietmeyer, *Économie sociale de marché et de stabilité monétaire*, Economica, 1999, p. 6.

2. « La politique des exportations que nous avons menée, quelles que soient les critiques qui nous ont été adressées, procède de la certitude que nous avons d'être condamnés à l'asphyxie si nous ne prenons pas cette voie » (Ludwig Erhard, *La Prospérité pour tous*, ouvr. cité, p. 35).

3. Cité dans Henrik Uterwedde, « L'économie sociale de marché, la jeunesse d'un référentiel », *Regards sur l'économie allemande*, n° 91, 2009.

L'entreprise, une communauté d'intérêts au service de la nation

L'ordre libéral et concurrentiel n'est pourtant pas le seul pilier sur lequel repose le modèle allemand. Un rôle particulier est dévolu à l'entreprise, véritable institution politique.

La gestion des entreprises allemandes est peu conforme au modèle dicté par la *corporate governance* anglo-saxonne. Là où celle-ci conçoit la gestion de l'entreprise à partir de la relation de pouvoir entre les actionnaires et les dirigeants – les premiers devant s'assurer que les seconds agissent dans leur intérêt –, la gestion de l'entreprise en Allemagne repose avant tout sur une relation de coresponsabilité des salariés et de la direction choisie par les actionnaires.

Cette coresponsabilité est incarnée par une institution particulière, le *Betriebsrat*. Il s'agit d'un conseil d'entreprise pouvant être élu dans toutes les entreprises de plus de cinq salariés. Cet organe dispose de prérogatives étendues. Il doit être obligatoirement consulté pour toutes les décisions en matière de gestion sociale (formation professionnelle, horaires de travail, rémunération, recrutement, promotion, licenciement). Son rôle n'est pas seulement consultatif, il est codécisionnel : aucune mesure prise par les dirigeants dans ces domaines ne peut être entérinée sans l'accord du conseil d'entreprise.

Dans les plus grandes entreprises allemandes, cette association entre les représentants du personnel et les instances dirigeantes va encore plus loin avec le système de cogestion, ou plus exactement de codétermination

(*Mitbestimmung*). Instauré en 1951 dans la sidérurgie, le système de coresponsabilité est, à partir de 1976, étendu à toutes les entreprises de plus de deux mille salariés. Ce système assure une représentation paritaire des représentants des salariés et des actionnaires au sein des conseils de surveillance. Les salariés sont associés aux choix stratégiques des entreprises. Pour les entreprises de plus de cinq cents salariés, la règle est plus souple puisqu'elle exige une représentation minoritaire des salariés au tiers des sièges. Avec la coresponsabilité, l'Allemagne s'est dotée d'un véritable pacte qui assure la convergence des intérêts des différents acteurs économiques.

Ce modèle de gestion fait des entreprises allemandes des institutions qui non seulement génèrent des profits mais sont aussi au service de la prospérité de la nation allemande[1]. L'entreprise, qu'elle soit une PME industrielle ou un grand groupe, se pense comme un acteur de long terme dans les territoires où elle opère : la plupart des travailleurs, y compris les futurs dirigeants, font toute leur carrière en son sein. Elle est gérée par des dynasties familiales qui la transmettent à

1. Cette dimension nationale de la coresponsabilité a été bien perçue par Alain Peyrefitte alors qu'il était chargé de mission à l'ambassade à Berlin : « Devant ce champ de ruines, ouvriers et patrons se sont dit : "Jamais nous ne nous en sortirons si nous nous querellons. Travaillons ensemble." Au Bundestag, le *Mitbestimmungsrecht* – le droit à la cogestion dans la sidérurgie – donna lieu à des débats émouvants. Chaque entreprise, comme la nation elle-même, était la chose de tous ; travailleurs, cadres et patrons devaient participer ensemble à sa gestion et à sa prospérité. Le nazisme, la guerre et le désastre final avaient broyé la vieille société. Ils avaient réduit cette nation à un tragique sort commun : elle voulait rester homogène dans la paix » (Alain Peyrefitte, *Du « miracle » en économie*, Odile Jacob, 1995, p. 41-42).

la génération suivante ou à des fondations. Elle investit également avec les *Länder* et les syndicats dans la formation professionnelle trois à quatre fois plus qu'en France.

Un système financier au service de l'entreprise allemande

Enfin, dernier point, l'Allemagne a su se doter d'un système de financement de son économie et d'une forme de capitalisme dont la base est nationale, et dans lequel l'épargne est directement mise au service des projets des entreprises du pays dans une perspective de long terme.

Le système de financement de l'économie allemande se caractérise par l'importance de l'intermédiation bancaire. Tout d'abord, les caisses d'épargne (*Sparkasse*) et les banques régionales (*Landesbank*) accompagnent les entreprises situées sur leurs territoires. Les banques sont au service de l'économie, elles ne cherchent pas nécessairement à maximiser leur rentabilité, et supportent une part importante des risques. Chaque entreprise allemande dispose aussi de sa *Hausbank*, une banque privée « maison », avec laquelle elle entretient des relations de confiance, et qui lui fournit du conseil, des crédits et, si besoin, des capitaux propres.

Le poids des banques allemandes dans les fonds propres des entreprises nationales fait de ces acteurs de véritables partenaires institutionnels, jouant le rôle d'actionnaires de long terme. Dans un pays où l'État se refuse à conduire de façon manifeste une politique industrielle, le système financier exerce une mission de structuration et d'orientation du système industriel. Jusqu'au début des années 2000, les trois plus grandes banques allemandes, la Deutsche Bank, la Dresdner, et la Commerzbank, sont omniprésentes dans le contrôle des plus grands groupes industriels du pays : la Deutsche Bank est par exemple l'actionnaire le plus important du groupe Daimler-Benz. La loi allemande autorise les banques à récupérer le droit de vote des actionnaires dont elles gèrent les portefeuilles de titres, leur permettant de disposer bien souvent de plus de la moitié des voix aux assemblées générales.

Le capitalisme rhénan fait relativement peu appel aux marchés financiers. En 1970, seules 2 % des entreprises nationales étaient cotées en Bourse[1]. Le marché allemand est d'ailleurs peu liquide. Il se caractérise par une durée de détention des actions élevée, ainsi que par la part importante d'actions émises avec des droits de vote préférentiels afin de maintenir le pouvoir entre les mains des fondateurs, souvent des dynasties familiales. Sans surprise, les offres publiques d'achat hostiles sont rares.

Cette structure confère au capitalisme allemand la capacité à financer des projets de long terme. Ce modèle, ancien puisqu'il remonte aux premières *Sparkasse* de la fin du XIXe siècle, est toujours en vigueur, même s'il a été affaibli par les déboires des grandes banques privées du fait de leur virage, à la fin des années 1990, vers la finance de marché américaine. La Dresdner Bank a ainsi disparu, absorbée par le groupe Allianz. La Deutsche Bank et la Commerzbank ont été durablement affectées par leur ralliement à ladite finance. Ces déboires sont certes importants,

1. Michel Hau, *Histoire économique de l'Allemagne*, Economica, 1994, p. 178.

mais ils restent relativement isolés : en dépit de la globalisation financière, le pays a fait le choix de conserver ses propres structures de financement dont l'efficacité a été prouvée.

Un succès continu du modèle allemand de 1945 à 1990

Forte de ce nouveau modèle, l'Allemagne va connaître une période de croissance et de stabilité sans précédent. Dix ans après la fin de la guerre qui l'a laissée exsangue, l'Allemagne voit son visage complètement transformé.

Le pays connaît une croissance nettement supérieure à la plupart de ses voisins : entre 1950 et 1973, la richesse nationale croît de 6 % par an en moyenne lorsque la croissance est de 5,1 % en France, 3 % au Royaume-Uni et 3,7 % aux États-Unis[1]. Le retour à la liberté des prix s'est accompagné d'une forte hausse de l'investissement : entre 1953 et 1965, l'effort d'investissement du pays est le deuxième plus élevé du monde après le Japon, porté par les fortes capacités d'autofinancement des entreprises[2].

Dès 1960, l'Allemagne, bien qu'amputée de sa partie orientale, redevient la première puissance industrielle européenne devant le Royaume-Uni. Le chômage recule drastiquement, passant de 8 % au début des

1. Angus Maddison, *L'Économie mondiale au XXe siècle*, OCDE, 1989, p. 273-274.

2. 23,3 % en Allemagne, contre 15,7 % pour le Royaume-Uni, 17,9 % pour les États-Unis, et 18,9 % pour la France. Seul le Japon possède un niveau de formation brute du capital fixe plus élevé avec 28,3 % de son PNB.

années 1950 à 1 % la décennie suivante, sans pour autant accroître l'inflation. En RFA, la hausse moyenne des prix est deux fois moindre qu'en France ou au Royaume-Uni entre 1950 et 1973[1].

Le miracle économique allemand doit beaucoup au modèle de l'économie sociale de marché. Il a aussi été permis par un contexte d'après guerre favorable à la stratégie choisie par l'Allemagne : faire de la conquête des marchés extérieurs une priorité nationale.

L'interdiction de la production de matériel militaire et la décartellisation de l'économie imposées par les Alliés en 1945 vont favoriser la reconversion de l'économie allemande vers le marché de la consommation civile et vers l'export.

Les dirigeants allemands ont su tourner ces contraintes à leur avantage. Un échange de 1950 entre Ludwig Erhard et le gouverneur de la Banque centrale Wilhelm Vocke en témoigne : pour Erhard, l'ordre commercial et industriel de Bretton Woods est « une grande opportunité pour l'avenir des exportations allemandes » : « Si, notamment, grâce à la discipline interne, nous sommes en mesure de maintenir le niveau des prix dans une plus grande mesure que les autres pays, la force de nos exportations augmentera à long terme et notre monnaie deviendra plus forte et plus saine, tant au plan interne que vis-à-vis du dollar[2]. »

L'économie allemande devient la plus compétitive dans de nombreux secteurs : les machines-outils, la

1. Michel Hau, *Histoire économique de l'Allemagne*, Economica, 1994, p. 172.

2. Cité dans James C. Van Hook, *Rebuilding Germany, The creation of the Social Market Economy*, Cambridge University Press, 2004, p. 214.

chimie, le matériel électrique, l'optique ou encore l'électronique. Mais le plus grand succès allemand reste l'automobile : en 1960, Volkswagen exporte plus de voitures vers les États-Unis que l'ensemble de l'industrie automobile américaine n'en exporte à l'étranger.

Durant toute cette période, l'Allemagne, grâce à son modèle, exporte partout dans le monde : aux États-Unis, mais aussi en Amérique latine. En Europe, elle soutient le développement du marché unique, qui est conforme à ses intérêts commerciaux, mais refuse en revanche les velléités de protectionnisme ou de planification européens que défend la France. En 1951, trois ans après la création du deutschemark, la République fédérale retrouve une balance commerciale excédentaire. Quatre ans plus tard, l'excédent commercial allemand devient tel qu'il rend les États-Unis déficitaires à l'égard de l'Europe dans son ensemble, mettant fin au « *dollar gap* ». Preuve de la réussite de ce modèle, la part des exportations du pays dans le commerce mondial passe de 4 % en 1950 à 12 % en 1973. L'Allemagne retrouve la position commerciale qu'elle détenait au début du XXe siècle et redevient, comme à l'époque, la première puissance industrielle du continent.

La décennie 1970 ouvre une période de bouleversements de l'ordre international dont les aspects sont multiples. Ces turbulences vont mettre à l'épreuve le modèle allemand sans pour autant en ébranler les fondements. Le pays traverse les désordres monétaires liés à la fin de Bretton Woods sans trop de difficultés.

À partir des années 1970, l'Allemagne doit, elle aussi, faire face à la montée en puissance de concurrents asiatiques, le Japon en particulier. En dépit d'ajustements et d'incertitudes, elle maintient les grands équilibres de son modèle et conforte sa position internationale de puissance exportatrice. Entre 1970 et 2000, le nombre de grèves recensées par l'Organisation internationale du travail est presque deux fois moins élevé en Allemagne (avec 4 200 grèves) qu'en France (9 660 grèves)[1]. Ce succès du modèle allemand durant toute la période fera écrire à Michel Albert qu'« au total les pays du modèle rhénan savent donc, mieux que d'autres, combiner la justice sociale, la prise en charge collective des dépenses et l'efficacité de la gestion[2] ».

1991-2021 : « Les Trente Glorieuses allemandes »

La chute du mur de Berlin et l'effondrement de l'URSS tracent de nouvelles perspectives pour le continent européen sur les plans tant économique que géopolitique. L'Europe doit aussi s'adapter au nouveau contexte mondial de la globalisation financière américaine et de l'émergence de nouveaux acteurs, en particulier la Chine.

Ces transformations bouleversent le cadre hérité de la guerre froide. Elles dessinent un nouveau jeu, porteur de risques, mais aussi d'opportunités à saisir pour les pays européens. Grâce à son modèle, l'Allemagne va jouer cette nouvelle donne mieux que les autres pays. À partir de 2010, alors qu'une grande partie de l'Europe sombre dans la difficulté, l'économie allemande affiche de bonnes performances, démontrant la capacité

1. Fabrice Pesin et Christophe Strassel, *Le Modèle allemand en question*, ouvr. cité, p. 47.
2. Michel Albert, *Capitalisme contre capitalisme*, ouvr. cité, p. 173-174.

du modèle de l'économie sociale de marché à soutenir la prospérité de l'Allemagne, et à consolider sa position de leader économique du continent.

Alors que les États-Unis, dans leur mue vers un capitalisme financier, se désindustrialisent et rompent l'alliance qui existait entre les forces économiques, politiques et sociales, l'Allemagne, elle, maintient la philosophie et les institutions de l'économie sociale de marché, tout en les adaptant à la marge, lorsque cela est nécessaire.

La réunification et l'élargissement de l'Europe

En 1990, l'Allemagne va recouvrer une intégrité territoriale et une souveraineté politique dont elle était privée depuis 1945. La réunification conduit la puissance allemande à changer d'échelle : le pays voit sa population augmenter de vingt millions d'habitants, devenant ainsi non seulement la première économie d'Europe, mais aussi son pays le plus peuplé. Le poids politique de l'Allemagne se renforce au sein des instances européennes, dont elle est déjà le premier contributeur. Sans surprise, cette perspective inquiète les autres poids lourds européens, en particulier la France et le Royaume-Uni.

Une réunification rapide constitue la priorité de la politique du chancelier Helmut Kohl, malgré son coût. Un coût politique d'abord : la France dirigée par François Mitterrand exige en contrepartie de son soutien à la réunification l'abandon du deutschemark et la création d'une monnaie unique, l'euro, l'objectif poursuivi étant d'arrimer l'Allemagne à l'Europe.

Un coût économique ensuite car les disparités entre la RFA et la RDA sont très importantes : en 1989, la productivité du travail en République démocratique allemande se situe à 30 % de celle de l'Allemagne de l'Ouest. Le secteur public représente près de 85 % de l'économie est-allemande, laissant envisager des coûts de reconversion considérables. Helmut Kohl fait un choix politique – contre l'avis du gouverneur de la Bundesbank de l'époque, Karl Otto Pöhl, d'une conversion à parité du deutschemark avec l'ostmark, la monnaie est-allemande. Cela génère des transferts financiers très élevés : environ 5 % du PIB allemand durant la période 1991-2003.

En conséquence, dès le milieu des années 1990, la compétitivité se dégrade, la hausse de la demande intérieure et celle des salaires alimentent l'inflation. Il en résulte une décennie de croissance faible durant laquelle l'Allemagne est parfois dépeinte comme « l'homme malade de l'Europe ». Sa croissance moyenne est de 1,1 % sur la période 2000-2003 contre 2 % en France et le nombre de chômeurs atteint les cinq millions de personnes en 2005. La dette publique allemande fait plus que doubler de 1990 à 1997 pour atteindre 60 % du PIB. Le financement de l'unification par l'emprunt provoque une hausse des taux d'intérêt.

La réunification s'est traduite ainsi par dix ans de déséquilibres et de difficultés économiques. Néanmoins le dynamisme de son industrie, l'adaptabilité de son modèle et les réformes qu'elle a engagées avec Gerhard Schröder ont permis au pays de surmonter ces défis.

L'Allemagne s'est d'autant plus rapidement remise en selle qu'elle a pu renouer avec un des piliers de sa puissance historique. La disparition du rideau de fer et l'élargissement à l'est de l'Union européenne lui ont permis de renouer un partenariat fort avec l'Europe centrale, cette *Mitteleuropa* dont elle était privée depuis 1945. L'Allemagne va profiter de l'ouverture des pays à l'est pour réorganiser les chaînes de production de ses entreprises et leur permettre de bénéficier d'une main-d'œuvre qualifiée et peu onéreuse. Celle-ci lui permet de réduire d'autant le prix des consommations intermédiaires de son industrie, dopant ainsi sa compétitivité à l'international. L'emploi dans les filiales implantées dans les pays de l'Est et en Russie progresse rapidement pour représenter 21,5 % de l'emploi des filiales allemandes en 2008 alors qu'il n'était que de 3 % en 1991[1].

L'ouverture à l'est fournit également de nouveaux débouchés avec des marchés en croissance qui vont stimuler la demande pour les produits de l'industrie allemande. La part des nouveaux États membres européens, clients du commerce allemand, passe de 7,5 à 10,1 % entre 2003 et 2014. À la même période, cette part passe de 3 % à 4,1 % pour la France[2].

La monnaie unique renforce la compétitivité de l'Allemagne

La création de l'euro, décidée au moment du traité de Maastricht, en 1992, a quelque chose de paradoxal : elle n'a pas été voulue par l'Allemagne ; l'abandon du deutschemark pour une monnaie unique lui a été imposé par la France, en contrepartie de son accord à la réunification. On l'a dit, le président François Mitterrand

1. Christophe Blot, Odile Chagny et Sabine Le Bayon, *Faut-il suivre le modèle allemand ?*, La Documentation française, p. 113.
2. *Ibid.*, p. 107.

voyait dans la création de la monnaie unique un moyen d'arrimer à l'Europe une Allemagne réunifiée, bien plus puissante qu'auparavant. Beaucoup d'élites françaises considéraient de leur côté que la monnaie unique serait une contrainte bienvenue pour forcer le pays à engager des réformes en matière de discipline budgétaire et de compétitivité, ce à quoi il ne parvenait pas jusque-là.

Voulue par la France, redoutée par l'Allemagne, la réalité de la monnaie unique a été tout autre : l'euro a été un accélérateur et un amplificateur du succès économique de l'Allemagne, tandis qu'en France son adoption n'a pas produit les résultats escomptés. Contrairement à ce qui était anticipé, l'entrée en vigueur de cette nouvelle monnaie s'est accompagnée d'un certain relâchement budgétaire en France et dans les pays d'Europe du Sud, qui pouvaient à présent financer leurs déficits sur les marchés financiers à des taux proches de ceux de l'Allemagne. L'euro en tant que tel n'est pas à blâmer car il n'a pas été un handicap pour les pays qui ont, au contraire, poursuivi une politique de rigueur et de défense de leur compétitivité.

En Allemagne, cette politique est initiée dès le milieu des années 1990. Malgré un contexte difficile, le modèle allemand va démontrer la capacité d'adaptation dont il peut faire preuve, sans pour autant rompre le pacte qui unit ses différentes parties prenantes. Les partenaires sociaux vont se mettre d'accord et décider, par des accords de branche ou d'entreprise, des ajustements concernant l'organisation du travail ainsi que la modération salariale.

Dans l'automobile, Volkswagen a par exemple su mettre en œuvre durant les années 1990 une réduction du temps de travail pour faire face à une demande en berne, une diminution de 12 % du salaire annuel ainsi qu'une flexibilisation accrue du temps travaillé. Avec le soutien du syndicat IG Metall, l'entreprise a pu signer un accord plus favorable que la convention régionale pour flexibiliser les conditions de travail. En échange, elle s'est engagée à ne pas licencier de salariés pendant deux ans. Cet accord de 1993 a été reconduit deux fois, en 1995 puis en 1997, démontrant ainsi le succès de ce mode de régulation.

En 2004 et 2006, les négociations se poursuivent et IG Metall accepte de nouveau un gel des rémunérations jusqu'en 2007, la baisse des salaires des nouveaux embauchés et une hausse du temps de travail. En contrepartie, l'entreprise s'engage à garantir la production et l'emploi, y compris l'apprentissage jusqu'en 2011. Depuis 2010, la bonne situation financière de l'entreprise a permis des augmentations de salaire confortables et le versement de primes.

Ces conventions entre patronat et syndicat ont induit une modération salariale importante entre 1990 et 2010. Alors que les coûts salariaux unitaires ont progressé de 10 % dans l'industrie française entre 2000 et 2012, ils baisseront de 6 % dans l'industrie allemande.

De surcroît, cette modération ne se limite pas aux secteurs de l'économie exposés à la concurrence internationale. En France, les salaires augmentent en fonction de l'évolution de la productivité moyenne de l'économie alors même que les gains de productivité sont plus importants dans l'industrie que dans les services. L'Allemagne, de son côté, a cherché à limiter la hausse des salaires dans le secteur des services afin de réduire le coût des intrants pour son industrie. La progression salariale, au lieu d'être générale, est sectorielle et se fait en fonction des gains de productivité.

Cette flexibilité du modèle social allemand est la traduction d'un consensus de l'ensemble des forces politiques du pays.

En 1997, le président de la République, Roman Herzog, appelle les acteurs nationaux à prendre leurs responsabilités pour mener des réformes courageuses : « Un sursaut doit traverser l'Allemagne[1] », leur enjoint-il. Le message est entendu par l'ensemble des partis de gouvernement. En 2001, Angela Merkel, qui est alors le leader du parti conservateur CDU/CSU, fait campagne sur le thème d'une « nouvelle économie sociale de marché » (*neue Sozialemarktwirtschaft*). Le chancelier SPD Gerhard Schröder nomme Peter Hartz, directeur des affaires sociales de Volkswagen et membre du syndicat IG Metall, à la tête d'une commission chargée d'élaborer des réformes pour redynamiser le marché du travail. Les propositions de la commission Hartz mises en place de 2003 à 2005 conduisent à une réforme de la gouvernance de l'assurance chômage, au soutien à la création d'entreprises et d'emplois, et à la responsabilisation des demandeurs d'emploi.

Ces réformes du marché du travail s'inscrivent dans une perspective plus large tracée par « l'Agenda 2010 », dont l'objectif est d'adapter le modèle économique et social allemand aux problèmes structurels qu'il rencontre. Il s'agit en particulier de répondre aux défis de la compétitivité économique et du vieillissement démographique. Pour ce faire, l'Agenda 2010 propose une réforme de l'État social, des dépenses de retraite

1. Discours de Roman Herzog d'avril 1997, cité dans Henrik Uterwedde, « L'économie sociale de marché, la jeunesse d'un référentiel », art. cité.

et d'assurance maladie dont il faut assurer la compatibilité avec l'objectif d'inclusion sociale par l'emploi. Ces réformes sont conformes à l'esprit de l'économie sociale de marché, en quête d'un partage de la valeur qui soit toujours compatible avec les conditions de marché.

L'Allemagne, grande bénéficiaire de la globalisation

La politique d'adaptation et de réforme qu'a menée avec constance l'Allemagne pendant quinze ans a porté ses fruits. L'Allemagne demeure le troisième exportateur mondial derrière la Chine et les États-Unis. Son excédent commercial était de plus de 200 milliards d'euros en 2014, reflétant sa puissance industrielle, dont les forces sont notamment les secteurs de l'automobile et des biens d'équipement.

L'entrée de la Chine et d'autres pays asiatiques dans le commerce international aura entraîné une augmentation de la demande de biens d'équipement expliquant le développement des exportations allemandes à destination des pays émergents.

Ces performances ne résultent pas seulement de la compétitivité-prix. Les entreprises allemandes utilisent leurs marges pour investir dans la recherche et le développement. La France dépensait en R&D autant que l'Allemagne en 2002, mais cette dernière a poursuivi ses efforts en matière de recherche en lui affectant 2,9 % du PIB contre 2,3 % pour la France, une part importante de ces dépenses étant réalisée par les entreprises mêmes. En 2012 les firmes allemandes ont ainsi investi près du double de leurs homologues françaises en R&D (52 milliards d'euros pour l'Allemagne contre 30 milliards pour la France[1]).

Le modèle allemand conserve ses caractéristiques financières en dépit de la vague néolibérale. La *Finanzindustrie* est maintenue dans le cadre de la globalisation : les *Sparrkassen* et les *Landesbank* financent encore près de 80 % de l'économie allemande et participent au développement des régions où elles investissent. La pénétration des fonds d'investissement étrangers est moins importante qu'ailleurs et en dépit des déconvenues de grandes banques qui ont fait le choix de la finance de marché américaine, Deutsche Bank, Dresdner et Commerzbank, le système de financement allemand a peu évolué depuis le XXe siècle. Ainsi les *Hausbank* continuent-elles à offrir des financements de long terme et un accompagnement durable aux entreprises. De plus, la performance des entreprises leur permet de bénéficier de marges élevées, ce qui alimente leur autofinancement. Les compagnies allemandes sont bien financées et capitalisées par un actionnariat national assurant l'alignement des intérêts économiques, politiques et sociaux. La coresponsabilité est aussi un facteur de protection contre les OPA hostiles et les montages financiers.

La reconstitution d'une puissance géopolitique par l'économie

Fin 2021, avant que la guerre en Ukraine ne vienne rebattre les cartes du jeu européen, l'Allemagne connaît

1. Christophe Blot, Odile Chagny, Sabine Le Bayon, *Faut-il suivre le modèle allemand ?*, La Documentation française, ouvr. cité, p. 117.

une forme d'apogée : en trente ans, elle est devenue une puissance quasi hégémonique en Europe.

Sur le plan économique, son modèle lui a permis de saisir les opportunités commerciales de la globalisation tout en en maîtrisant les risques, avec à la clé, une industrie puissante, des finances publiques saines, des excédents commerciaux considérables et un niveau de vie en hausse.

L'Allemagne a su bénéficier des « dividendes de la paix » : sa proximité avec l'allié américain et son intégration dans l'Otan lui ont permis d'assurer la sécurité de son territoire à moindre coût sans pour autant limiter ses marges de manœuvre pour se rapprocher d'anciens pays hostiles au camp occidental. C'est en particulier le cas du partenariat avec la Chine, avec qui l'Allemagne a développé des liens économiques forts en exportant massivement ses productions de machines-outils et d'automobiles.

Elle a également su créer avec la Russie des intérêts communs, avec un partenariat énergétique par la création des gazoducs Nord Stream. La fourniture de gaz russe a ainsi procuré de l'énergie à faible coût à l'industrie allemande au moment où le pays faisait le choix de se désengager de l'énergie nucléaire.

Au plan politique, la puissance économique du pays mais aussi la réunification et l'élargissement à l'est ont conféré à l'Allemagne un rôle de puissance motrice en Europe : plus rien ne se fait sans que Berlin soit à l'initiative ou donne son aval.

L'Allemagne peut compter sur les autres pays du nord de l'Europe pour relayer ses positions en matière de rigueur budgétaire ; elle partage aussi avec les pays de l'Est une orientation franchement atlantiste lorsqu'il s'agit d'aborder les questions de défense. À Bruxelles, l'influence allemande est forte, l'élection d'Ursula von der Leyen à la tête de la Commission européenne n'ayant fait qu'accentuer cet état de fait. Le programme de la coalition SPD-FDP-Verts publié à l'automne 2021 prenait acte de cette réalité de la puissance allemande, en proposant de conforter et d'élargir encore son rôle de leader au plan européen et mondial.

Aujourd'hui : l'Allemagne « au tournant », un modèle ébranlé par les évolutions géopolitiques

Mais à présent, l'évolution du contexte géopolitique prend à revers l'Allemagne et menace son statut de championne économique de la globalisation. La guerre en Ukraine et la rupture des approvisionnements gaziers qui en découle révèle au grand jour les risques de la stratégie énergétique adoptée par l'Allemagne depuis les années 2000. En faisant le choix du gaz russe pour son prix, en négligeant la dimension souveraine de l'énergie, le pays est devenu dépendant du Kremlin, dont les intérêts stratégiques divergent désormais profondément de ceux de l'Allemagne.

La crise avec la Russie démontre les dangers d'une conception trop irénique de l'histoire qui a laissé le pays s'installer dans une dépendance énergétique vis-à-vis d'une puissance étrangère. La hausse des coûts de l'énergie qui en résulte a, en l'espace de quelques mois, effacé vingt ans d'excédents commerciaux et menace aujourd'hui la compétitivité, voire l'existence même de certains secteurs de l'industrie allemande.

En matière commerciale, l'Allemagne découvre les effets pervers de son partenariat avec la Chine. La stratégie allemande de conquête du marché chinois est l'un des piliers du succès économique du pays. Aujourd'hui la Chine est devenue son premier partenaire commercial avec 246 milliards d'euros d'échange. Certaines entreprises allemandes, comme Volkswagen, réalisent plus de 40 % de leurs ventes mondiales de véhicules en Chine. Ce succès crée une dépendance au marché chinois, pourtant plus difficile d'accès à mesure que Pékin développe sa propre stratégie de montée en gamme et de substitution aux importations[1].

La stratégie commerciale de l'Allemagne risque de devenir l'un de ses talons d'Achille en raison de l'escalade de tensions entre la Chine et les États-Unis. Berlin se retrouve écartelé entre ses positions commerciales et la dépendance stratégique et militaire qu'elle entretient avec les États-Unis pour sa sécurité.

L'Allemagne va devoir choisir : sa stratégie de puissance à bas bruit, consistant à tout miser sur l'économie au détriment des autres leviers de la puissance, ne fonctionne plus. Elle ne peut plus être un « freerider » de l'ordre global et, pour maintenir sa prospérité dans le nouveau monde qui se dessine, elle va devoir investir dans les autres leviers de la puissance.

Face à cette nouvelle donne – qu'en Allemagne on appelle « *die Zeitenwende* » –, le pays a initié une première réponse. Le gouvernement a annoncé vouloir doter le pays de la première armée conventionnelle d'Europe, débloquant plus de 100 milliards d'euros pour l'achat de matériel, pour l'instant essentiellement américain. Berlin a également le projet d'acquérir avec

1. Patricia Commun, « Quelles perspectives pour le système d'export allemand ? », *Allemagne d'aujourd'hui*, n° 231, 2020/1.

d'autres pays européens un système israélien de protection aérienne. Cela s'est fait sans concertation préalable avec la France, qui développe son propre système avec l'Italie.

Au plan économique, le pays doit aussi se réinventer. Afin de limiter les risques immédiats de faillite de ses entreprises, l'Allemagne a mis en place un plan de soutien massif de 200 milliards d'euros, en rompant avec la politique d'équilibre budgétaire si chère au pays. Là aussi, cette initiative a été prise sans concertation préalable avec ses partenaires européens.

À moyen terme, l'Allemagne va devoir diversifier ses débouchés et réorienter une partie de son économie. De nouveaux investissements sont faits dans les domaines du spatial et des industries de la défense, marquant le retour de l'État dans l'économie. L'Allemagne réoriente son économie et sa stratégie globale, mais va-t-elle pour autant abandonner le modèle de l'économie sociale de marché ? Rien n'est moins sûr.

3

La France : puissance et déclin

« Alors qu'en 1939 notre production industrielle était de 10 % inférieure, je dis bien inférieure, à ce qu'elle avait été en 1913 et se tenait complètement à l'écart des techniques modernes, nous avons, depuis dix ans surtout, progressé à une cadence qui est la première de tous les pays occidentaux. Notre revenu national a dépassé celui de la Grande-Bretagne. Nous avons, dans les domaines les plus avancés – énergie nucléaire, espace, aéronautique, électronique, informatique, exploration des océans –, conquis notre place dans le peloton de tête des nations. Non par un vain désir de prestige, mais par la conviction que le monde moderne est dominé par le progrès scientifique et technique et qu'un pays qui ne consomme pas l'effort intellectuel et financier nécessaire pour être dans le train est condamné irrémédiablement à la médiocrité et à la dépendance. »

Discours de Georges Pompidou
à Toulouse, 1971[1].

1. Cité dans Bernard Ésambert, *Pompidou capitaine d'industries*, Odile Jacob, 1992, p. 44.

Les États-Unis ont, depuis la fin de la Seconde Guerre mondiale, déployé leur volonté de puissance selon deux économies politiques successives, deux capitalismes très différents, le capitalisme fordiste puis le capitalisme financier. L'Allemagne, elle, au sortir de la guerre, s'est donné la sienne propre avec l'économie sociale de marché. Elle n'en a pas varié, malgré les changements de contexte, même s'il lui a fallu s'adapter au choc pétrolier et à celui de la réunification.

Qu'en est-il de la France ? Si elle a fait jeu égal avec l'Allemagne jusqu'à la fin des années 1970, son destin économique obéit à une sorte de courbe en V inversé : après une reconstruction et une modernisation réussies sous la conduite du général de Gaulle et de Georges Pompidou, elle entre dans une période de déclin. Il faut comprendre à quoi tient ce retournement français.

On doit distinguer deux périodes.

La première correspond aux Trente Glorieuses. Elle débute en 1945, au moment de la Libération, et s'étend jusqu'à la fin des années 1970. L'enjeu principal pour la France est celui de reconstruire son économie, de la moderniser et de rattraper le retard économique que le pays a accumulé sur ses principaux partenaires, cela dès l'avant-guerre. Dans les années 1930, alors que l'Allemagne, les États-Unis et dans une moindre mesure le Royaume-Uni consolidaient leur statut de grande puissance industrielle, la France restait un pays très agricole, en retard sur l'industrialisation de masse[1].

1. À titre d'exemple, l'historien Richard Kuisel dans son livre *Le Capitalisme d'État en France* (Gallimard p. 301) cite un extrait du rapport Philip

En 1945, pour répondre à ces défis, notre pays va se doter d'institutions capables de porter son redressement économique. La mémoire collective a retenu les nationalisations, le poids de l'administration, et son dirigisme technocratique, mais le modèle dont se dote la France à partir de l'après-guerre ne se résume pas à cela. L'institution du Plan, sous la conduite de Jean Monnet, dont l'élaboration est concertée et la mise en œuvre indicative, suggère qu'il s'agit d'autre chose : l'enjeu est de faire apparaître une forme générale de gouvernement de l'économie dans son ensemble qui ne se résume pas seulement à l'action administrative.

Les réformes de structure votées entre 1944 et 1946 ouvrent la voie à une transformation profonde de l'économie française dont les effets dépassent amplement le projet de reconstruction. Comme le note l'historien Jean Bouvier, au milieu du XXe siècle se met en place en France un nouvel ordre économique combinant l'intervention de l'État et l'action du marché. Ces transformations définissent une économie politique originale : « l'économie concertée ».

À partir des années 1960, l'esprit de ce gouvernement de l'économie se précise : il s'agit d'une synthèse libérale-colbertiste, dont l'objectif est de rassembler et concilier l'ensemble des forces productives. En effet, seule une action coordonnée et convergente impliquant l'ensemble

---

intitulé « Réformes économiques de structures » et remis en 1944 au général de Gaulle : « Il ne faut pas s'imaginer que la France puisse rester un pays essentiellement artisanal et agricole, comme le révèle le romantisme réactionnaire de Pétain ; la guerre a montré que seuls comptent dans la vie moderne les grands États industriels. Un pays agricole incapable de se forger les armes susceptibles de garantir son indépendance est inévitablement destiné à être l'esclave soit d'un adversaire puissant, soit d'un ami protecteur. »

des acteurs sociaux peut parvenir à faire de la France une puissance moderne et industrielle, à l'image de l'Allemagne ou des États-Unis. Ce gouvernement de l'économie inclut les syndicats, les entreprises et les administrations. Il restera en place jusqu'au début des années 1980 et accompagnera les succès de la France durant cette période.

La seconde période commence au début des années 1980. À la différence de l'Allemagne, qui a conservé son modèle d'économie sociale de marché, l'économie politique libérale-colbertiste dont la France s'était dotée va être progressivement abandonnée. Il en résulte un désalignement progressif des différents acteurs qui ne parviennent plus à s'entendre autour d'objectifs communs. C'est dans ce contexte qu'il faut analyser la montée en puissance du capitalisme financier en France et en évaluer les conséquences pour le pays. La situation actuelle résulte pour une grande part de ce délitement du pacte national.

Le moment gaullien : un modèle économique au service d'un projet de puissance nationale

Qu'entendons-nous par moment gaullien ? Il s'agit d'une vision de l'économie au sein de laquelle s'accomplissent à la fois la reconstruction et la modernisation du pays. La période que Jean Fourastié qualifiera rétrospectivement de « Trente Glorieuses »[1] est marquée par le programme de redressement que le général

1. Jean Fourastié, *Les Trente Glorieuses ou la révolution invisible, de 1946 à 1975*, Fayard, 1979.

de Gaulle va mettre en œuvre en deux temps, d'abord à la Libération, puis à son retour au pouvoir, en 1958.

Ces réformes prises dans leur ensemble dotent la France d'un modèle original qui va faire son succès dans les années d'après guerre. Ce modèle s'appuie sur des institutions fortes et s'inscrit dans une stratégie qui combine libéralisme et colbertisme avec pour ambition la modernisation industrielle du pays. À partir des années 1960, elle s'accompagne d'une volonté de préparer l'économie française à faire face à une concurrence internationale qui s'intensifie.

Avec la Ve République, la France se dote d'institutions fortes pour gouverner le pays

À son retour au pouvoir, en 1958, le général de Gaulle fait de la refondation des institutions une priorité. La modernisation de l'administration, de son recrutement, ainsi que de son appareil statistique[1], avait été réalisée à la Libération, permettant ainsi de restaurer l'État. Mais le départ du Général, en 1946, avait mis un coup d'arrêt à la transformation politique qu'il avait envisagée pour la France : une République dont les institutions permettraient l'émergence d'une véritable « force de gouverner[2] » en conciliant la légitimité du débat démocratique et l'efficacité dans l'action. C'est chose faite avec la Constitution du 4 octobre 1958 dont l'un des caractères

1. François Fourquet, *Les Comptes de la puissance, histoire de la comptabilité nationale et du plan*, collection Encres, Éditions Recherches, 1980.
2. Nicolas Rousselier, *La Force de gouverner : Le pouvoir exécutif en France, XIXe-XXIe siècles*, Gallimard, 2015

essentiels est qu'elle « donne une tête à l'État[1] ». La légitimité des nouvelles institutions est encore renforcée en 1962 avec l'élection au suffrage universel du président de la République, directement responsable des affaires de la nation devant le peuple. Le gaullisme a doté la France d'institutions stables, capables d'affronter et de surmonter toutes sortes de crises. En renforçant l'exécutif, en mettant fin à l'instabilité ministérielle caractéristique des périodes antérieures, « la Ve république crée les conditions politiques et sociales d'une croissance sans précédent du capitalisme en France[2] ».

Au début de la décennie 1960, les experts britanniques cherchent à comprendre les raisons pour lesquelles la France, pays qu'ils considéraient comme voué à l'immobilisme et au déclin, enregistre des performances nettement supérieures à celles de l'économie de leur pays[3]. Leur hypothèse est de rechercher dans l'économie politique française les facteurs de ce succès.

La planification à la française en particulier retient leur attention. Les réussites qu'a connues, dans les années 1950, la méthode Monnet – une planification indicative permettant aux différents acteurs d'échanger et de s'accorder sur les priorités pour l'économie nationale – font du Commissariat général au Plan une institution caractéristique de l'économie politique de la France

1. Allocution radiotélévisée du 20 septembre 1962.

2. André Gauron, *Histoire économique et sociale de la Cinquième République*, t. I, *Le Temps des modernistes*, La Découverte, 1983, p. 6.

3. Fernand Braudel et Ernest Labrousse, *Histoire économique et sociale de la France*, t. IV, *L'Ère industrielle et la société d'aujourd'hui (1880-1980) : 1950 à nos jours*, PUF, p. 1101.

d'après guerre[1]. Le général de Gaulle est convaincu du rôle que doit jouer le Plan, « ardente nécessité », dans la modernisation économique du pays :

> Dans un pays et sous un régime tels que les nôtres, il va de soi qu'une pareille mutation exige constamment non pas tant des édits lancés par l'instance suprême que beaucoup d'actes spécifiques, spontanés et démultipliés de la part des intéressés aussi bien que du gouvernement et de l'administration... Pour moi, à mon échelon, il s'agit du Plan, parce qu'il embrasse l'ensemble, fixe les objectifs, établit une hiérarchie des urgences et des importances, introduit parmi les responsables et même dans l'esprit du public le sens de ce qui est global, ordonné et continu, compense l'inconvénient de la liberté sans en perdre l'avantage[2].

Le Plan est l'espace même où s'effectuent la synthèse, la hiérarchisation entre les intérêts particuliers et l'intérêt général : « La planification à la française est la recherche d'une voix moyenne conciliant l'attachement à la liberté et à l'initiative individuelle avec une orientation commune de développement[3] », écrit Pierre Massé, économiste et commissaire général au Plan, dans *Le Plan ou l'Anti-hasard*. La planification cherche à concilier les avantages du système libéral et ceux de la prévision afin d'orienter les acteurs, de réduire

1. « Nous ferons le plan sans rien imposer à personne » : cette phrase tirée des *Mémoires* de Jean Monnet résume à elle seule toute l'originalité de la démarche de la planification et explique pour une grande part son succès auprès des milieux économiques et syndicaux.

2. Charles de Gaulle, *Mémoires d'espoir*, t. II. *L'Effort* dans *Œuvres complètes*, Pléiade, 2000, p. 997.

3. Pierre Massé, *Le Plan ou l'Anti-hasard*, Gallimard, 1965, p. 144.

l'incertitude et de fixer un cap pour le développement de la nation[1].

Les travaux du commissariat général au Plan explicitent les défis qui attendent l'économie nationale. L'heure est à la poursuite de « l'impératif industriel » pour reprendre une formule de l'économiste Lionel Stoléru[2]. Pour le général de Gaulle, « expansion, productivité, concurrence, concentration, voilà bien évidemment les règles que doit dorénavant s'imposer l'économie française, traditionnellement circonspecte, conservatrice, protégée et dispersée[3] ».

Le second objectif que poursuivent les acteurs du Plan est la préparation de la France à la compétition internationale. Le IVe Plan, rédigé au début des années 1960, évoque « un avenir marqué par l'ardeur de la compétition scientifique et technique, par l'intensité de l'innovation et par la rapidité du changement[4] ». Répondre à ces défis exige de poursuivre « l'effort de modernisation accompli depuis la guerre, la stabilisation du franc à un cours réaliste » mais aussi de défendre une position compétitive exigeant un « effort de qualité et de prix[5] ».

Au cours des années 1960, le rôle de la planification est élargi et approfondi. Le travail de prévision

1. Fernand Braudel et Ernest Labrousse, *Histoire économique et sociale de la France*, ouvr. cité, p. 1102.

2. Du nom d'un ouvrage de l'économiste Lionel Stoléru *L'Impératif industriel*, paru en 1966 et faisant le bilan de la politique industrielle des années 1960.

3. Charles de Gaulle, *Mémoires d'espoir*, ouvr. cité, p. 997

4. Quatrième Plan de développement économique et social (1962-1965), p. 1.

5. *Ibid.*

statistique est amélioré, mais surtout l'élargissement de la procédure de consultation permet d'accentuer le caractère concerté de l'économie. Les syndicats comme la CGT et la CFDT intègrent les commissions dont le nombre est considérablement augmenté[1], rassemblant désormais les représentants de l'ensemble des professions ainsi que des acteurs de tous les ministères[2]. Le Parlement est lui aussi étroitement associé aux travaux afin de faire du Plan l'expression d'un véritable consensus national.

La modernisation économique et industrielle grâce à un « libéralisme colbertiste »

Les nationalisations de 1945 avaient donné à l'État le contrôle de certains secteurs clés de l'économie française, en particulier dans le domaine des transports, de l'énergie, et du financement de l'économie permettant la création des grands services publics tels qu'Électricité de France. En dépit des représentations que l'on s'en fait aujourd'hui, le poids du secteur public dans l'économie reste relativement modéré[3]. Les nationalisations de 1945 répondaient surtout à une vision pragmatique, dictée par l'urgence de la situation à la Libération, consistant

1. Leur nombre passe de six pour le Ier Plan, en 1948, à plus d'une centaine lors de l'élaboration du VIe, en 1966.

2. Une enquête de l'INSEE menée en 1967 auprès de deux mille entreprises montre que 80 % des entreprises industrielles françaises connaissaient l'objectif d'expansion du Ve plan, et les deux tiers les prévisions propres à leur branche.

3. En 1947, plus d'un million de personnes travaillent dans les usines de l'État qui fournissent 14 % de la production industrielle nationale (François Denord, *Le Néo-libéralisme à la française*, Agone, 2016, p. 231).

à disposer de « leviers de commande » pour piloter efficacement la reconstruction[1].

À partir de 1960, l'adaptation de la France aux « enjeux de son temps » passe par une transformation de son économie vers plus de liberté pour les acteurs, ainsi qu'une place plus grande pour le marché. Une libéralisation de l'économie qui ne signifie pas pour autant une dérégulation sans limite : l'objectif est de promouvoir un cadre libéral, laissant une pleine initiative aux acteurs privés mais dans lequel l'État intervient de façon ciblée pour accélérer la dynamique de rattrapage industriel sur les États-Unis et sur l'Allemagne.

La priorité pour instaurer un tel cadre est de redresser les finances publiques mises à mal par la guerre d'Algérie et les déséquilibres récurrents de la balance commerciale. Le plan Pinay-Rueff, du nom du ministre de l'Économie Antoine Pinay et de son conseiller Jacques Rueff, propose une stabilisation de l'économie en trois volets : dévaluer le franc pour relancer l'économie et les exportations ; défendre le cours de la nouvelle monnaie, qui doit rester forte et convertible, notamment en désindexant les revenus et en luttant contre l'inflation ; soutenir enfin la compétitivité des entreprises dans un contexte de libéralisation des échanges extérieurs. La souscription à un grand emprunt national, conduite par Antoine Pinay, permet d'apurer les comptes et de donner une base financière saine à la nouvelle République[2]. Sous le général de Gaulle, l'équilibre budgétaire devient un principe essentiel de la politique

1. Richard F. Kuisel, *Le Capitalisme et l'État en France*, ouvr. cité. p. 345.

2. Michel-Pierre Chélini, « Le plan de stabilisation Pinay-Rueff, 1958 », *Revue d'histoire moderne et contemporaine*, avril 2001.

gouvernementale : il est le garant de l'indépendance de la France face aux bailleurs internationaux. Entre 1958 et 1973, la France a connu treize années d'équilibre budgétaire, les seules de son histoire depuis 1945.

Pour créer des conditions propices au développement industriel, l'économie française prend une orientation plus libérale. Préfacier de Ludwig Erhard, dont il partageait les idées ordolibérales[1], Rueff préconise avec le comité Armand-Rueff de réduire les rigidités économiques, d'éliminer les atteintes à la véracité des coûts et des prix ainsi que de réformer l'administration afin de la soumettre à une logique d'efficacité et de gestion concurrentielle[2]. Cette orientation libérale est renforcée par la suite, avec le rapport Nora de 1967 mais encore davantage sous les présidences Pompidou et Giscard.

En plus d'être libérale, l'économie politique française de cette période est colbertiste. Au début des années 1960, la France accuse encore un retard économique et technologique important. Le pays exporte essentiellement des produits alimentaires, des produits manufacturés de base et des biens de consommation courante. Ses entreprises sont insuffisamment concentrées, insuffisamment rentables et compétitives pour faire face à la concurrence allemande ainsi qu'aux multinationales américaines qui s'implantent dans le nouveau marché européen[3]. Mais les années gaulliennes

1. Gérard Minart, *Jacques Rueff, un libéral français*, Odile Jacob, 2016, p. 184.

2. Comité présidé par Jacques Rueff et Louis Armand, « Rapport sur les obstacles à l'expansion économique », novembre 1959.

3. Dans le classement des cent premières entreprises des dix principaux pays capitalistes, la France ne peut en aligner que deux contre huit pour l'Allemagne, onze pour le Royaume-Uni, soixante-quinze pour les

sont l'âge d'or de la politique industrielle en France. En réponse au « défi américain[1] », elle va jouer un rôle décisif dans la constitution de grands champions nationaux. Deux leviers vont être utilisés : la politique d'encouragement à la concentration des entreprises pour les secteurs existants, et une politique dite « de grands projets » visant à faire émerger de nouvelles entreprises sur les secteurs technologiques les plus avancés.

Dans ce dernier domaine, la politique gaullienne a rencontré des succès éclatants au point de devenir un modèle de référence dans le monde[2]. Les succès de ce modèle « colbertiste high-tech[3] » reposent sur plusieurs facteurs : un protectionnisme offensif de la part de l'État qui soutient l'accumulation de savoirs scientifiques et techniques nationaux ; une étroite collaboration entre les administrations et les entreprises dans la conception et la mise en œuvre du projet ; l'utilisation de la commande publique pour soutenir le développement industriel et garantir la rentabilité initiale du projet ; puis, dans un dernier temps, le soutien à l'international pour la conquête de marchés à l'export. Une politique qui a donné à la France la plupart des grandes entreprises industrielles que nous connaissons aujourd'hui : Elf-Aquitaine (intégré dans Total), Arianespace, Alcatel, Alstom, Orange, Areva, Airbus, Safran[4].

États-Unis ; aucune n'atteint le milliard de chiffre d'affaires. (André Gauron, *Histoire économique et sociale de la Ve République*, ouvr. cité, p. 88).

1. En référence au titre de l'ouvrage de Jean-Jacques Servan-Schreiber : *Le Défi américain* (Denoël, 1967).

2. Cette politique volontariste a connu aussi quelques échecs dont le plan Calcul, pour l'informatique.

3. Concept développé dans Élie Cohen, *Le Colbertisme high-tech. Économie des télécom et du grand projet*, Pluriel, 1992.

4. *Id.*, *Souveraineté industrielle*, Odile Jacob, p. 99.

Les coopérations européennes furent particulièrement importantes dans le domaine de la recherche théorique, mais également dans l'aérospatial avec le programme franco-britannique Concorde en 1962, puis la création d'Airbus avec les Allemands entre 1965 et 1969.

La préparation de l'économie française à la concurrence internationale passe aussi par une politique de concentration et de modernisation des structures du capitalisme français. Afin de renforcer les capacités de financement de l'économie, la réforme bancaire de 1966 organise des regroupements dans le secteur bancaire public, donnant par exemple naissance à la BNP. Il en va de même pour le secteur des assurances où plus d'une dizaine de compagnies d'assurances sont regroupées en trois grandes compagnies nationales (UAP, AGF, GAN)[1]. Le financement de l'économie est également réformé : la Société générale et le Crédit agricole deviennent de grandes banques universelles en collectant directement l'épargne, sans passer par le Trésor. À partir de 1966, ces dernières peuvent utiliser l'épargne pour prendre des participations significatives dans les entreprises industrielles et commerciales, se comportant auprès de celles-ci comme des investisseurs institutionnels[2].

Les grandes banques, sous l'impulsion de l'État, constituent des pools bancaires avec les banques d'affaires privées comme Paribas, Suez, Rothschild ou Lazard pour faciliter les concentrations industrielles. Le but est de

1. Laure Quennouëlle-Corre, « Les réformes bancaires et financières de 1966-1967 », dans Collectif, *Michel Debré, un réformateur aux finances, 1966-1968*, Comité pour l'histoire économique et financière de la France, 2017, p. 98.

2. André Gauron, *Histoire économique et sociale de la Ve République*, ouvr. cité, p. 161.

constituer des groupes nationaux capables d'être compétitifs dans la concurrence internationale, en organisant chaque secteur autour d'une poignée de champions : par exemple Rhône-Poulenc pour la chimie, Usinor pour la sidérurgie ou encore Pechiney pour l'aluminium. Ces alliances entre groupes financiers et groupes industriels soutiennent l'internationalisation de l'économie française.

La course à la concentration porte ses fruits : en l'espace d'une décennie et demie, les effectifs de la plupart des grandes entreprises s'accroissent fortement. L'avènement de la grande firme moderne, décrite par Alfred Chandler[1] – multiproduit, multidivisionnelle, multinationale –, s'accompagne d'une montée en puissance du patronat managérial acquis aux méthodes modernes de gestion. Ces opérations modifient la structure du capitalisme français qui devient de moins en moins familial avec un déclin relatif du poids des dynasties industrielles au profit de ces nouvelles alliances capitalistiques nationales[2].

Les résultats de cette politique mêlant libéralisme et colbertisme sont remarquables : la part des exportations passe de 10 % à 20 % entre 1958 et 1973. Durant cette période, le taux de croissance de l'industrie française est l'un des plus élevés au monde, avec celui du Japon. L'industrie manufacturière en particulier se développe avec une croissance supérieure à 10 % par an. Ces performances permettent à l'industrie française de dépasser son homologue britannique en 1967 et de combler le retard sur l'Allemagne[3].

1. Alfred Chandler, *La Main visible des managers*, Economica, 1988.

2. François Morin, *La Structure financière du capitalisme français*, Calmann-Lévy, 1975, p. 94, p. 194 ; Fernand Braudel et Ernest Labrousse, *Histoire économique et sociale de la France*, ouvr. cité, p. 1159.

3. Maurice Lévy-Leboyer et Jean-Claude Casanova, *Entre l'État et le marché*, Gallimard, p. 453.

Une modernisation sociale inachevée

Faire de la France une nation industrielle moderne exige davantage qu'une collection de mesures techniques. Comme l'exprime le commissariat général au Plan, « Les dispositions financières les plus avisées ne pourraient dans ce domaine remplacer l'effort conjoint des volontés dans le cadre d'un véritable contrat moral entre les activités productives et la nation[1]. »

Une nation industrielle exige des institutions qui permettent aux acteurs économiques et sociaux de trouver des compromis et d'œuvrer de concert dans l'intérêt de la nation. Le Plan, outil de gouvernement de l'économie, sert cet objectif, mais il ne peut prétendre résoudre à lui seul les antagonismes sociaux.

Pour de Gaulle, la modernisation politique et le redressement économique doivent s'accompagner d'un approfondissement de la démocratie sociale. L'idée de « la participation » offre une solution intéressante : en transformant la condition des salariés, elle change la nature des rapports sociaux[2]. La participation est « une brèche ouverte dans le mur qui sépare les classes » permettant d'atténuer l'éternel conflit entre les patrons

1. Commissariat général au Plan, « V^e^ plan de développement économique et social (1966-1970) », p. 10.

2. Il s'explique lors de l'entretien télévisé avec Michel Droit le 7 juin 1968 : « Il y a une troisième solution : c'est la participation. Elle change la condition de l'homme au milieu de la civilisation moderne. Dès lors que des gens se mettent ensemble pour réaliser une œuvre économique commune, en apportant qui les capitaux nécessaires, qui les compétences de direction, de gestion et de technique, qui le travail, ils forment une société dans laquelle chacun doit être intéressé tant au fonctionnement qu'à la rentabilité, donc aux profits. Cela implique que soit attribuée, de par la loi, la juste part à chacun. »

et les syndicats « figés dans un état d'opposition réciproque, où les premiers pensent pouvoir, grâce à une résistance éprouvée, se maintenir dans leurs citadelles et où les seconds trouvent la justification de leur action exclusivement revendicative et de leur refus d'en exercer une autre qui puisse être positive[1] ».

La participation, selon de Gaulle, peut s'entendre sur plusieurs niveaux[2]. Elle peut concerner l'organisation de l'entreprise, comme ce fut le cas avec l'ordonnance de 1945 portant sur la création des comités d'entreprises.

Elle peut également porter sur la gestion de l'entreprise bien qu'aucun dispositif similaire à la coresponsabilité allemande n'ait pu voir le jour en France. Ni la réforme proposée par François Bloch-Lainé en 1963 dans son livre *Pour une réforme de l'entreprise*[3] ni celle proposée dix ans plus tard par le rapport Sudreau n'ont été acceptées par le patronat[4].

Mais la participation peut aussi porter de façon décisive sur les résultats de l'entreprise ou sur son capital : l'ordonnance du 7 janvier 1959 ouvre la voie, de façon facultative, à l'intéressement des travailleurs aux profits

1. Charles de Gaulle, *Mémoires d'espoir*, t. II, *Le Renouveau*, dans *Œuvres complètes*, La Pléiade, 2000, p. 1014.

2. Robert Vandenbussche, Jean-François Sirinelli et Marc Sadoun, *La Politique sociale du général de Gaulle*, Publications de l'Institut de recherches historiques du Septentrion, 1990, p. 135.

3. François Bloch-Lainé proposait dans sa réforme du « système de gouvernement » de tordre le cou au vieux paternalisme et de renforcer la culture du dialogue social en intégrant les représentant du personnel au sein du conseil d'administration à parité avec ceux de l'État et des actionnaires.

4. Pierre Sudreau, *La Réforme de l'entreprise*, La Documentation française, 1975.

des entreprises[1]. Elle sera prolongée par les ordonnances portant sur la participation de 1967. Elle est inspirée de la proposition de réforme de Marcel Loichot qui, dans *La Réforme pancapitaliste*, soutient une généralisation de l'actionnariat salarié par la distribution aux salariés de la moitié de l'accroissement du capital afin de limiter les inégalités produites par la croissance et de réduire autant que possible la lutte des classes. Bien que n'atteignant jamais les niveaux envisagés par Loichot, l'effort en faveur de l'actionnariat salarié sera poursuivi en 1970 et en 1973 sous la présidence de Georges Pompidou.

La participation comporte aussi une dimension politique et institutionnelle, passant par une réforme du Sénat qui en fasse la « grande assemblée économique et sociale qui élaborerait, en cette matière devenue capitale, la législation française. Ainsi fonctionnerait dans l'État l'instance suprême de la participation[2] ». Incluse au référendum de 1969, cette proposition est morte avec lui.

En dépit de la difficulté à faire évoluer les institutions pour renforcer la démocratie sociale, le dialogue social évolue positivement durant les années 1960. La décennie précédente était marquée par une très forte défiance des acteurs. Le patronat, qui s'organise autour du Conseil national du patronat français (CNPF), est toujours imprégné de malthusianisme. Il pratique une « politique de la porte close » qui le conduit à la méfiance

1. Ces dispositifs sont toutefois peu utilisés. Comme le note l'historienne Lucette Le Van-Lemesle, deux cent cinquante sociétés seulement ont passé des accords d'intéressement, moins de 1 % des travailleurs ; Lucette Le Van-Lemesle, « La participation dans l'entreprise : de la théorie à la pratique », *La Politique sociale du général de Gaulle*, ouvr. cité, p. 189.

2. Charles de Gaulle, *Mémoires d'espoir*, t. II, *L'Effort*, dans *Œuvres complètes*, Pléiade, 2000, p. 1201.

envers la politique de modernisation du gouvernement et à une hostilité franche à l'égard des syndicats, refusant de reconnaître tout droit social collectif[1]. De leur côté, les syndicats, en pleine guerre froide, cultivent un « esprit de scission » les conduisant le plus souvent à refuser toute responsabilité dans la gestion au niveau de la société ou de l'État. C'est en particulier le cas de la CGT qui, après s'être engagée dans « la bataille de la production », revient à une attitude d'opposition et quitte le Plan dès 1947.

À partir de 1967, le CNPF, dont les instances dirigeantes ont été renouvelées, met fin à la politique de la porte close et engage des négociations avec les syndicats. Cette attitude sera couronnée de succès puisqu'elle débouchera l'année suivante sur un grand accord concernant l'emploi qui rassemble l'ensemble des confédérations patronales (CNPF et CGPME) et salariales (CGT, CFDT, CFTC, FO, CGC). La politique contractualiste est née. Pour la première fois depuis bien longtemps, la France dispose d'une forme de compromis national entre l'État, les syndicats et l'entreprise. Fait d'importance, ni les événements de Mai 68 ni la crise de 1974 ne mettront en cause cette nouvelle démarche de concertation sociale ; au contraire, ils en renforceront la nécessité.

Le modèle gaulliste face à la crise des années 1970

À partir de 1973, la France entre dans une crise multifactorielle : crise énergétique résultant de la hausse du

1. Henri Weber, *Le Parti des patrons. Histoire du C.N.P.F. (1946-1986)*, Seuil, 1986, p. 81-102.

prix du pétrole dont elle dépend encore fortement ; crise industrielle, qui se traduit par une forte pénétration des produits étrangers dans le marché national (électronique japonaise, machines-outils allemandes). Elle touche de plein fouet les secteurs affaiblis, notamment la sidérurgie. Comme les autres pays occidentaux, la France subit la montée concomitante du chômage et de l'inflation.

Pour autant, les grandes orientations économiques prises à l'époque gaulliste restent inchangées. La crise, au contraire, semble renforcer le volontarisme industriel. L'État décide pour y faire face de mettre en œuvre plusieurs grands programmes d'équipement, dont le programme électronucléaire visant à construire cinquante-trois centrales nucléaires pour asseoir l'indépendance énergétique du pays. Pour réaliser ce projet, la France peut s'appuyer sur tout un écosystème d'entreprises nationales autour d'EDF, à savoir Framatome, la CGE, Alstom et le CEA.

L'orientation libérale-colbertiste de la politique économique se renforce : après la tentative de relance keynésienne du gouvernement Chirac, la priorité est accordée à une politique de rigueur avec le gouvernement Barre. Celle-ci s'accompagne d'un renforcement accru de la défense de la compétitivité et du soutien à l'export des entreprises.

La politique contractualiste entre patronat et syndicat se poursuit. En 1973, lors de l'assemblée générale du CNPF, le patronat s'engage à défendre l'effort d'industrialisation et d'investissement productif, soutient la relance de la construction européenne et promeut une plus grande libéralisation des prix. Le patronat accepte aussi, de concert avec l'État, de s'engager à amortir autant que possible les effets de la crise sur les salariés : alors que l'indice de la production industrielle chute de 16 % entre juillet 1974 et mai 1975, des accords conclus avec les syndicats permettent de limiter la baisse des effectifs salariés à seulement 2,5 %[1].

Dans le même temps, on assiste à une repolarisation progressive des syndicats, les tensions s'accroissent entre les partenaires sociaux. Alors qu'elles avaient participé, durant les années 1960, au Plan puis s'étaient engagées, après Mai 68, aux côtés du patronat, dans une politique de négociation contractualiste, la CGT et la CFDT quittent les commissions du Plan dans les années 1970 et se rallient au programme commun de la gauche. Elles optent en faveur des nationalisations pour la CGT, ou pour le modèle autogestionnaire pour la CFDT. Comme souvent en France l'affrontement idéologique et politique prend le pas sur le travail de concertation, pourtant si nécessaire au bon fonctionnement de l'économie.

Un déclin continu à partir des années 1980

1981-1984 : la rupture du pacte entre les entreprises et l'État

La victoire de la gauche en 1981 va anéantir les espoirs d'une politique consensuelle autour de la défense de la compétitivité face à la contrainte extérieure. Conformément aux engagements pris avec le Parti communiste dans le cadre du Programme commun, le gouvernement d'Union de la gauche va conduire une politique de rupture en matière économique et sociale.

1. *Ibid.*, p. 226.

À contre-courant des conceptions libérales de l'économie qui se développent partout dans le monde, la gauche rompt avec la politique de l'offre mise en œuvre par le gouvernement Barre. La reconstitution des marges des entreprises, indispensable pour soutenir les entreprises françaises face à la concurrence internationale, attendra. Elles avaient pourtant été mises à mal par la crise des années 1970[1]. À l'inverse, le gouvernement de François Mitterrand fait le choix d'une politique keynésienne de relance par la dépense. Cette politique budgétaire s'accompagne de la mise en œuvre de nombreuses mesures sociales inscrites dans le Programme commun : fixation du salaire minimum à 1 000 francs, réduction du temps de travail hebdomadaire à 39 heures, retraite à 60 ans pour les hommes et 55 ans pour les femmes. Enfin, l'ensemble de ces mesures sociales sont complétées par un vaste programme de nationalisations, dont l'ampleur est inédite depuis 1945 : cinq grands groupes industriels, deux entreprises sidérurgiques, deux entreprises d'armement, deux compagnies financières, Suez et Paribas, et trente-six banques commerciales s'ajoutent aux nationalisations de 1936 et de 1945-1946. L'État contrôle la quasi-totalité des secteurs de l'énergie, des transports, des télécommunications, des industries de base, des industries de pointe et de la banque. Rien que dans le secteur manufacturier, c'est le quart de l'industrie et la moitié des grandes entreprises qui passent sous contrôle public. Si la volonté de restructurer les groupes français face à la crise est mise en avant par le

1. Voir l'analyse de la période que font Michel Hau et Félix Torres, dans *Le Virage manqué (1974-1984). Ces dix années où la France a décroché*, Manitoba, 2020.

gouvernement, les raisons de ces nationalisations sont avant tout dictées par des considérations politiques. Le pacte gaullo-pompidolien, fondé sur la recherche de compromis et d'alliances entre les forces économiques et sociales au service de l'ambition nationale, vacille.

Les effets de cette politique se font rapidement sentir : les déficits se creusent, le taux de prélèvements obligatoires augmente, sans empêcher une hausse de la dette publique. Le chômage, en dépit de la réduction du temps de travail, ne diminue pas tandis que les marges des entreprises sont au plus bas depuis 1945. En réponse à ces difficultés, le gouvernement fait le choix de dévaluer trois fois le franc, mais en 1983 cette politique se heurte à la contrainte du serpent monétaire européen : le président Mitterrand doit choisir entre sortir du SME ou changer de politique économique.

La politique de rupture engagée par la gauche en 1981 va exacerber les tensions sociales. Par sa radicalité et sa dimension idéologique, elle est vécue par le patronat comme une attaque frontale. En 1982, le CNPF organise une campagne autour de la défense du « parti de l'entreprise » : vingt mille patrons manifestent à Villepinte contre la politique économique du gouvernement. C'est à ce moment que se crée l'Afep, dont l'objectif est de défendre les intérêts des grandes entreprises privées. Le patronat s'oppose à la politique du gouvernement, soutenue par les syndicats, au nom de la défense de « la rationalité des entreprises », selon l'expression d'Yvon Gattaz[1].

La qualité du dialogue avec les partenaires sociaux se dégrade encore : c'est la fin du trilogue établi en 1967

1. Henri Weber, *Le Parti des patrons*, ouvr. cité, p. 338 et 374.

entre l'État, le patronat et les syndicats autour de la politique contractualiste. On assiste ainsi à un antagonisme croissant sur les efforts à partager pour maintenir la compétitivité des entreprises. Alors que dans des pays comme l'Allemagne les avantages sociaux se négocient à la hausse comme à la baisse directement entre l'entreprise et les syndicats, les acteurs sociaux en France jouent les uns contre les autres. La vision de l'intérêt de la nation s'efface au profit d'une défense des positions de chacun.

1984-1992 : les premiers pas vers un capitalisme financier et le tournant européen

En 1984, constatant l'échec de la politique économique issue du Programme commun, le gouvernement opère un vaste aggiornamento. Au plan macroéconomique, la politique de relance budgétaire est remplacée par une politique de rétablissement des équilibres financiers, à la fois budgétaires et commerciaux. Au niveau politique, François Mitterrand, dont la conviction européenne est ancienne, promeut le projet européen comme objectif central pour le pays.

Au plan idéologique, après la promotion du socialisme, vient la promotion de l'entreprise et du marché. En 1984, François Mitterrand se rend dans la Silicon Valley – rappelant les missions de productivité des années 1950 – pour découvrir les secrets du capitalisme américain et des nouvelles technologies numériques.

La politique de désinflation compétitive, conduite par le ministre des Finances, Pierre Bérégovoy, poursuit deux objectifs principaux : réduire l'inflation et restaurer les marges des entreprises, asphyxiées lors des années précédentes.

La part des salaires dans la valeur ajoutée des entreprises avait augmenté de façon continue entre 1974 et 1982, les entreprises ayant absorbé une grande partie du coût de la crise. Il s'agit à présent de leur redonner des capacités pour investir. Pour ce faire, la plupart des mécanismes d'indexation des salaires sont supprimés. Avec ces politiques, la part des rémunérations salariales dans la valeur ajoutée des entreprises va passer de 74,1 % en 1981 à 65,2 % en 1988, soit en dessous de ce qui prévalait à la veille du choc pétrolier. Cette modération salariale soutient également la politique de désinflation qui restaure les marges : l'inflation passe de 11,6 % de moyenne en 1981-1983 à 3,2 % en 1988-1990[1]. Les attaques spéculatives sur le franc cessent.

En complément de la politique macroéconomique de désinflation compétitive, le gouvernement va mettre en œuvre une politique de libéralisation de l'économie. Le ministre des Finances, Pierre Bérégovoy, et son directeur de cabinet, Jean-Charles Naouri, conduisent un chantier d'ampleur : la refonte des circuits de financement de l'économie et le développement des marchés financiers.

Plusieurs compartiments boursiers vont être créés. Un « second marché » avait été lancé en 1983 permettant aux entreprises de taille moyenne d'introduire au moins 10 % de leur capital en actions ; sont créés par la suite deux marchés de produits dérivés : en 1986 un marché à terme, le Matif, et l'année suivante un marché d'options négociables, le Monep. En 1987, le système de cotation

1. Jean-Charles Asselain, *Histoire économique de la France*, Seuil, 2011, p. 182.

automatisée en continu (le CAC) voit le jour et remplace l'ancien système de cotation à la criée et la corbeille du palais Brongniart. La France, qui a longtemps été un pays d'intermédiation bancaire, devient un pays où les agents vont de plus en plus se financer sur les marchés.

La droite de retour au pouvoir en 1986 poursuit cette politique de libéralisation de l'économie. Les prix à la consommation sont libérés totalement en 1987, une première depuis 1945. En organisant un programme de privatisations à 100 % du capital de soixante-cinq entreprises en cinq ans, le gouvernement Balladur souhaite réaliser ce que la gauche ne peut faire sans se désavouer : rompre avec le dirigisme français dont les nationalisations de 1981 sont la marque indélébile.

Pourtant, le programme de privatisation conçu par Édouard Balladur, secrétaire général de l'Élysée sous Pompidou, vise non pas à inscrire les entreprises françaises dans le modèle du capitalisme financier anglo-saxon mais à les libérer de la tutelle de l'État tout en leur assurant, par le jeu des participations croisées, un ancrage national. Si Édouard Balladur est un libéral, c'est plutôt au sens du libéralisme colbertiste, du « libéralisme ordonné », « libéralisme à la française », comme il le dit lui-même, que du néolibéralisme anglo-saxon[1]. Il souhaite concilier l'autorité de l'État avec l'efficacité de son action régulatrice, tout en laissant la part la plus large possible à l'initiative privée.

Édouard Balladur voit également les privatisations comme un moyen de rapprocher les salariés de

1. Xavier Cabannes, « Édouard Balladur, ministre des Finances, et les finances publiques. Discours fiscal d'un libéral », *Histoire, économie & société*, février 2022.

l'entreprise. Dans une brochure éditée en 1987, il explicite sa vision : « Les réformes importantes engagées dans les domaines de la privatisation, de l'épargne et de la participation concourent à un même objectif : développer la démocratie économique[1]. » Dans l'esprit des concepteurs des privatisations, le capital des entreprises se composerait d'« un élément de stabilité avec les groupes d'actionnariat stable ; un flottant populaire ; un actionnariat salarié[2] ».

Une première vague de privatisations est menée en 1986. Elle conduit à mettre sur le marché une dizaine de grandes entreprises dont Saint-Gobain, Havas, la Société générale. Afin de maintenir les entreprises dans le giron national et de contrôler l'actionnariat, un système de participations croisées, devant permettre aux entreprises françaises de se détenir mutuellement, est prévu. Dans ce contexte, chaque entreprise rassemblerait dans son conseil les représentants des autres entreprises détenant une part du capital de l'entreprise. Cette technique est relativement répandue : en Allemagne, au Japon mais aussi dans les pays anglo-saxons. Les « noyaux durs » permettent de protéger la propriété des entreprises tout en assurant aux dirigeants une grande latitude dans la gestion des affaires.

La réalisation du programme de privatisations devait s'étaler durant cinq ans mais le programme est interrompu par le krach de Wall Street en 1987. Les privatisations ne reprennent qu'en 1993.

1. Laure Quennouëlle-Corre, « Les privatisations de 1986-1988 : un moment libéral du capitalisme français ? », *Histoire, économie & société*, février 2022.

2. *Ibid.*

1992-2001 : le grand désalignement entre l'État et les entreprises

Jusqu'au début des années 1990, la libéralisation de l'économie française s'inscrit dans un cadre national. La mise sur le marché des entreprises autrefois nationalisées devait permettre de faciliter la levée de fonds pour investir, tout en éliminant le dirigisme d'État dans la gestion des entreprises. Les privatisations faites autour de noyaux durs devaient permettre de constituer en France des alliances stables entre grands groupes industriels et bancaires intégrés, une économie de cœur financier selon la terminologie de François Morin[1], en vue de restructurer en interne les groupes pour affronter la concurrence européenne et conquérir des parts de marché à l'international.

Une seconde grande vague de privatisations est réalisée en 1993-1995. On retrouve comme à chaque fois des institutions de la finance et de l'assurance (BNP et UAP) et des groupes industriels (Renault, Pechiney, Total, Elf-Aquitaine). À cette occasion, l'UAP, par la taille de ses participations dans les autres entreprises, aurait dû agir comme une « tour de contrôle » du capitalisme français. Ce projet va pourtant faire long feu : à peine cinq ans après sa privatisation, l'UAP sera rachetée par

1. Ainsi qu'il le définit dans son livre *Le Cœur financier européen* (Economica, 1993, p. 9), « tout cœur financier est structuré par un ou plusieurs réseaux d'alliances intergroupes, qualifiés ici de pôles, dont la principale propriété est d'être relativement stables dans la durée. Chaque cœur a pour fonction essentielle d'impulser une circulation financière qui irrigue le mouvement de fusions-acquisitions du système ».

le groupe d'assurance Axa[1]. Dès 1995, le système des participations croisées vole en éclats. Peu à peu, les différentes galaxies d'entreprises et d'industriels, organisées autour de quelques institutions financières, dont la BNP, Suez, la Société générale et Le Crédit lyonnais, vont se défaire. À la fin des années 1990, les liens qui existaient entre la BNP, Elf, Renault et Saint-Gobain deviennent résiduels, de même pour les participations croisées de la Société générale dans Alcatel et Vivendi.

La disparition des noyaux durs et la transformation du capitalisme français s'expliquent par deux raisons.

En premier lieu, l'incapacité à mobiliser l'épargne des Français vers les entreprises. Le pays n'en manque pourtant pas : depuis les années 1980, les Français épargnent en moyenne 14 % du PIB, soit bien davantage que les Américains (9 %). Le pays dispose d'une épargne abondante, mais il n'a pas su suffisamment la transformer en capital productif. Les grands institutionnels français, et en premier lieu les compagnies d'assurance-vie, affectent prioritairement leurs ressources, avec le soutien de l'État, à l'achat de la dette publique générée par les déficits budgétaires. Le projet de fonds de pension voté en 1997 par le Parlement n'a pas survécu à la dissolution de l'Assemblée la même année et au retour d'un gouvernement de gauche. Comme le résume très bien Érik Izraelewicz dans son livre *Le Capitalisme zinzin*, « la France souffre d'un lourd handicap. Elle s'est dotée, en quinze ans, d'un moteur qui la rapproche du capitalisme anglo-saxon ; une économie de marchés financiers. Mais elle

1. Renaud Belleville, « UAP, la tour de contrôle foudroyée du capitalisme français », *Les Échos*, 7 décembre 1998.

a oublié d'installer chez elles les pompes à carburant, les machines à fabriquer du capital[1] ».

En second lieu, faute d'une base nationale de capital, les entreprises se tournent vers les investisseurs internationaux. Or, à la fin des années 1990, ces derniers sont principalement anglo-saxons et ont pour noms Fidelity, Calpers ou encore Vanguard. Ce sont des fonds de pension et des gestionnaires d'actifs américains qui sont assis sur des montagnes de capital, celles des épargnants et des retraités américains, qu'ils cherchent à placer. Or ces derniers voient d'un mauvais œil ces participations croisées qu'ils associent aux vestiges du dirigisme étatique français. Pour optimiser leur structure financière et attirer les investisseurs américains, les grandes entreprises françaises vont progressivement abandonner les participations croisées.

En l'espace d'une décennie, bon nombre de groupes français passent sous pavillon étranger : la part des investisseurs institutionnels étrangers est passé de 10 % en 1985 à plus de 40 % à la fin des années 1990[2]. Au sein de l'OCDE, la France devient l'un des pays où les investisseurs étrangers détiennent le plus de capital des entreprises.

La pénétration des investisseurs américains en France va s'accompagner de la diffusion de leurs normes, avec la montée en puissance des agences de notation et des analystes financiers. Ils apportent avec eux de nouvelles exigences en matière de gouvernance, de transparence de l'information, mais surtout de rentabilité à court

1. Érik Izraelewicz, *Le Capitalisme zinzin*, Grasset, 1999, p. 174.

2. François Morin, « Le modèle français de détention et de gestion du capital », rapport au ministre de l'Économie, des Finances et de l'Industrie, Bercy, 1998, p. 34.

terme[1]. À partir du milieu des années 1990, la doxa de la création de valeur boursière et l'exigence d'une rentabilité des fonds propres de 15 % deviennent la référence qui s'impose aux entreprises. Les groupes français vont devoir s'inscrire dans ces exigences de rentabilité et plus généralement respecter la discipline de marché qui est celle des investisseurs américains.

Dans son livre *Capitalisme contre capitalisme*, Michel Albert soulignait que la France, en 1991, devait choisir entre le modèle rhénan et le modèle néolibéral anglo-saxon. Au début des années 2000, la question est tranchée : la majorité des grands groupes ont rallié le second modèle, sans que cette orientation majeure ait fait l'objet d'un véritable débat permettant d'en évaluer l'intérêt et les conséquences pour le pays.

Cette évolution marque véritablement la fin du pacte État-entreprises-nation qui caractérisait l'ère de Gaulle-Pompidou. Les dirigeants des grands groupes se tournent vers Wall Street, l'État engage sa mue d'État stratège en État thérapeute. Les citoyens voient leur pouvoir d'achat peu ou prou maintenu grâce aux produits à bas prix importés d'Asie ainsi qu'à la progression de l'endettement privé et public dont la charge est reportée sur les générations futures.

2001-2021, la grande divergence avec l'Allemagne : désindustrialisation, déficits et endettement croissant

Au début des années 2000, au moment où la monnaie unique entre en vigueur, la France et l'Allemagne

1. *Ibid.*, p. 28.

font encore jeu presque égal : leur PIB par habitant est proche, le taux de chômage est similaire, tout comme le niveau d'endettement public. Vingt ans plus tard, le PIB par habitant de la France est de 15 % inférieur, l'endettement français est deux fois plus élevé que celui de l'Allemagne et le chômage est durablement supérieur à celui d'outre-Rhin[1]. Pire encore, l'écart de performance industrielle entre les deux pays s'est fortement accru. Alors que l'Allemagne maintient la part de son industrie aux alentours de 22 % de son PIB, la France voit la sienne passer de 17 % en 2000 à environ 12 % en 2020, l'un des taux les plus bas d'Europe, inférieur à celui de la Grèce[2]. Cette année-là, la France enregistre un déficit de balance commerciale inédit alors qu'outre-Rhin l'excédent commercial atteint des sommets. L'établissement d'une monnaie unique était bâti sur l'espoir d'une convergence de croissance entre les pays, cela particulièrement entre la France et l'Allemagne compte tenu de leur proximité. Comment expliquer qu'une telle divergence se soit produite ?

L'euro en tant que tel n'en est pas responsable : c'est un révélateur. La suppression des taux de change à l'intérieur de l'Union européenne a, certes, privé les différents pays de la possibilité de dévaluer leur monnaie. Outil efficace à court terme, la dévaluation n'est toutefois pas viable à long terme. L'euro a révélé le contraste entre, d'une part, les pays attachés à une politique d'ajustement permanent de leur spécialisation productive, de leur compétitivité par les prix et,

1. Voir annexes 3 et 6.

2. Voir annexe 11, valeur ajoutée de l'industrie manufacturière en % du PIB (source : Eurostat).

d'autre part, ceux qui se servaient de l'expédient de la dévaluation pour compenser leurs faiblesses.

Dans la première catégorie, on retrouve les pays d'Europe du Nord, avec à leur tête l'Allemagne, tandis que la France figure souvent dans la seconde catégorie.

En 2000, lorsque les deux entrent dans l'Union économique et monétaire, l'Allemagne n'est pas dans une position significativement meilleure que la France. Elle doit gérer les déséquilibres qui résultent de la réunification. Elle y parvient grâce à la qualité de son dialogue social au niveau des *Länder* et des entreprises, qui négocient avec IG Metall des ajustements et des concessions sur la rémunération et sur le temps de travail. Au niveau national, les réformes Schröder permettent des adaptations conformes à l'esprit de l'économie sociale de marché : « Il vaut mieux un emploi peu payé que l'horreur du chômage payé à la maison[1]. » Au même moment, en France, le gouvernement socialiste vote la semaine de 35 heures avec le soutien des syndicats contre l'avis du patronat. Avec les manifestations des patrons qui s'ensuivent, le gouvernement Jospin parvient à ressusciter le climat des premières années Mitterrand. Encore une fois, il s'agit toujours d'une question de modèle, la France faisant primer la politique et l'idéologie conduisant à l'affaiblissement de son pacte, quand l'Allemagne conserve son modèle, et l'ajuste avec pragmatisme.

La fin brutale des participations croisées, l'érosion de la compétitivité nationale, la pénétration du capitalisme financier et la tertiarisation qu'il induit vont fortement affaiblir la France industrielle déjà en difficulté depuis le

1. Propos tenu par Peter Hartz, cité dans Nicolas Dufourcq, *La Désindustrialisation en France (1995-2015)*, Odile Jacob, 2022, p. 32.

choc pétrolier de 1974. À partir de la fin des années 1990, on assiste à une vague de fusions-acquisitions qui se font au détriment des entreprises françaises. Des grands groupes français sont démembrés ou absorbés : la CGE, Alcatel, Alstom, Pechiney. Lafarge est racheté par le suisse Holcim, Technip absorbé par l'américain FMC.

C'est « la France vendue à la découpe » selon l'expression de Laurent Izard[1]. Pour se rassurer, on se console avec les bonnes performances de l'industrie financière, on invente le mythe de l'économie servicielle et de « l'industrie sans usines » pendant que les délocalisations se poursuivent.

Selon ces nouveaux narratifs, la France pourrait conserver les emplois à forte valeur ajoutée malgré les suppressions d'emplois industriels. Autant de mythes qui ont démontré leur vacuité.

Comme le souligne Nicolas Dufourcq dans le livre qu'il a consacré à la désindustrialisation, la France est, avec le Royaume-Uni et les États-Unis, le pays du G7 qui a connu la désindustrialisation la plus forte[2]. Entre 1995 et 2015, elle a perdu la moitié de ses usines et le tiers de son emploi industriel, soit plus de deux millions d'emplois.

Cet affaiblissement économique lié à la désarticulation croissante entre le pays et ses grandes entreprises va avoir une conséquence importante : la hausse de l'endettement. Celle-ci est d'abord une conséquence des impérities françaises puisque l'État n'a pas su maintenir une discipline budgétaire ni adapter son fonctionnement aux nouvelles exigences du contexte économique

1. Laurent Izard, *La France vendue à la découpe*, L'Artilleur, 2019.
2. Nicolas Dufourcq, *La Désindustrialisation en France (1995-2015)*, ouvr. cité, p. 14 ; voir également l'annexe 11.

international. Cela s'est traduit par le poids très important des prélèvements sociaux et une fiscalité « désincitative » sur l'investissement. Mais la hausse de l'endettement est également une conséquence de la désindustrialisation. D'abord pour une raison mécanique car, en se désindustrialisant, le pays crée moins de richesse et réduit d'autant la richesse à redistribuer. Ensuite parce qu'elle entraîne une transformation de l'État avec l'avènement de la figure de l'État thérapeute. Une part croissante des ressources collectives est consacrée aux dépenses liées aux transferts de richesse pour les individus, les entreprises ou les territoires touchés par la désindustrialisation.

À partir de 2010, un redressement (très) partiel de la situation

À partir des années 2010, une prise de conscience de la nécessité de réindustrialiser le pays s'amorce. Le rapport Gallois, en 2012, fait le constat d'une industrie affaiblie, et « prise en étau » entre, d'une part, les pays du Nord qui, de longue date, disposent d'une compétitivité hors prix importante leur permettant de se positionner sur les segments les plus rentables et, d'autre part, les pays du sud de l'Europe, moins bien positionnés mais qui font des efforts considérables sur leurs marges pour proposer des prix attractifs[1]. Des mesures en faveur de la sauvegarde de la compétitivité et de l'emploi se multiplient (exonérations, suppressions d'impôts). Le pays renoue timidement avec une

1. Louis Gallois, « Pacte pour la compétitivité de l'industrie française », rapport au Premier ministre, 5 novembre 2012.

politique industrielle et des institutions pour la soutenir : plans d'investissement d'avenir, création de la Banque publique d'investissement. Depuis la crise du Covid-19, le pays prend conscience de l'importance de soutenir de façon active une politique de réindustrialisation – sur les biens stratégiques, sur les industries d'avenir pour la transition énergétique.

Depuis 2017, un ensemble de réformes vise à restaurer la compétitivité des entreprises. Dans le domaine social, avec la réforme du marché du travail, de l'assurance-chômage et le développement de l'apprentissage. Dans le domaine industriel, avec les plans sectoriels élaborés sous l'égide de France Industrie, et pour faire émerger des entreprises de technologie, ou pour revitaliser les territoires (plan France Tiers lieux).

La Banque publique d'investissement mène une action forte en soutien aux PME françaises et à l'innovation.

Ces mesures vont dans la bonne direction, mais faute de s'inscrire dans un plan d'ensemble elles ne sont pas en mesure d'inverser les tendances lourdes de notre économie. Ajoutons que le nouveau contexte énergétique et géopolitique rehausse l'importance des défis à relever.

* * *

Au terme de ce parcours, on saisit les raisons profondes pour lesquelles la France a décroché par rapport à son grand voisin.

L'Allemagne et les Allemands ne se sont jamais départis du pacte formulé à travers la notion d'économie sociale de marché. Ils se sont inscrits dans la mondialisation en conservant leur modèle, une alliance de l'ensemble des parties prenantes au service de la puissance économique dont ils ont fait le levier principal dans la reconquête de leur influence géopolitique.

La France, à l'inverse, à partir des années 1980, a déconstruit le pacte entre l'État, l'entreprise et les citoyens, qui constituait l'économie politique du pays. Alors que la France gaullienne s'était dotée d'une stratégie nationale partant des réalités françaises, d'une analyse lucide de nos forces et faiblesses, les politiques qui ont suivi ont recherché ailleurs la voie pour le pays, à travers le ralliement des grands groupes au capitalisme financier anglo-saxon, sans en mesurer les conséquences. Avec une vision idéalisée de l'Europe, comme substitut de puissance au déclin français, une gestion laxiste des finances publiques qui en reporte la charge sur les générations futures, la France n'a plus de projet fédérateur qui mobilise les forces vives du pays et les citoyens au service d'une ambition partagée.

L'histoire, et plus particulièrement l'histoire de France, montre toutefois que rien n'est jamais définitif.

La période qui s'ouvre est celle d'une grande transformation du monde, tant au niveau géopolitique et industriel avec la transition énergétique qu'au plan de l'économie politique avec la nécessaire réforme du capitalisme financier. Elle donne à notre pays la possibilité d'un nouveau départ. Comprendre la nature des transformations en cours et des enjeux qui en résultent est l'objet de la deuxième partie de ce livre.

Deuxième partie

La grande reconfiguration

1

Vers un monde multipolaire ?

> « Il n'y a aucun aspect de la suprématie occidentale que les émergents ne s'apprêtent à remettre en cause, en pratique ou en théorie, aujourd'hui, demain ou après-demain, de la définition du pouvoir des uns et des autres au sein des institutions internationales à celle des valeurs. Le "monde multipolaire" sera ultra-compétitif. Brzeziński et Scowcroft ont eu raison d'écrire en 2008 que "c'est la première fois dans l'histoire du monde que tous les peuples sont politiquement actifs". Retournement sans précédent de l'Histoire, à ce rythme ! »
>
> Hubert Védrine,
> *Une vision du monde*, Bouquins, 2022

L'année 1991 offre à elle seule un condensé de la puissance restaurée des États-Unis. Cette année-là, l'Empire soviétique, après une lente agonie, s'effondre ; les pays d'Europe de l'Est se voient offrir un nouveau destin à l'ouest ; l'Allemagne célèbre le premier anniversaire de la réunification de son territoire. Les États-Unis rassemblent une impressionnante coalition pour rétablir dans ses frontières le Koweït, envahi par Saddam Hussein. Le monde s'unit pour faire respecter le droit international, les frontières telles que tracées à l'issue de la Seconde Guerre mondiale. L'opération Tempête du désert se fait sous mandat de l'ONU, sans susciter de véritable opposition[1].

L'année 1991 marque le point de départ d'une nouvelle période de l'histoire, une histoire unipolaire, qui se déroule sous l'influence hégémonique des États-Unis. On entre dans l'ère de la globalisation, ce moment où les États-Unis peuvent penser qu'ils rejoignent leur destin de nation providentielle : Francis Fukuyama, en parlant de « la fin de l'histoire[2] », élabore une théorie de ce moment singulier où la démocratie libérale semble ne plus avoir d'alternative. Désormais à la vision politique de nations faisant valoir leur volonté de puissance succède une vision morale : il y aura les États qui jouent le jeu de l'ordre global américain, et les rebelles : les « *rogue states* », les « États voyous » qu'il sera juste de punir par les armes, s'il le faut. Les États-Unis estiment justifié de déployer leur puissance pour faire régner le nouvel ordre que ce soit par des moyens militaires, économiques ou financiers. C'est le moment où Zbigniew Brzeziński publie *Le Grand Échiquier*,

1. Le 29 novembre 1990, la résolution 678 du Conseil de sécurité des Nations unies autorise le recours à la force contre les forces irakiennes, si celles-ci n'ont pas évacué le Koweït au 15 janvier 1991. Adoptée par douze voix contre deux (Cuba, Yémen) et une abstention (la Chine), c'est la première résolution de l'ONU à autoriser le recours à la force depuis la guerre de Corée (1950).

2. Francis Fukuyama, *La Fin de l'histoire et le Dernier Homme*, Paris, Flammarion, coll. Histoire, 1992, p. 67.

dans lequel il décrit la stratégie que doivent poursuivre les États-Unis pour exercer leur responsabilité de puissance hégémonique.

Trente ans plus tard, la réalité est bien différente. En février 2022, la Russie décide de mettre en œuvre une « opération militaire spéciale » pour soumettre l'Ukraine, jugée rebelle, pro-occidentale et menaçante pour les intérêts russes. Les États-Unis décident en réponse à cette agression de soumettre à l'ONU le vote d'un nouveau train de sanctions économiques. Cette fois-ci, l'Assemblée générale, loin de se montrer unanime, se divise ; certains États dont deux membres du Conseil de sécurité s'y opposent formellement (la Russie et Chine). Les démocraties occidentales approuvent et s'engagent, tandis que la majorité des États du monde s'abstient.

Que s'est-il passé dans l'intervalle qui sépare ces deux dates ?

De 1991 à 2022, trente années qui voient un changement profond de l'état du monde : le monde « unipolaire » de la domination américaine, de l'hyperpuissance américaine, a vécu pour donner naissance à un monde « multipolaire », revendiqué comme tel, au moins par la Chine et la Russie. Les États-Unis doivent désormais non seulement compter avec la présence d'États rebelles mais ils doivent aussi apprendre à vivre avec un rival systémique – la Chine – d'une puissance telle que les disqualifications morales ne sont plus suffisantes : il faut prendre en compte l'affirmation d'intérêts nationaux qui ne se reconnaissent plus dans l'ordre global américain. Retour de la politique, des politiques de puissance, désormais prêtes à faire valoir leurs prétentions, y compris sur le terrain militaire. En définitive, c'est l'ordre construit après la Seconde Guerre mondiale, puis après l'effondrement de l'URSS qui se trouve mis en question. Ce n'est pas seulement la guerre en Europe qui fait son retour avec l'intervention russe en Ukraine, mais le recours à la guerre pour régler les conflits entre nations comme en témoignent les tensions autour de Taïwan. L'heure est, à nouveau, au déploiement de programmes militaires.

Face à des transformations aussi profondes qu'inquiétantes, on se rassure à bon compte : on se dit que ce n'est pas si grave que les États-Unis aient un rival de taille et de puissance équivalente, la Chine. Aujourd'hui unipolaire, le monde va redevenir bipolaire, comme au temps de la guerre froide. N'était-ce pas un ordre de sécurité stratégique qui avait permis le formidable développement économique de l'Occident ?

Seconde manière de se rassurer pour un Européen : se dire que, finalement, ce nouvel ordre du monde va permettre à l'Europe d'exister comme une puissance d'équilibre entre les deux Grands, une puissance médiatrice. Alors le moment serait venu d'accélérer la venue d'une Union qui ne serait plus seulement un marché mais une puissance, une puissance singulière, parce que sans prétention autre que l'indépendance.

Deux scénarios confortables qui ont l'avantage de ne pas trop déranger nos schémas de pensée. Mais, précisément, qu'est-ce que l'avènement d'un monde multipolaire ? S'agit-il seulement d'une nouvelle régionalisation du monde désormais séparé entre l'Occident (Les États-Unis et leurs alliés) et l'Asie (autour d'un pôle Chine-Russie) qui demanderait seulement de savoir auquel faire allégeance ? Où s'agit-il d'un monde de la prolifération des volontés de puissance, les deux Grands ne disposant pas des moyens de tenir les autres pays, d'un monde qui serait moins multipolaire que pluri-polaire tant la puissance s'y dissémine et prolifère ? Par ailleurs, même si les crises du Covid et aujourd'hui de l'Ukraine semblent sonner le « réveil » européen, est-on bien sûr que l'Europe ait les moyens d'être une puissance sans avoir à se transformer si profondément que cette réalisation semble bien hypothétique ?

Le grand échiquier mondial au XXIe siècle

La carte économique du monde tel qu'il est

Les deux tableaux des annexes 1 et 2 rendent compte de l'évolution des indicateurs de la puissance économique des principaux États du monde d'une manière à la fois absolue et relative.

Ces données – population, PIB – donnent une vision de la transformation du monde qui s'est opérée ces quarante dernières années. Deux enseignements majeurs se dégagent.

En premier lieu, le déplacement du centre de gravité du monde vers l'Asie. Depuis 1990, l'Asie a vu sa population croître de plus d'un milliard d'habitants. Elle représente plus de la moitié de la population du globe. Sa part dans le PIB mondial est passée de 23 % en 1990 à 36 % en 2021. Lorsqu'on raisonne en parité de pouvoir d'achat, cette part est encore plus importante, puisque le continent représente aujourd'hui 42 % du PIB mondial.

Cette évolution spectaculaire s'explique d'abord par le formidable développement de la Chine dont le PIB, exprimé en pouvoir d'achat, a d'ores et déjà dépassé celui des États-Unis, mais également celui de l'Inde et plus globalement de l'ensemble des pays d'Asie, tous se situant dans une trajectoire de croissance forte.

Si l'on se projette à l'horizon 2050, la Chine et l'Inde devraient être, avec les États-Unis, les trois premières puissances économiques mondiales. Après le XIXe, siècle de l'Europe, et le XXe, siècle des États-Unis, les conditions semblent réunies pour que le XXIe soit celui de l'Asie.

Ce processus de basculement de la puissance économique du monde n'est pas achevé, il est en cours, beaucoup d'évènements peuvent le perturber, mais on peut parier que l'Asie sera le centre de gravité du monde dans les années prochaines : elle en a les bases matérielles mais aussi la volonté, qu'elle considère comme un juste retour de l'histoire. Le géopoliticien singapourien et ancien président du Conseil de sécurité des Nations unies en 2001 et 2002, Kishore Mahbubani, considère ainsi que le XXIe siècle va refermer une parenthèse de deux cents ans durant laquelle l'Occident a dominé le monde et imposé sa volonté, voire ses valeurs aux grandes nations asiatiques[1].

Le second enseignement est la résistance des États-Unis, dont le PIB représente toujours près du quart de l'économie mondiale[2]. En revanche, l'Union européenne régresse. Elle ne représente plus que 18 % du PIB mondial en 2021 contre 29 % en 1990.

1. Kishore Mahbubani, *Has the West Lost it? A provocation*, Allen Lane, 2018.

2. Voir annexes 1 et 2.

Comment la dialectique de la globalisation s'est retournée contre le monde occidental

Les Occidentaux sont restés longtemps convaincus que l'Asie pouvait être l'atelier du monde, dont le cerveau resterait en Occident ; ils étaient persuadés que les grands pays asiatiques entraient dans le concert commercial des nations sans ambition politique propre.

Ainsi se révèle la dialectique de la mondialisation : l'ouverture au monde, l'accélération des échanges avec l'Asie, la généralisation du « doux commerce », le déplacement de la production ont été les instruments de la reconstitution patiente de leur puissance par la Chine, l'Inde, ou encore la Corée. Au fond, dans la phase de globalisation, les pays d'Asie, en s'ouvrant au monde occidental, ont suivi le chemin du Japon dans l'après-guerre (comme à l'ère Meiji). Ils sont devenus des puissances technologiques non seulement rivales, mais même, dans certains domaines, plus performantes. Et cela en s'appropriant les modes de pensée occidentaux, après avoir compris que la puissance occidentale n'était pas d'abord militaire, mais liée à son développement économique et industriel. En délocalisant à tout va leur industrie en Asie pour y trouver une main-d'œuvre à bon marché, en faisant de la Chine l'atelier du monde, les pays développés lui ont fait un incroyable cadeau : ils se sont affaiblis, ont affaibli leurs classes moyennes, pivot de leur société, et se sont rendus dépendants de pays étrangers quitte à mettre en danger leur souveraineté comme l'a douloureusement rappelé la crise du Covid-19. Cette nouvelle répartition de la production mondiale a permis à la Chine de devenir un rival systémique. Cette dialectique de la globalisation qui aura consisté à s'affaiblir pour renforcer les autres s'explique par la logique du capitalisme financier tel qu'il s'est déployé à partir du début des années 1990, et par l'illusion que l'ordre établi sous l'hégémonie américaine était immuable, voire que la nouvelle division internationale du travail renforcerait la puissance du monde occidental.

Bien sûr, la montée en puissance de l'Asie est le phénomène le plus patent, le plus durable, le plus structurant : le centre de gravité du monde a quitté les rives de l'océan Atlantique, qu'il occupait depuis deux siècles, pour se déplacer vers le Pacifique. Décentrement aussi remarquable que difficile à saisir pour un Occidental habitué à penser que le monde s'organise selon ses propres catégories, ses valeurs, ses schémas de pensée. Si New York a été le centre de l'économie-monde dans les années de globalisation, voici venu aussi le temps de Shanghai, de Bombay, de Singapour. Les Occidentaux vont devoir apprendre à comprendre le monde depuis les capitales asiatiques.

Il faut compléter ce constat par deux remarques : l'Asie est un continent immense qui est loin d'être unifié. De fait, il agglomère plusieurs mondes hétérogènes, eux-mêmes rivaux : Chine/Inde, Chine/Japon, etc. pour ne pas parler des anciens royaumes khmer ou vietnamien. Les principaux États constituent des empires à eux seuls et ont une culture millénaire. Mais il est vrai que, au moins depuis la dernière conférence de Bandung (2022), l'Asie est consciente de son poids propre. Aujourd'hui, elle cherche à s'organiser à travers de multiples associations dont l'Organisation de coopération de Shanghai, qui depuis 2001 se pose en rivale du G7 pour l'Asie. Notre avenir dépend pour beaucoup de la manière dont le continent asiatique s'organisera lui-même et gérera ses rivalités. L'Asie est elle-même multipolaire. Elle va devoir prendre en charge sa nouvelle situation.

Mais, précisément, nous sommes désormais dépendants de leurs stratégies. Cela vaut par exemple dans le domaine de la lutte contre le réchauffement climatique. En effet, les Européens auront beau être les plus vertueux du monde, les sécheresses, inondations et autres catastrophes qu'ils auront à subir dépendent pour l'essentiel du comportement des pays d'Asie car leur économie est fortement carbonée et continuera à croître plus vite que celle des pays occidentaux.

Dès la présidence de Barack Obama, les États-Unis ont pris conscience de cette bascule, en faisant de l'Asie et de l'océan Pacifique leur zone d'attention prioritaire[1]. Avec la présidence Trump, la Chine est ouvertement désignée comme l'adversaire principal, le rival économique et géopolitique qu'il faut contenir.

Le discours de Mike Pence à l'Hudson Institute en 2019[2] donne une cohérence à cette stratégie,

1. Cette doctrine du « pivot stratégique » vers l'Asie a été exprimée publiquement par la secrétaire d'État Hillary Clinton, dans un article paru en 2011 dans la revue *Foreign Affairs* et intitulé « America's Pacific Century ».

2. « La nation tout entière et le peuple américain, de plus en plus vigilant, portent un regard nouveau sur les actions qu'entreprend notre administration pour rétablir les relations économiques et stratégiques de l'Amérique avec la Chine, afin de donner enfin la priorité aux intérêts de l'Amérique. Avec le président Trump, l'Amérique maintiendra le cap. La Chine doit savoir que le peuple américain et ses représentants, issus des deux partis, sont déterminés à poursuivre cette voie » (Hudson

poursuivie par l'administration Biden. Empêcher la Chine de devenir une puissance rivale capable de défier l'hégémonie américaine est un objectif qui réunit le système politique américain, transcendant le clivage Républicains/Démocrates.

Le retour des nations et des stratégies de puissance

Le déplacement de la puissance vers l'Asie et l'affaiblissement relatif du monde occidental ne sont pas les seules caractéristiques du moment présent qui voit en même temps le retour partout des affirmations nationales et des volontés de puissance. Pas besoin d'être un « grand » pour affirmer sa volonté d'indépendance, sa capacité à déployer un jeu singulier au service d'un intérêt national.

Cela tient à plusieurs phénomènes : le premier est le retrait des grandes puissances de la fin du XXe siècle : l'URSS s'est effondrée en « libérant » une multitude de républiques qui ont pris leur indépendance en contestant l'*imperium* de la Russie. Trente ans après l'essor de la globalisation, les États-Unis peuvent paraître affaiblis : le bilan des années d'interventionnisme militaire est maigre (Irak, Afghanistan), ils n'ont pas non plus su prévenir la montée de la Chine comme rival systémique. La désindustrialisation a fragilisé le pays sur le plan économique mais aussi sur le plan social. La pertinence de son modèle est contestée depuis la crise financière de 2008.

Institute, intervention du vice-président Mike Pence sur la politique de l'administration envers la Chine, 4 octobre 2018).

Les deux Grands du siècle dernier sont moins grands, quand de nouveaux pays entrent en lice. La Chine bien sûr, mais aussi bien d'autres, qui veulent affirmer leur autonomie. La dernière réunion du G20, à Bali, est éclairante à ce sujet. L'Inde, qui est appelée à présider cette édition du forum, a clairement affirmé sa volonté de redessiner, dans le cadre de ce mandat, la structure de l'ordre international[1].

Il s'agit bien de volonté de puissance de vieux États, qui mobilisent à cette fin tous les moyens disponibles : situation géographique, richesses nationales, sentiment religieux, alliances sans tabou, puissance militaire… Mais la dimension nationale reste la plus forte, le grand moteur avec deux facettes : l'une vise à mobiliser les énergies en interne en rappelant que les grandeurs passées sont autant de promesses d'un avenir glorieux, l'autre à légitimer la nouvelle volonté de puissance comme une juste réparation de ce qui a été perçu comme des humiliations occidentales. Partout on réécrit l'histoire nationale, on construit un « récit » désoccidentalisé, un « narratif » mobilisateur.

C'est vrai partout : en Russie et en Chine évidemment, mais aussi en Inde, au Japon. Au Moyen-Orient, divisé entre Turquie, islam sunnite (Arabie saoudite, Émirats arabes unis), islam chiite (Iran) et Israël. C'est vrai également en Europe avec le Brexit, l'affirmation des positions nationales en Pologne, en Hongrie, en Italie. C'est aussi le cas en Afrique.

Dans cette phase, le monde occidental est contesté dans sa capacité à imposer ses règles, son ordre

1. Subrahmanyam Jaishankar, *The India Way: Strategies for an Uncertain World*, HarperCollins India, 2020.

économique sur l'ensemble de la planète. Comme l'écrit Joseph Stiglitz : « nous nous trouvons aujourd'hui face à cette réalité : les pays sont différents et vont organiser leur économie de façons fondamentalement différentes, en fonction de leurs valeurs et de leurs convictions. Tout le monde ne veut pas du capitalisme à l'américaine avec ses grandes entreprises surpuissantes et son inégalité[1] ».

À cette contestation externe s'ajoutent des contestations internes résultant des fractures sociales qui se sont créées.

Dans cette phase de transformation du monde, la puissance est moins une question de taille que de volonté. Une multitude de possibilités sont ouvertes à qui se donne les moyens de s'en saisir.

Assez naturellement, ces volontés de puissance s'affirment contre l'hégémonie des États-Unis et de leurs alliés occidentaux perçus comme des menaces. Pourtant, il ne peut guère en aller autrement dans la phase géopolitique actuelle. Il s'agit de la volonté de retrouver, après deux siècles de domination occidentale, une puissance et une autonomie suffisantes.

Ces volontés de puissance multiples mobilisent tous les leviers : le développement des programmes d'armement, à commencer par le nucléaire, la lutte idéologique, mais aussi la mise en place d'instruments économiques et financiers permettant de s'affranchir de l'emprise américaine. C'est aussi la recherche du contrôle sur les ressources naturelles stratégiques. Le monde si interdépendant de la globalisation se segmente à la recherche de régimes d'autonomie, sinon d'autarcie. Processus

1. Joseph Stiglitz, *Peuple, pouvoirs et profits*, ouvr. cité. p. 130.

accéléré par l'intervention russe en Ukraine et le régime de sanctions prises par les Occidentaux ainsi que la tension sino-américaine autour de Taïwan. On entre dans une autre ère où les rapports politiques dominent les relations économiques. On ne veut plus commercer qu'entre « amis », entre partenaires sûrs et de confiance[1]. On cherche à mettre un terme à certaines interdépendances. En ce sens, nous vivons bien un moment de « démondialisation », de retour des « régions », des zones, des sphères, des coalitions, des blocs.

Ainsi voit-on se former un partenariat russo-chinois pour créer une zone d'autonomie face aux « Occidentaux »[2]. Mais cela ne veut pas dire pour autant que le monde va se diviser en deux. Les Grands ne sont pas si grands qu'ils puissent imposer leur volonté aux moins grands. Bien au contraire, ces nouvelles rivalités laissent du champ et ouvrent beaucoup d'opportunités pour les autres qui cherchent plutôt à tirer avantage de la situation. Il est singulier d'observer comme les liens qui tenaient les blocs d'antan se fissurent : la Turquie est à la fois dans l'Otan et partenaire de la Russie ; l'Arabie saoudite se distancie des États-Unis et cherche à agréger autour d'elle un pôle moyen-oriental. Israël est l'allié de tous contre l'Iran.

1. Dans une tribune au journal *Le Monde*, la secrétaire au Trésor des États-Unis, Janet Yellen, a pu ainsi promouvoir l'approche de « friend-shoring » qu'entend mettre en œuvre l'administration américaine en matière de commerce « entre pays amis » (Janet Yellen, « Les risques liés aux chaînes d'approvisionnement ont mis à mal la croissance économique », *Le Monde*, 30 décembre 2022).

2. David Teurtrie, géographe et chercheur en géopolitique, parle à propos du rapprochement sino-russe, dans son ouvrage *Russie, le retour de la puissance* (Armand Colin, 2021, p. 152), d'un « partenariat anti-hégémonique tout en nuances ».

Contestant la domination américaine, Russes et Chinois parlent ainsi d'un monde multipolaire, décrivant à la fois une réalité et un vœu. Mais, vu la prolifération des volontés de puissance, il conviendrait sans doute mieux de parler d'un monde pluripolaire.

Au sein même de l'Europe, les États affirment leurs intérêts nationaux au risque de fragiliser la cohésion de l'ensemble.

Ainsi avec ce retour généralisé des nations, de leur volonté de puissance – quelle que soit leur taille –, il est probable que le monde ne sera pas seulement marqué par l'hégémonie de deux supergrands (les États-Unis et la Chine) l'organisant autour d'eux comme le firent les États-Unis et l'URSS dans l'après-guerre. Le monde de demain sera en conséquence plus instable.

Retour des nations, retour des stratégies de puissance, la période actuelle marque ainsi le retour du politique.

Francis Fukuyama avait ouvert l'ère de la globalisation sur le terrain idéologique. « L'idée » démocratique l'avait emporté sur l'idée communiste. Le moment était à l'universalisation de la démocratie par le commerce[1]. Il n'avait pas vu que c'est à travers lui qu'allaient se définir les nouveaux rapports de force politiques.

La globalisation devait permettre une occidentalisation du monde doublement profitable puisque rapportant des profits immédiats tout en faisant l'économie de la guerre. Mais, du côté des « mondialisés », le développement économique, l'industrialisation ont été mis au service de leur propre volonté de puissance

1. Francis Fukuyama, *La Fin de l'histoire et le Dernier Homme*, ouvr. cité, 1992.

nationale, une volonté qui devait s'affirmer contre les valeurs occidentales, historiquement dominantes.

Retour du politique, primat du politique sur l'économique, telles sont les caractéristiques de la période qui s'ouvre. Souveraineté et autonomie redeviennent des mots-clés pour définir le cadre économique de chaque pays.

Le retour du primat du politique dans les relations économiques est particulièrement marqué aux États-Unis. L'administration d'Obama avait engagé le virage de la politique étrangère vers le Pacifique. Celle de Trump avait fait de la réduction du déficit commercial avec la Chine – mais aussi avec l'Allemagne – un objectif prioritaire, en mettant en place un ensemble de mesures protectionnistes, s'abstrayant des règles de l'OMC, si nécessaires. Avec Joe Biden, les intérêts stratégiques sont prioritaires. Le plan composants (Chips Act), qui vise à limiter la dépendance américaine, et le programme de passage aux voitures électriques sont des exemples éclairants. Même l'Union européenne amorce une évolution en mettant en place des politiques industrielles – vocable autrefois banni – en matière de batteries électriques ou de production d'hydrogène. Fin 2022, le commissaire européen au marché intérieur, Thierry Breton, s'est prononcé en faveur de la création d'un fonds européen de souveraineté dont l'objectif est de soutenir les projets industriels européens pour éviter de plus amples délocalisations. Il enjoint également aux États membres de se doter de politiques directes de soutien des entreprises industrielles dans les secteurs visés par les aides américaines et chinoises, selon un principe de réciprocité[1].

1. Thierry Breton, « Face à une distorsion de concurrence, l'Europe doit réagir », *Le Journal du dimanche*, 3 décembre 2022.

Nouvel ordre mondial ou chaos ?

Si l'on reprend l'histoire du monde depuis la fin de la Seconde Guerre mondiale, on peut distinguer deux phases.

La première, c'est la période 1945-1991, où l'histoire du monde a été d'abord et avant tout celle du monde occidental qui s'organisait autour du duopole États-Unis-URSS, chacun ayant sa sphère d'influence. Cette période a connu elle-même plusieurs phases au gré de l'évolution des relations entre les deux puissances : la guerre froide puis la coexistence pacifique jusqu'à l'effondrement de l'URSS.

La seconde, c'est la période de 1991 à 2008, où l'hyperpuissance américaine exerce son hégémonie sur l'ensemble du monde. C'est le moment unipolaire. Le point de rupture de cette période est incontestablement l'année 2007, année de la crise financière qui ébranle le modèle économique américain ; c'est aussi l'année de la conférence de Munich sur la sécurité européenne, où Vladimir Poutine s'oppose violemment au projet d'entrée de l'Ukraine dans l'Otan et met fin à sa politique de rapprochement avec le monde occidental. C'est également à ce moment que la Chine commence à affirmer sa volonté de puissance, qui s'accentuera encore avec la venue au pouvoir de Xi Jinping.

Ces deux périodes avaient un point commun : une forme de stabilité, de prévisibilité des postures des uns et des autres. Certes des conflits avaient lieu, mais pour l'essentiel ils étaient limités et les canaux de discussion bilatéraux ou via les institutions internationales permettaient de trouver des solutions.

La phase dans laquelle nous entrons, phase de mouvement, de recomposition dont l'issue est incertaine, est infiniment plus dangereuse et oblige chaque pays à redéfinir sa stratégie, ses alliés et son positionnement sur le nouveau grand échiquier mondial. Voyons donc quelles en sont les pièces principales.

Les États-Unis restent de loin, malgré leur affaiblissement relatif, la principale puissance du monde. Leur puissance militaire reste largement supérieure à celle de n'importe quel autre pays : le budget américain de la défense représente toujours 40 % du budget militaire mondial[1]. Les capacités technologiques dont dispose le pays sont toujours considérables. Son territoire, vaste et relativement bien doté en ressources, lui permet d'être autonome sur le plan énergétique. Le rôle international que possède le dollar, en dépit de sa contestation par les émergents, offre toujours aux États-Unis le « privilège exorbitant » de pouvoir s'endetter sans limite mais aussi de pouvoir utiliser sa monnaie comme levier pour faire valoir l'extraterritorialité du droit américain. L'Amérique bénéficie aussi d'une attractivité culturelle et idéologique forte : sa langue, son industrie culturelle ainsi que l'excellence de ses universités restent des références globales[2].

La puissance américaine est enfin solidement assise sur le réseau d'alliances qu'elle a tissé au cours du XXe siècle. C'est d'abord le cas de l'Europe, avec qui elle entretient des liens anciens et culturellement forts. Cette proximité culturelle mais surtout stratégique s'est renforcée pendant la guerre en Ukraine,

1. Institut international de recherche sur la paix de Stockholm (Sipri Yearbook 2021).

2. Joseph Nye, *Is the American Century Over?*, ouvr. cité. p. 92-93.

qui est un moment européen certes, mais surtout un moment de l'Otan : jamais la communauté transatlantique, qui pèse 45 % de l'économie mondiale, n'a paru aussi soudée qu'aujourd'hui sous l'autorité américaine. C'est également son réseau d'alliances en Asie : avec le Japon et la Corée du Sud, mais également en Asie du Sud-Est à travers le « Dialogue quadrilatéral pour la sécurité » (Quad), une organisation informelle qui regroupe l'Inde, les États-Unis, l'Australie et le Japon. Derrière la question de Taïwan se joue pour l'Amérique sa crédibilité de protecteur des pays du Sud-Est asiatique face à la montée en puissance de la Chine.

Les faiblesses américaines sont de trois ordres. La première est la fracture sociologique et politique de la société américaine, qui conduit certains analystes à considérer qu'une guerre civile est une hypothèse possible. La seconde est que son modèle économique, le capitalisme financier, est en crise. Enfin – et c'est peut-être l'essentiel – la volonté hégémonique, si caractéristique de la mentalité américaine depuis 1945, son ambition d'être une nouvelle Rome[1], de se penser, selon la formule de Bill Clinton, en « nation indispensable » ne la prédispose pas à comprendre et surtout à accepter un nouvel équilibre mondial qui mette en cause son statut de puissance hégémonique.

Si les États-Unis sont le roi du nouvel échiquier, la Chine en est incontestablement la reine. Le PIB chinois, exprimé en pouvoir d'achat, a d'ores et déjà dépassé celui des États-Unis. Le pays poursuit son rattrapage

1. Walter Lippmann, *Buts de guerre des États-Unis*, Overseas Éditions, Trevi, 1944, p. 161-162.

technologique à une vitesse qui surprend les observateurs occidentaux. Il s'affirme aussi de plus en plus comme une puissance militaire majeure : son budget militaire (250 milliards de dollars) est le deuxième au niveau mondial. La Chine sait utiliser cette puissance nouvelle et la convertir en influence : elle renforce habilement les liens économiques et diplomatiques qu'elle entretient avec l'étranger, via les routes de la soie, avec l'ensemble des pays d'Asie bien sûr, mais aussi en Europe, en Amérique latine et au Moyen-Orient. La Chine est ainsi devenue le premier partenaire commercial du Brésil, elle représente plus du tiers du total des échanges[1]. De même, la Chine est le premier partenaire de l'Arabie saoudite, représentant 18 % des exportations saoudiennes et 19 % de ses importations[2]. Son alliance avec la Russie, dont les liens avec l'Europe sont rompus depuis la guerre en Ukraine, la dote d'un partenaire aux immenses ressources énergétiques dont elle a cruellement besoin pour poursuivre son développement.

La Chine ne peut raisonnablement supplanter les États-Unis comme puissance dominante, pour autant qu'elle en ait jamais eu le projet. D'abord parce qu'elle est à mi-chemin de son développement économique : près de la moitié de la population chinoise a encore un niveau de vie faible. Ensuite sa démographie – conséquence de la politique de l'enfant unique – va assez rapidement limiter son potentiel de croissance économique. Enfin, et c'est peut-être le plus important, la

1. Direction générale du Trésor, « Brésil-2021, année des records du commerce extérieur », 2022.

2. Direction générale du Trésor, « Le commerce extérieur de l'Arabie saoudite en 2020 », 2021.

Chine possède un softpower limité, sa langue reste peu répandue et difficile d'accès, mais surtout son modèle politique est pour l'heure un facteur de répulsion plutôt que d'attractivité.

La Russie fait partie des pièces importantes de ce nouvel échiquier mais elle risque de sortir affaiblie du conflit avec l'Ukraine, quelle qu'en soit l'issue. Elle est d'abord affaiblie économiquement en raison de sa rupture avec le monde occidental qui la prive de technologies (notamment de composants) et de débouchés. La réorientation de ses exportations de pétrole et surtout de gaz vers l'Asie prendra du temps[1]. Elle est aussi affaiblie stratégiquement. Elle qui pouvait prétendre à être le pont naturel entre l'Europe et l'Asie risque de se trouver vassalisée par la Chine.

Autre pièce importante, l'Inde. Elle devrait être dans les quinze ans à venir la principale locomotive de la croissance économique mondiale pour autant qu'elle surmonte les freins inhérents à son système social. Elle est d'ores et déjà une puissance économique, technologique – dans des domaines comme l'informatique et le spatial notamment –, mais aussi militaire puisqu'elle dispose d'une force de dissuasion nucléaire autonome. Elle tient une posture d'autonomie : membre de l'Organisation de coopération de Shanghai, où elle côtoie la Russie mais aussi la Chine et le Pakistan – ses adversaires historiques –, elle fait également partie du Quad qui la réunit avec les États-Unis, le Japon et l'Australie.

À côté de ces quatre pièces majeures, la Turquie développe une politique autonome que lui permet sa

1. David Teurtrie, *Russie. Le retour de la puissance*, Armand Colin, 2021, p. 78.

position centrale : partenaire de la Russie tout en étant membre de l'Otan, elle développe une politique d'influence au Proche-Orient, en Méditerranée, en Afrique du Nord (Libye notamment), n'hésitant pas à utiliser ses capacités militaires. L'Iran et l'Arabie saoudite se disputent le statut de puissance dominante au Moyen-Orient à côté d'Israël. L'Indonésie, premier pays musulman au monde par la population et le PIB, ne manquera pas d'affirmer sa position.

La reconfiguration du monde est ainsi engagée. Elle peut déboucher sur des confrontations ou sur un nouvel ordre multilatéral.

Les États-Unis ont fait de la Chine leur rival principal, même si la Russie depuis la guerre en Ukraine est passée au rang de « *rogue state* » à combattre en priorité. Leur stratégie vise à rassembler autour d'eux le camp des démocraties s'opposant aux régimes autoritaires. En quelque sorte, il s'agit de reproduire, face à la Chine, l'histoire de la guerre froide avec l'URSS.

Cette stratégie conduira à une impasse, voire, pire, à la confrontation. La Chine n'est pas l'URSS, c'est un géant économique encore en expansion. Elle n'a pas de volonté d'exporter son idéologie, comme put l'avoir l'URSS. En outre, une telle stratégie est en réalité de nature à cimenter derrière le géant chinois le front des pays qui contestent l'hégémonie des États-Unis dans leur volonté d'imposer leurs valeurs et leurs règles. Ce front contestataire, qui se retrouve dans des organisations telles que l'OSC, le sommet des Brics, n'a pas d'unité idéologique, n'a pas de leadership unique, mais revendique un nouvel ordre du monde qui laisse aux pays qui le composent autonomie et souveraineté dans le modèle de développement et de société.

Il ne serait ni réaliste ni judicieux, compte tenu de leur poids démographique et économique et de leur potentiel de croissance, de se couper de ces pays, voire, pire, de s'en faire des ennemis.

Une voie plus réaliste et plus conforme aux nouveaux défis de l'humanité serait de refonder l'architecture des relations internationales sur la base d'une part du multilatéralisme dans l'approche des échanges économiques, et d'autre part de la recherche du consensus sur les questions universelles, en particulier celle de la maîtrise du réchauffement climatique, la gestion des pandémies, le développement économique de l'Afrique, la sécurité internationale et les droits fondamentaux…

La globalisation telle que nous l'avons connue depuis trente ans est terminée. Reste à bâtir une mondialisation équilibrée, fondée sur des coopérations économiques d'intérêt mutuel, et unie sur les sujets universels.

Dans un tel contexte, quel rôle peuvent espérer jouer la France et l'Europe ?

Quelle Europe demain ?
Quelle stratégie pour la France ?

Telle est la carte, la phase de l'ordre du monde où nous sommes entrés. Dans le monde qui advient, on ne peut exister que comme puissance.

Face à cette situation, d'abord l'omniprésence américaine dans la globalisation, puis la montée de la Chine comme rivale systémique, on pourrait croire qu'un pays de la taille de la France ne puisse lutter que dans le cadre d'une Europe unie et souveraine. Quel avenir donc pour l'Europe, quelle stratégie pour la France ?

L'Europe : une identité multiple, un projet à la croisée des chemins

« Europe ». Le mot prête à confusion, tant il revêt de sens différents, tant les points de vue entre États membres peuvent être différents, tant il peut y avoir un fossé entre l'Europe souhaitée et l'Europe réelle.

Avant de comprendre ce que l'Europe peut être dans ce nouveau monde, il faut partir de ce qu'elle est. L'Europe est aujourd'hui une réalité complexe, à l'intérieur de laquelle on retrouve une multiplicité de projets, de valeurs, de visions pour l'avenir. Fidèle à cet héritage, l'Union européenne s'est donné pour devise « Unie dans la diversité ». Avant d'évoquer l'unité, commençons par la diversité.

L'Europe est d'abord une réalité géographique. Cette banalité cesse d'en être une dès lors que l'on s'interroge sur la délimitation précise d'une telle réalité. Les frontières de l'Europe, particulièrement à l'est, sont imprécises : faut-il faire courir l'Europe jusqu'aux rives du Dniepr, faut-il l'arrêter sur le Don, ou bien aux montagnes de l'Oural ? Qu'en est-il, à sa frontière sud-orientale, du Caucase, du Bosphore ? Ces questions géographiques pourraient être relativement anodines si elles n'avaient pas des conséquences politiques importantes… La Russie même se pense depuis toujours comme une puissance tiraillée entre ses tentations européennes et eurasiatiques[1].

L'Europe, c'est aussi une réalité historique, un espace composé de vieilles nations qui ont dominé le monde

1. Michel Eltchaninoff, *Dans la tête de Vladimir Poutine*, Actes Sud, 2015, p. 89 et suivantes.

jusqu'au début du XXe siècle et qui ont rivalisé jusqu'à engendrer deux guerres mondiales. Ces vieilles nations ont certes un socle commun, des valeurs démocratiques et une culture partagée mais elles sont dotées chacune d'une identité singulière, nourrie par une histoire et des langues différentes.

L'Europe, c'est encore un projet économico-politique dont le contenu s'est élargi progressivement et qui se trouve aujourd'hui à la croisée des chemins. Ce projet est né au carrefour de trois volontés.

En premier lieu, la volonté des vainqueurs de la Seconde Guerre mondiale de mettre un terme à une situation européenne qui a engendré deux conflits mondiaux en moins de cinquante ans. Ainsi, à Yalta, Roosevelt et Staline ont choisi de la diviser en deux zones d'influence, et de traiter le problème allemand en scindant l'Allemagne en deux, avec le fameux rideau de fer qui séparera le continent pendant quarante ans.

En second lieu, la volonté américaine de permettre le rétablissement économique de l'Europe pour des raisons à la fois économiques (plan Marshall, puis Marché commun) et de sécurité (Otan), suivant la doctrine selon laquelle il fallait contenir l'expansion de l'URSS et du camp socialiste. Dans l'esprit de ses promoteurs, et particulièrement de Jean Monnet, le projet européen n'était pas conçu comme la création d'un ensemble ayant vocation à être autonome sur le plan politique, mais comme un sous-ensemble de la communauté atlantique dirigée par les États-Unis. C'était aussi pour les États-Unis le moyen de trouver de nouveaux relais de croissance pour son économie.

Enfin, la volonté des dirigeants européens de sortir d'un ordre d'équilibre des puissances qui avait échoué pour un ordre communautaire fondé sur les échanges commerciaux et le développement économique.

Ce dernier projet va prendre un nouvel élan au moment de la chute de l'Empire soviétique, d'abord par la réunification de l'Allemagne puis par l'extension du territoire européen aux pays d'Europe de l'Est, bientôt intégrés dans l'Union (Europe des Vingt-Sept). Ensuite par le renforcement des institutions européennes, avec en particulier la création de l'euro, en 2001. Enfin par la poursuite de la politique de sécurité américaine avec l'élargissement de l'Otan aux pays d'Europe de l'Est, ce qui aboutit à une situation contradictoire.

D'un côté, l'Europe des Vingt-Sept, lorsqu'on agrège les PIB de chaque pays, peut paraître une grande puissance économique rivalisant avec les États-Unis et la Chine. Rassemblée, l'Europe peut se rêver être l'un des trois Grands, affirmer son identité, sortir des dépendances qui datent de la fin de la Seconde Guerre mondiale.

D'un autre côté, la période récente met en exergue les limites du projet européen tel qu'il a été construit. L'absence de politique industrielle, dont l'évocation même était considérée comme quasi hérétique par le Royaume-Uni et l'Allemagne, place l'Europe dans une situation difficile au regard du nouveau contexte géopolitique. L'impasse où elle se trouve dans le secteur de l'énergie en est l'exemple le plus manifeste. La création de la zone euro ne s'est pas accompagnée d'une union budgétaire. Cette situation a contribué aux divergences entre les pays et rend cette union monétaire vulnérable comme l'ont montré les débats sur le sauvetage de la Grèce. Surtout l'absence d'autonomie en matière de politique de défense, sous-traitée à l'Otan donc aux

États-Unis, lui enlève toute capacité réelle d'autonomie stratégique dans les relations internationales.

L'Europe est aujourd'hui à la croisée des chemins : devenir une puissance autonome, l'Europe souveraine, ou rester une association d'États, fondée principalement sur les relations économiques. La nature du projet européen n'a jamais été véritablement clarifiée.

Une Europe souveraine ?

Le projet d'une Europe souveraine a de quoi être mobilisateur : faire de l'Europe une troisième force auprès des États-Unis et de la Chine. Cette ambition est ancienne : on la retrouve déjà au XIXe siècle chez Victor Hugo qui, dans le discours d'ouverture du congrès de la Paix en 1849, appelait de ses vœux la création des « États-Unis d'Europe » venant supplanter les rivalités des nations pour les fondre dans un seul intérêt commun[1]. Ce projet se heurte à de nombreux obstacles qui condamnent cette ambition, tout au moins à court terme.

Tout d'abord, des raisons géopolitiques et historiques rendent difficile un accord européen en faveur d'une

1. « Un jour viendra où vous France, vous Russie, vous Italie, vous Angleterre, vous Allemagne, vous toutes, nations du continent, sans perdre vos qualités distinctes et votre glorieuse individualité, vous vous fondrez étroitement dans une unité supérieure, et vous constituerez la fraternité européenne, absolument comme la Normandie, la Bretagne, la Bourgogne, la Lorraine, l'Alsace, toutes nos provinces, se sont fondues dans la France. Un jour viendra où il n'y aura plus d'autres champs de bataille que les marchés s'ouvrant au commerce et les esprits s'ouvrant aux idées. Un jour viendra où les boulets et les bombes seront remplacés par les votes, par le suffrage universel des peuples, par le vénérable arbitrage d'un grand Sénat souverain qui sera à l'Europe ce que le parlement est à l'Angleterre, ce que la Diète est à l'Allemagne, ce que l'Assemblée législative est à la France ! »

Europe souveraine. Dans son livre *Le Grand Échiquier*, Zbigniew Brzeziński écrivait : « À travers la construction européenne, la France vise la réincarnation, l'Allemagne la rédemption[1]. » Sur le plan de la défense, aucun pays européen, hormis la France, n'aspire à une autonomie qui impliquerait de se détacher de la protection américaine. Le maintien d'une alliance forte avec les États-Unis, au prix d'une dépendance militaire certaine, est d'ailleurs l'un des piliers sur lesquels se fonde la stratégie de l'Allemagne. Une Europe souveraine supposerait aussi que les intérêts des différents pays en matière de politique étrangère s'accordent. Or c'est bien souvent l'inverse qui prévaut : en cas de dissension en mer Égée, la France soutient la Grèce, quitte à attiser les tensions avec la Turquie tandis que l'Allemagne est plus soucieuse de ménager ses relations avec Ankara.

En second lieu, la fragmentation économique que connaît l'espace européen entre, d'un côté, une Europe du Nord prospère et financièrement stable et, de l'autre, une Europe méridionale en difficulté, compromet un projet de souveraineté européenne qui exige le consentement des populations concernées.

Dernière difficulté : la dimension institutionnelle. La construction d'une Union européenne souveraine exigerait un accord à l'unanimité des États européens, ce qui a peu de chance de se produire compte tenu de l'euroscepticisme croissant dans certains pays.

Le projet d'Emmanuel Macron pour une Europe souveraine, exprimé dans son discours de la Sorbonne, n'a guère été repris dans les autres pays européens, à commencer par l'Allemagne.

1. Zbigniew Brzeziński, *Le Grand Échiquier*, ouvr. cité, p. 91.

Plus récemment le plan allemand présenté à Prague par le chancelier Scholz[1], visant un nouvel élargissement de l'Union à l'est et une intégration accrue – avec notamment le vote à la majorité qualifiée sur les questions de politique étrangère –, n'a pas engendré pour l'instant une nouvelle dynamique. Il est vrai que ce plan peut également être lu comme une volonté de renforcer, d'abord, le leadership allemand.

Une ambition réaliste : l'Europe des coopérations renforcées

« Le paradoxe de l'Europe est que sa plus spectaculaire invention, l'État-nation, est aussi ce qui l'empêche d'exister comme telle », disait l'historien François Furet[2]. Le rêve d'une Europe souveraine, irréalisable dans les circonstances présentes, est dangereux dans la mesure où il se traduirait dans la réalité par plus d'intégration technocratique sans renforcement de puissance et pourrait conduire à terme à condamner le projet européen.

Faut-il néanmoins renoncer à toute ambition à l'échelle du continent ? L'Europe, telle qu'elle est, a beaucoup d'actifs à faire valoir. Elle a permis d'arrêter l'engrenage des guerres qui ont marqué l'histoire du continent au cours des quatre derniers siècles, en organisant la rivalité des nations dans un cadre – principalement économique – qui obligeait à la négociation et au compromis. D'une certaine façon, elle peut être une référence pour l'ordre mondial à construire. Elle a contribué à la prospérité

1. Discours d'Olaf Scholz à l'Université Charles de Prague, 29 août 2022.

2. Cité dans Paul Sabourin, *L'État nation face aux Europes*, Puf, 1994, p. 18.

économique des États-membres et son modèle cherchant à concilier un fonctionnement libéral de l'économie avec le souci de la justice sociale, lui confère une attractivité forte dans l'ensemble du monde, en particulier dans les anciens pays soviétiques.

Prendre l'Europe telle qu'elle est ne signifie pas qu'elle ne puisse être approfondie, être davantage un levier de puissance pour ses membres, mais pour ce faire elle doit évoluer sur plusieurs points.

En premier lieu sur le plan économique : le dogme d'un marché unique sans protection, le primat de la politique de la concurrence sur la politique industrielle n'ont plus de pertinence dans la recomposition du monde en cours et des stratégies de puissance développées par les principaux pays, à commencer par les États-Unis. L'Union européenne doit peser d'égal à égal sur le plan économique avec les grands pays (États-Unis, Chine, demain Inde), et non être une variable d'ajustement. Pour reprendre la formule d'un ancien ministre allemand des Affaires étrangères, Sigmar Gabriel, « l'Europe ne doit plus être un herbivore dans un monde de carnivores[1] ».

En second lieu sur le plan monétaire. L'histoire économique montre que les unions monétaires sans union budgétaire finissent par échouer. On se rassure actuellement à bon compte en considérant que l'euro est d'abord une construction politique et qu'en conséquence l'union monétaire, grâce à la BCE, surmontera toutes les tempêtes. La création de l'euro devait s'accompagner d'une convergence économique entre les pays. La réalité est

1. Formule que Sigmar Gabriel utilise dans un entretien accordé au *Spiegel* le 5 janvier 2018, « We are seeing what happens when the U.S. pulls back ».

tout autre, les divergences entre le Nord et le Sud n'ont fait que s'accroître, la politique monétaire accommodante de la BCE permettant de rendre supportable cette situation. Les difficultés et les hésitations de la BCE, qui doit aujourd'hui à la fois lutter contre l'inflation et rendre soutenable le coût de financement des pays fortement endettés, montre à quel point l'équilibre actuel est fragile.

Organiser la convergence nécessite certes que la France et les pays du Sud gèrent avec plus de rigueur leurs finances publiques, mais cela implique également que l'Union opère des transferts leur permettant d'investir pour se réindustrialiser, et opérer efficacement la transition énergétique. Le plan de 750 milliards d'euros pour gérer les effets post-Covid fut une réaction appropriée à ces circonstances exceptionnelles. Réussir la transition énergétique et la révolution industrielle nécessiterait une action permanente de soutien aux économies les plus faibles. Des avancées sont faites en ce sens depuis quelques années par la Commission von der Leyen et la mise en œuvre d'un Green New Deal européen visant à accélérer la transformation de l'économie européenne vers la neutralité carbone.

Deuxième axe de progrès : depuis la crise de la dette souveraine en zone euro en 2012, l'Europe s'est fragmentée sur le plan financier. Les capitaux ne circulent pas et les excédents commerciaux de l'Allemagne ont été réinvestis non pas en Europe, mais aux États-Unis. Pour renforcer sa puissance économique, l'Europe devrait se doter d'une réelle union des marchés des capitaux qui fasse que les excédents des uns se réinvestissent chez les autres et qui ait une réelle attractivité internationale.

Enfin sur le plan des frontières et de la maîtrise des flux migratoires la montée des populismes dans bon nombre de pays, tels que la Suède ou le Danemark, qui paraissaient préservés, montre à quel point le sujet est clé pour l'avenir de l'Union. Force est de constater que peu d'avancées ont été réalisées dans ce domaine.

Au-delà de ces éléments, un nouvel équilibre doit être trouvé en matière de subsidiarité. En Europe, les ressorts culturels et identitaires sont multiples. Ne pas les respecter, vouloir réglementer bureaucratiquement les sociétés est de nature à créer des phénomènes de rejet comme l'a montré le Brexit.

Dans son livre *Sauver l'Europe*, Hubert Védrine propose la tenue d'une nouvelle conférence de Messine pour clarifier l'architecture européenne[1]. C'est une voie possible, mais incertaine, car trouver un consensus à vingt-sept sera infiniment plus difficile qu'à six, comme lors de la conférence de Messine, en 1955. L'échec du projet de Constitution européenne l'a bien montré.

Quelle politique européenne pour France ?

Depuis la réunification de l'Allemagne, les rapports de force se sont profondément modifiés : l'Allemagne est incontestablement la puissance dominante en Europe. Sur le plan économique et financier bien sûr mais également pour son influence sur les institutions européennes (Commission et Parlement) et au niveau international : c'est le partenaire privilégié des États-Unis et un partenaire commercial majeur de la Chine. Sa sphère d'influence s'étend sur l'ensemble de la *Mitteleuropa*, dont les économies sont fortement intégrées à l'industrie allemande. Elles ont apporté à l'Allemagne à la fois un surcroît de débouchés et une main-d'œuvre qualifiée

1. Hubert Védrine, *Sauver l'Europe*, Liana Levi, 2016, p. 54.

permettant de maintenir la compétitivité des produits allemands dans la concurrence mondiale.

Grande gagnante de la phase de globalisation, l'Allemagne a fait de sa puissance économique le vecteur de son influence géopolitique, s'en remettant au parapluie militaire américain pour sa défense.

L'attitude américaine sous l'ère Trump et surtout le conflit ukrainien ébranlent le modèle allemand et conduisent à un double virage.

Tout d'abord sur le plan économique, l'Allemagne avait fondé sa politique énergétique sur un mix de renouvelables et de gaz russe peu coûteux. Cette stratégie devait lui permettre d'être une plateforme énergétique compétitive, notamment par rapport à la France. La fin du partenariat gazier avec la Russie l'oblige à trouver de nouvelles sources d'énergie plus coûteuses qui vont affaiblir sa compétitivité globale. Ensuite, les tensions avec la Chine vont inéluctablement peser sur ses capacités d'exportation dans ce pays.

Ces deux chocs se lisent d'ores et déjà dans sa balance commerciale avec la forte réduction, dans la dernière période, de ses excédents.

Cela va la conduire à accentuer son engagement dans des secteurs où elle était peu présente jusqu'alors (défense, spatial, notamment). De même elle réoriente sa diplomatie économique. Les premières visites du chancelier Scholz ont ainsi été au Japon, au Canada et au Moyen-Orient, cette dernière zone pour des raisons énergétiques évidentes. En parallèle, l'Allemagne cherche à maintenir son partenariat avec la Chine. La visite controversée du chancelier Scholz dans ce pays, peu après le congrès donnant les pleins pouvoirs à Xi Jinping, en est un symbole.

Ensuite, on l'a dit, en se fixant l'objectif de devenir à l'horizon de trois ans la première puissance militaire conventionnelle d'Europe et en s'en donnant les moyens avec la création d'un fonds de 100 milliards d'euros.

Enfin en prônant des initiatives politiques sur l'organisation de l'Europe. La proposition d'un élargissement de l'Europe aux pays de l'Est (Ukraine, Géorgie, Moldavie notamment) pour l'amener à trente-deux États membres, et sa proposition de vote à la majorité qualifiée (y compris en politique étrangère) renforcerait son leadership économique, mais plus encore politique.

La période durant laquelle l'Allemagne faisait de l'Europe un moyen d'obtenir sa rémission est terminée. Elle est sur le point de redevenir un pays jouant l'ensemble des leviers de la puissance pour être un acteur à part entière de la géopolitique non seulement européenne mais mondiale.

Il faut être lucide : la position de la France s'est fortement affaiblie sur la scène européenne pour trois raisons.

La première est le changement du centre de gravité de l'Europe avec la réunification allemande, l'élargissement de l'Union aux pays de l'est de l'Europe. La guerre en Ukraine accentue cette évolution en renforçant le rôle de la Pologne et son poids dans l'Union. La seconde tient à notre affaiblissement économique et à la non-maîtrise de nos finances publiques qui ont détérioré notre crédibilité. Notre influence sur les institutions européennes (Commission, Parlement) s'est ainsi fortement diluée au profit de l'Allemagne et des pays qui en sont proches. Notons que le passage d'une Europe des Vingt-Sept à trente-deux ou trente-six pays, ne ferait qu'accentuer cette tendance. La troisième tient à une vision idéaliste de la construction européenne. Le projet européen est appréhendé comme une fin en soi et non un levier de renforcement de notre puissance. Cette façon d'aborder l'Europe nous a conduits à faire des compromis défavorables sur des sujets comme la politique de l'énergie ou celle de l'agriculture.

La France doit retrouver sa place dans l'Union européenne sans s'en remettre au discours incantatoire sur le couple franco-allemand, formule en vogue à Paris, mais guère utilisée à Berlin[1]. C'est un enjeu essentiel pour le pays et aussi pour le projet européen. Trois conditions sont nécessaires pour réaliser cet objectif.

La première c'est de partir de la réalité. Il nous faut prendre l'Europe pour ce qu'elle est. L'Union européenne telle qu'elle s'est construite n'a pas supprimé la compétition entre les nations qui la composent. Elle l'a organisée de manière coopérative, ce qui n'est pas rien. L'Europe ne peut pas et ne doit pas être le substitut par sa grandeur de nos propres faiblesses.

La seconde doit partir du constat que les États n'ont pas d'âme mais des intérêts. La politique européenne de la France doit donc d'abord être une politique visant à défendre nos intérêts, accepter les compromis équilibrés, rejeter ceux qui les mettent gravement en cause. La question du financement des investissements pour l'industrie nucléaire ou de la défense, mis en cause par la Commission, est un exemple de position inacceptable.

Enfin, et c'est le plus important, pour peser davantage dans les orientations européennes et défendre efficacement ses intérêts, la France doit retrouver la puissance économique et financière qui lui fait défaut après quarante années d'affaiblissement.

1. Coralie Delaume, *Le Couple franco-allemand n'existe pas*, Michalon, 2018, p. 21.

2

La transition énergétique : une révolution industrielle qui nécessite une nouvelle économie politique

> « Pour éviter les graves risques du changement climatique, il ne faut rien de moins qu'une nouvelle révolution énergétique et industrielle. Cela prendra inévitablement du temps et de l'investissement, mais cela en vaudra la peine. L'expérience des révolutions technologiques passées suggère qu'elles sont associées à des vagues de croissance et de prospérité de deux à trois décennies ou plus. Le retard est dangereux. Il faut accélérer maintenant : les deux prochaines décennies sont cruciales. »
>
> Nicholas Stern,
> *Why Are We Waiting? The Logic, Urgency and Promise of Tackling Climate Change*, MIT Press, 2015.

La prise de conscience collective des limites environnementales remonte aux années 1970, au rapport du Club de Rome[1], à la naissance du programme

1. Dennis et Donella Meadows, Jorgen Randers, *Les Limites à la croissance*, Fayard, 1972.

des Nations unies pour l'environnement (1972), à la création de nombreuses ONG et de partis écologistes, comme à l'installation partout dans le monde de dispositifs de protection de l'environnement.

La période récente voit s'accentuer la prépondérance de la question du climat parmi les problèmes environnementaux. L'accord de Paris de 2015 a marqué un tournant dans la prise en compte de la question climatique. Un point de bascule a été franchi : l'économie dans le futur sera sans carbone. L'objectif est désormais d'inscrire l'ensemble des économies dans une trajectoire de réduction des émissions de gaz à effet de serre avec pour objectif de parvenir à une neutralité carbone au niveau mondial dans la seconde moitié du XXIe siècle. Pour parvenir à cet objectif, de nombreux leviers d'action existent, sans que l'on parvienne pour l'instant à les articuler dans un ensemble systématique : transition du système énergétique, sobriété dans la consommation de biens et d'énergie, transformation des modes de vie, de l'urbanisme.

De fait, on est passé du stade des lanceurs d'alerte à toute une construction intellectuelle qui fournit le cadre accepté, reconnu, repris, mis en œuvre par la communauté internationale qu'elle soit scientifique, politique, économique et financière. La question est désormais d'être le plus efficace, de savoir quoi faire et de quelle façon le faire. Les enjeux peuvent être résumés en une question générale : comment réussir cette transition dans l'ensemble des dimensions qu'elle implique ?

Trois voies se dégagent.

La première décrit un chemin que l'on peut appeler « moral ». Cela appelle à la transformation des consciences, des rapports homme-nature, à une dimension philosophique et spirituelle (et même religieuse avec l'encyclique papale *Laudato si*). Pratiquement, elle invite à interrompre, sans tarder, toute activité productrice d'effet de serre, en particulier le recours au charbon, au gaz et au pétrole, partout dans le monde. Il faudrait tout arrêter et tout de suite. Ce combat conduit à arrêter le développement économique tel qu'on l'a connu jusqu'à maintenant, à dire stop à la croissance, à sortir de la société de consommation comme du capitalisme. Cette conception se heurte à un problème majeur car elle met en opposition les conditions sociales et la lutte contre le changement climatique, « la fin du monde » et « la fin du mois ».

Une seconde voie consiste à traiter le problème en utilisant les instruments du marché. Selon cette vision, la question du climat consiste à « internaliser » la dimension climatique qui était jusqu'alors traitée comme une « externalité ». Pour cela, il conviendrait de fixer un prix mondial du carbone pour éviter les distorsions de concurrence, et de taxer en conséquence les activités productrices. Le problème se résoudrait alors de lui-même. Cette vision, disons-le « économiste », est, elle aussi, idéaliste. Elle ne prend pas suffisamment en compte la dimension géopolitique et stratégique d'un problème dont les États veulent sortir non seulement gagnants mais avec de nouveaux avantages sur les autres.

Reste une troisième voie, la voie « réaliste », que nous allons explorer : la base de la démarche consiste à identifier le problème comme celui d'une révolution industrielle qu'il s'agit de mener à marche forcée. Cette approche repose sur trois axiomes : le premier postule que la lutte contre le réchauffement climatique impose moins de s'abstenir que de faire, de faire ce qui est le plus efficace au regard du résultat global, à savoir une transformation industrielle de la façon dont on produit et consomme de l'énergie dans le monde. Le second axiome pose le principe que la transition, pour peu que l'on intègre les contraintes géopolitiques et sociales, ne peut se faire que sur la base de ces unités politiques que sont les États, qui développent de plus en plus des stratégies autonomes, ce qui n'exclut évidemment pas des initiatives communes, comme c'est le cas en Europe. Le troisième axiome pose que réussir la mutation implique de s'affranchir du modèle d'économie politique inspiré du tout-marché pour penser l'économie dans un contexte où elle est surdéterminée par des contraintes stratégiques et de souveraineté. C'est une problématique analogue à celle de l'économie de guerre.

Une révolution industrielle globale

On estime qu'à cause des émissions excessives de gaz à effet de serre les températures moyennes ont augmenté de 1 °C depuis l'époque préindustrielle et que celles-ci pourraient encore croître de 1,4 °C à plus de 4 °C d'ici la fin du XXIe siècle[1]. Les accords internationaux depuis le sommet de Paris ont conduit la quasi-totalité des États à s'inscrire dans une trajectoire de réduction de leurs émissions pour parvenir à un objectif de limitation du réchauffement global à 2 °C, voire 1,5 °C d'ici à 2050.

1. Shift Project, Synthèse du rapport AR6 du Giec (août 2021).

Dans sa mise en œuvre, la transition climatique porte d'abord sur l'énergie puisque la maîtrise de l'évolution du climat exige de réduire les extractions de carbone du sol pour remplacer ces ressources fossiles, qui représentent aujourd'hui environ 80 % de l'énergie primaire mondiale[1], par des énergies alternatives : le solaire, l'éolien ou le nucléaire. Cette transition énergétique concerne aussi les produits, les services, l'agriculture, les modes de fabrication, les chaînes de valeur, les modes de consommation et les usages. Il s'agit de transformer le « brun » en « vert » dans l'ensemble de l'économie.

Une telle stratégie de réduction des émissions peut être utilement complétée par un développement des capacités d'absorption du CO_2 de l'atmosphère pour l'emprisonner à nouveau dans la terre, ce qui est possible en favorisant la reforestation ou le développement de technologies de capture de carbone. Par son ampleur, cette transformation est bien une nouvelle révolution industrielle.

Une transformation à mettre en œuvre à l'échelle planétaire

Si jusqu'au XVIIe siècle, l'humanité a vécu – dans l'ensemble – comme au temps des Romains[2], tout a changé par la suite. En deux siècles, le monde s'est transformé grâce aux révolutions industrielles

1. Agence internationale de l'énergie, « World Energy Balances » Édition 2022.

2. Angus Maddison, *Contours of the World Economy 1-2030 AD. Essays in Macro-Economic History*, Oxford University Press, Oxford, 2013, p. 70.

successives, qui ont toutes eu comme socle l'exploitation d'énergies fossiles : charbon d'abord, pétrole, gaz. Ces révolutions ont d'abord eu lieu en Occident, donnant lieu à ce que l'historien Kenneth Pomeranz appelle une grande divergence[1] de l'Europe et des États-Unis, avant de se diffuser plus tardivement au reste du monde.

Face au réchauffement climatique, le monde dans son ensemble joue une seule et même partie dans laquelle les nations sont solidaires. Leur contribution individuelle au réchauffement climatique est pourtant très inégale : la moitié des émissions mondiales résulte aujourd'hui de l'action de trois pays : la Chine (30 %), l'Inde (7 %) et les États-Unis (13,5 %)[2]. En l'espace de quelques années, la Chine et l'Inde ont rattrapé les pays occidentaux, déplaçant ainsi le centre de gravité des émissions vers l'Asie.

L'Union européenne de son côté représente 10 % des émissions globales pour 16 % du PIB mondial[3]. Au sein de l'Europe, l'Allemagne se singularise : du fait de sa puissante industrie, mais aussi de ses choix énergétiques, elle est le premier émetteur européen de CO_2 et représente, à elle seule, près du quart des émissions européennes.

De son côté, la France fait figure de bon élève : elle peut s'enorgueillir d'être l'un des pays développés avec les plus faibles émissions de gaz à effet de serre. Alors que le pays représente 3,2 % du PIB mondial, ses

1. Kenneth Pomeranz, *Une grande divergence. La Chine, l'Europe et la construction de l'économie mondiale*, Albin Michel, 2010.

2. Données issues du Global Carbon Atlas.

3. Insee, Analyses n° 74, juillet 2022.

émissions ne représentent qu'environ 1 % du montant global[1]. Si l'on regarde les émissions par habitant, la France est le pays le moins émetteur des pays du G7 avec 4,5 tonnes de CO_2 par habitant en 2019, contre 7,9 tonnes en Allemagne[2].

Ces écarts sont encore plus prononcés si l'on se concentre sur la production d'énergie. La France est parmi les pays les moins émetteurs avec une intensité en gaz à effet de serre trois fois inférieure à celle de l'Allemagne et des États-Unis[3]. Plusieurs facteurs expliquent cette bonne performance : certains sont positifs comme le choix français, à partir de 1973, de développer de façon massive la production d'électricité par la filière électronucléaire. Entre 1972 et 1980, ce sont en moyenne six à sept réacteurs par an qui sont construits par EDF, soit un total de cinquante-cinq réacteurs d'une puissance unitaire de 900 mW. D'autres nous renvoient à une réalité plus douloureuse : celle d'une France en voie de désindustrialisation, à l'opposé de l'Allemagne. Pour avoir une vision plus juste de la situation française, il faut donc prendre en compte les émissions contenues dans les produits que l'on importe. En France, depuis 1995, les émissions intérieures ont nettement baissé (– 27 %) tandis que les émissions associées aux importations se sont accrues de 20 %[4].

La décarbonation doit être gouvernée par un principe d'efficacité. Il est important de concentrer collectivement

1. Observatoire national sur les effets du réchauffement climatique (Onerc) – Panneaux expo (mai 2019).

2. Données issues de la Banque mondiale et de Climate Watch (2020).

3. Insee, Analyses n° 74, juillet 2022.

4. Statistiques du ministère de la Transition écologique, « L'empreinte carbone de la France de 1995 à 2021 ».

les investissements sur les secteurs et dans les régions où le rapport coût/efficacité est le meilleur en matière de réduction des émissions. L'Europe, tout en décarbonant son économie, doit aussi se demander comment soutenir les efforts qui sont réalisés ailleurs, en particulier dans le développement et le financement des infrastructures des pays en développement.

Un objectif prioritaire : réinventer l'énergie

Comment maintenir le niveau de développement acquis grâce aux précédentes révolutions industrielles tout en limitant les émissions de gaz à effet de serre ? Réussir cette transition exige de réinventer l'énergie, ce qui fait apparaître au moins trois enjeux.

Le premier est de décarboner la production d'électricité à l'échelle planétaire. Dans son rapport « Net zero by 2050 », l'Agence internationale de l'énergie propose un scénario permettant de limiter l'augmentation de la température mondiale à 1,5 °C. Dans ce scénario, la part des renouvelables dans le mix énergétique mondial devrait passer de 16 % de l'énergie totale produite en 2020 à 67 % d'ici à 2050[1]. Du côté de l'offre d'énergie, il faut investir massivement dans les énergies renouvelables et décarbonées (solaire, éolien, biomasse, hydrogène, nucléaire...) en accélérant leur déploiement mais aussi en investissant dans l'innovation.

Deuxième enjeu : repenser notre rapport à l'énergie. La diminution des émissions implique des politiques

1. Projection réalisée selon le scénario des politiques déclarées par les gouvernements ou Stated Policies Scenario (Steps). Agence internationale de l'énergie, « Net zero by 2050, a roadmap for the global energy sector ».

volontaristes afin de modifier la demande et les habitudes de consommation, que ce soit en utilisant des réglementations visant à limiter l'usage des énergies fossiles ou en utilisant le signal prix que fournirait l'introduction d'un prix du carbone.

Le troisième est de produire plus d'énergie. La demande d'énergie va continuer de croître, sous l'effet conjugué de l'augmentation de la population – 2 milliards d'habitants supplémentaires en 2050[1] – et du développement du niveau de vie dans les pays émergents. La transition énergétique exige donc de compléter la décarbonation de la production d'électricité, par une électrification des procédés industriels et des transports afin de réduire les émissions liées au pétrole et au gaz. Les scénarios de l'Agence internationale de l'énergie prévoient une augmentation de presque 20 % de la demande mondiale d'électricité entre 2019 et 2030. Il va falloir produire 4 500 térawattheures de plus, soit davantage que l'ensemble de la demande des États-Unis[2]. En France, le dernier scénario publié par l'entreprise RTE, le gestionnaire de réseau de transport français, réalisé à partir de la stratégie nationale bas carbone, anticipe une augmentation de la consommation électrique nationale d'au moins 35 % d'ici à 2050[3]. Cette estimation basse conduit à un niveau de consommation finale d'électricité de 645 TWh en 2050. Dans

1. Les dernières projections de la division de la population de l'ONU prévoient que la population mondiale atteindra 10 milliards d'habitants en 2050 contre 7,7 milliards aujourd'hui (World Population Prospects. The 2019 Revision).

2. Agence internationale de l'énergie, « World Energy Outlook 2020 », p. 105.

3. Selon l'étude de RTE, « Futurs énergétiques 2050 », p. 80.

ce scénario, la part de l'industrie manufacturière dans l'économie française resterait stable (entre 9 et 10 % du PIB), un niveau historiquement bas. Mais si l'on souhaite réindustrialiser le pays, à la fois pour des raisons économiques et environnementales, et ramener la part de l'industrie à un niveau voisin de celui du début des années 2000 (entre 12 et 15 % du produit intérieur brut national), il faudra produire plus pour répondre à une demande d'énergie supplémentaire de 107 TWh.

Cela implique aussi la transformation de l'ensemble de l'économie

Si elle porte en priorité sur l'énergie, la révolution à mener concerne l'ensemble des secteurs industriels.

Ceux de la chimie, de la sidérurgie, du ciment et du verre représentent à eux seuls plus de la moitié des émissions et une part importante de la consommation d'énergie de l'industrie. Ainsi la découverte de procédés concernant la production de ciment « vert » ou d'acier décarboné est un enjeu majeur.

Plus généralement, l'ensemble des filières et des *business models* doit être repensé. Dans le secteur des transports, les véhicules électriques exigent en aval le déploiement de bornes de recharge, mais aussi toute une activité de recyclage des batteries. En amont, les véhicules électriques dépendent de la production des batteries et des progrès réalisés dans la chimie des batteries. L'intégration d'une filière peut revêtir une importance stratégique pour conférer à un acteur un avantage comparatif durable et capter de la valeur ajoutée. Il est indispensable d'inscrire ces transformations dans des politiques industrielles globales.

La transition de chaque pays doit s'intégrer dans ses propres objectifs stratégiques et sociaux

La transition ne pourra avoir lieu sans un effort d'investissement considérable. Au plan mondial, le rapport Autonomous de septembre 2021 a estimé les besoins de financement de 3 à 5 trillions de dollars par an entre 2020 et 2050[1]. Cela équivaut à un niveau six à huit fois supérieur au montant actuel du financement vert, qui est de l'ordre de 600 milliards de dollars par an. Rien qu'en Europe, la Commission estime avec son Pacte vert européen le besoin annuel d'investissement supplémentaire à 100 milliards d'euros par an entre 2020 et 2030. Ces investissements doivent être réalisés dans les dix prochaines années dans les transports, la construction, les infrastructures et bien sûr dans le secteur de l'énergie.

Si l'ampleur des transformations à opérer pour la transition énergétique la rend comparable aux précédentes révolutions industrielles, elle diffère sur un point essentiel : elle ne crée pas de valeur d'usage supplémentaire pour le consommateur. On peut raisonnablement espérer qu'à moyen terme les efforts de recherche et d'innovation s'accompagnent d'avancées importantes dans différents domaines, mais pour l'heure la transition s'apparente davantage à un grand bouleversement à l'image de ce que pourrait dire Tancrède, le neveu du prince de Salina, dans *Le Guépard* : « il faut que tout change... pour continuer à vivre comme avant ! »

1. Rapport Autonomous, Global Banks, Climate Risk: The Green Growth Opportunity (septembre 2021).

Ce dernier point souligne l'importance de penser la transition à partir des contraintes sociales et géopolitiques, car ce sont elles qui vont en conditionner la réussite.

La dimension sociale en particulier va être un facteur déterminant. La transition exige d'importantes réallocations sectorielles en matière de ressources mais aussi d'emplois, qui devront être pilotées par la puissance publique. L'emploi doit être un « moteur de la décarbonation » plutôt qu'une « variable d'ajustement » comme le souligne le Shift Project, qui a effectué une modélisation de l'évolution de l'emploi engendrée par la transformation de l'économie[1].

La prise en compte de l'acceptabilité sociale soulève aussi la question des inégalités et de la répartition du coût de la transition. Il ne pourra être supporté *in fine* que par le consommateur, le contribuable et l'actionnaire. Il revient donc à la puissance publique de le répartir entre les différentes parties prenantes, ainsi que de veiller à l'équité entre les générations. C'est à cette condition que les efforts à entreprendre en faveur de la transition pourront être acceptés par les citoyens.

La transition énergétique est aussi au cœur d'enjeux géopolitiques majeurs. En tant que révolution industrielle, elle est le théâtre d'une compétition féroce entre les pays qui cherchent à s'affirmer comme les grandes puissances d'une nouvelle économie décarbonée. L'énergie étant un facteur clé du développement : on trouvera d'un côté des États qui réussiront leur transition et disposeront d'une énergie décarbonée à des prix compétitifs ; de l'autre des pays qui, incapables de

1. The Shift Project, « L'emploi : moteur de la transformation bas carbone », décembre 2021.

faire de l'énergie un avantage concurrentiel, subiront un déclin industriel et économique inéluctable.

Il s'agit également de se positionner de façon avantageuse dans les filières d'avenir, de disposer de la technologie ainsi que de sécuriser l'accès aux ressources, l'importance des matières premières croissant de jour en jour.

Il nous faut donc penser la transition sous un angle stratégique en définissant des « buts de guerre ». Pour la France, la transition peut avoir des conséquences décisives : en parvenant à réduire sa demande en énergies fossiles, elle réduirait d'autant sa facture énergétique et ses importations (de 30 à 50 milliards d'euros par an). D'autre part, le développement de secteurs industriels concurrentiels dans les domaines de la transition pourrait soutenir une industrie à l'exportation et refaire de la France une puissance industrielle. Cela participerait à un rééquilibrage de la position commerciale du pays et permettrait de créer de la valeur ajoutée sur le territoire qui pourrait être par la suite redistribuée.

Une nouvelle économie politique à mettre en place

La transition climatique comporte des dimensions multiples : emploi, industrie, financement, compétition internationale. Trois points retiennent l'attention : la rapidité des transformations à effectuer, la nature des enjeux industriels, et l'importance des transformations sociales à gérer.

Ces transformations ne peuvent être laissées au jeu naturel du marché. Pour répondre à ces défis, un rehaussement du rôle de l'État est nécessaire, mais si l'on veut réussir la transition l'ambition doit être plus large : il s'agit d'aligner les intérêts et les efforts de tous les acteurs de façon cohérente. L'objectif doit être de dessiner une nouvelle économie politique qui réponde aux objectifs de la transition, aux nouvelles contraintes posées par la maîtrise du climat.

La taxe carbone planétaire :
une réponse souhaitable mais impossible

L'économie, telle qu'elle s'est développée au cours des deux derniers siècles, était fondée sur l'idée que les ressources énergétiques et minières seraient toujours suffisantes, que la façon dont nous avons construit nos modes de production et de consommation n'avaient pas d'impact irréversible sur notre environnement, en particulier sur le climat.

Les travaux du Giec montrent sans équivoque que l'augmentation de la concentration du CO_2 dans l'atmosphère imputable aux activités humaines est le facteur majeur du réchauffement climatique. Dans une logique d'économie mondiale de marché, la réponse évidente serait de donner un prix à cette externalité, de le faire supporter aux agents économiques (entreprises et consommateurs) pour qu'ils ajustent leur comportement en conséquence. C'est la thèse développée par différents économistes, notamment Jean Tirole et Christian Gollier qui proposent une taxe carbone au niveau mondial[1]. Son produit serait affecté au financement

1. Jean Tirole, *Économie du bien commun*, Puf, 2016, p. 291 ; Christian Gollier, *Le Climat après la fin du mois*, Puf, 2019.

des investissements de la transition énergétique et à la compensation de son coût pour les populations les plus vulnérables.

Dans cette logique, le choix des investissements à réaliser serait déterminé en fonction du couple coût/efficacité en matière de réduction du CO_2. Cette solution est séduisante mais elle supposerait un accord mondial, ce qui n'est pas réaliste dans un contexte géopolitique caractérisé par une rivalité entre blocs et nations, où les stratégies de puissance déterminent les politiques climatiques. Cependant, dans le monde multipolaire qui se dessine, cet objectif doit être maintenu. La maîtrise du climat reste une cause universelle pour transcender les divergences et les contradictions entre pays au service d'un objectif commun.

Impossible au niveau planétaire, l'idée de la taxe carbone doit être conservée au niveau d'un pays ou d'une zone. Elle permettrait en effet de donner un puissant signal prix aux entreprises et aux consommateurs, et serait un moyen de financer les investissements à réaliser.

La taxe carbone devrait s'appliquer en particulier aux frontières du marché européen. Cela permettrait de préserver la compétitivité de nos produits face aux pays qui ne se sont pas donné un rythme de transition comparable au nôtre. Le risque est grand en effet d'émettre de moins en moins de CO_2 sur notre territoire national et en Europe, mais d'en importer toujours plus des pays dont l'économie a une forte intensité carbone. Il faut saluer les avancées récentes dans ce domaine. Début 2023, la Commission européenne, le Parlement européen et le Conseil de l'Union européenne se sont engagés sur la mise en place d'un mécanisme d'ajustement carbone aux frontières, destiné à fixer un prix carbone pour les importations de certains produits dans l'Union européenne.

Une logique d'économie de guerre qui nécessite l'alignement de l'État, des entreprises et du système financier

Réaliser la transition énergétique tout en l'insérant dans une stratégie d'autonomie et de compétitivité nécessite de modifier en profondeur le cadre de l'économie de marché telle qu'elle fonctionne aujourd'hui. Les contraintes externes, souveraineté, compétitivité, impact climat, deviennent les objectifs au sein desquels l'économie de marché doit s'inscrire. Ces contraintes devront prédominer dans l'allocation du capital sur les objectifs de rentabilité financière à court terme. Par certains aspects, cette approche s'apparente à celle qui prévaut dans une économie de guerre[1].

Cela appelle, en premier lieu, la réaffirmation de l'État comme acteur central de la transition, les grandes décisions à prendre relevant de politiques publiques.

Plusieurs figures de l'État sont ainsi convoquées. Celle d'abord de l'État stratège, dans toutes ses composantes : l'État financeur, l'État aménageur, l'État client par la commande publique. Celle de l'État régulateur ensuite. Cela concerne au premier chef les politiques de normalisation : les normes s'appliquant aux biens et services, les exigences d'isolation, de chauffage et de bilan carbone des bâtiments par exemple ou la

1. Anatol Lieven, *Climate Change and the Nation State*, Oxford University Press, 2020, voir notamment le chapitre 4 « Saving Capitalism from Itself ».

normalisation du *reporting* extrafinancier. L'État fiscal enfin, avec des outils puissants comme la taxe carbone et le marché carbone mais aussi la redistribution à destination des populations mises en difficulté.

La réussite de la transition exige ensuite une transformation du rôle de l'entreprise. Les entreprises ont à charge de concevoir et de mettre en œuvre des solutions technologiques capables de réduire les émissions de carbone, et de s'adapter aux conséquences du changement climatique. Jusqu'à présent, l'économie de l'entreprise était essentiellement fondée sur la gestion d'une ressource rare, le capital, au service des investissements les plus intéressants pour l'actionnaire. La constitution de prix du carbone ou de « budgets carbone » au sein des entreprises leur permettrait d'intégrer les émissions de carbone dans leur gestion globale. Les émissions de carbone seraient considérées, à l'instar de la trésorerie, comme une ressource rare qu'il faut utiliser avec parcimonie et à bon escient.

La transition exige enfin une évolution du rôle du système financier. L'ampleur des investissements à réaliser, leur durée et leur faible valeur d'usage nécessitent de remettre en cause les attentes des investisseurs en matière de rentabilité. Les critères de rentabilité actuels, notamment les rendements des fonds propres de 15 % par an, sont incompatibles avec les transformations à opérer. La transition énergétique exige de surcroît de concevoir de nouvelles solutions financières en lien avec l'État pour dégager les ressources adéquates.

Le retour de la planification

Cette nouvelle économie politique doit aussi disposer de nouvelles institutions chargées de la mettre en œuvre. Compte tenu de l'ampleur des mutations énergétiques et industrielles que nous devons conduire en dix ans, une planification concertée est indispensable. Elle doit permettre une co-construction de l'action de façon que les acteurs privés et publics partagent les mêmes diagnostics et s'engagent en faveur d'objectifs communs. La planification doit porter prioritairement sur l'évolution du mix énergétique ainsi que sur quelques grandes filières clés. Elle doit incorporer des éléments budgétaires et fiscaux, notamment en matière de soutien à la recherche. Le développement de nouvelles technologies réhabilite la politique des grands plans : le plan Hydrogène, que met en œuvre le gouvernement français depuis 2018, s'inscrit dans cette logique.

La planification peut également être un outil de mise en cohérence. Elle permet une vision à la fois multisectorielle et intertemporelle évitant les goulets d'étranglement ou les incohérences dans les décisions des acteurs. Cela est particulièrement important dans les secteurs vitaux comme ceux de l'énergie et des transports.

Le retour de la planification ne se limite pas aux sujets industriels et stratégiques. À l'image de ce qu'était le Plan dans les années 1960, il s'agit de promouvoir un lieu de concertation entre les différents acteurs pour permettre une transformation d'ensemble de l'économie. Le premier avantage que permet la planification est de fournir une vision d'ensemble aux différents acteurs de l'économie et d'articuler les initiatives individuelles avec les grands objectifs collectifs. Le plan est un facteur de cohérence et de lisibilité. C'est aussi un outil au service du dialogue social et des ajustements qui seraient nécessaires à l'échelle des territoires en matière industrielle. Le plan, en renforçant le dialogue entre parties prenantes, peut servir l'ambition de réindustrialisation du pays. À l'image des commissions de modernisation qui existaient dans la planification des années 1950 et 1960, des commissions pour la transition bas carbone pourraient ainsi voir le jour.

Une nouvelle discipline de marché

À partir de la fin des années 1970 s'est construite la discipline de marché imposée par les acteurs financiers aux entreprises : objectifs de rentabilité, normes comptables, normes de reporting et de gouvernance.

Avec la transition énergétique, la mission des entreprises se trouve *de facto* modifiée. Leur engagement dans les transformations exigées par la décarbonation de l'économie impose que se forme une discipline de marché alternative qui permette de gérer la nouvelle ressource rare que sont les émissions de carbone. Concrètement, il s'agit de bâtir un système comptable, des standards d'analyse, d'introduire l'objectif de mise en œuvre de la décarbonation à tous les échelons de la gouvernance de l'entreprise.

Les projets de reporting extrafinancier en cours d'élaboration au niveau européen (CSRD) comme sur le plan international (ISSB) vont dans ce sens. La modification des normes comptables et des standards d'analyse est nécessaire, mais elle nécessite de la part des investisseurs de mettre en cause les objectifs de rentabilité définis au milieu des années 1990.

Sans une évolution de la part des investisseurs, les entreprises risquent d'être soumises à des injonctions contradictoires les conduisant à arbitrer en faveur des objectifs de rentabilité financière, limitant de ce fait la portée des engagements climatiques et leur efficacité.

Réussir la transition énergétique nécessite que les entreprises qui relèvent de marchés véritablement concurrentiels s'inscrivent dans un nouveau cadre. Cela implique également de redéfinir les règles de fixation des prix, pour les secteurs qui relèvent de monopoles structurels. C'est le cas de la production d'électricité – en particulier d'origine nucléaire –, des grandes infrastructures de transport (rail, route) ou de la gestion de l'eau. En l'absence de véritable marché concurrentiel, la fixation des prix dans ces secteurs, qui par ailleurs structurent l'économie, doit être effectuée sur la base de calculs économiques différents et soumis à l'arbitrage politique.

Une politique monétaire adaptée aux enjeux

Compte tenu des montants considérables qui devront être engagés ainsi que du profil relativement particulier des investissements à réaliser (maturité très longue, rentabilité faible), le financement de la transition énergétique exige une mobilisation forte des acteurs publics.

Il leur revient de supporter une partie importante du coût du financement à long terme de la transition. Inscrire ces financements dans une longue durée est une nécessité compte tenu de la nature des investissements qui exige de « lisser » leur coût sur plusieurs générations. Néanmoins, la capacité d'emprunt des États est aujourd'hui fortement contrainte en raison des niveaux d'endettement actuels.

En complément de l'action publique, les banques centrales ont donc un rôle essentiel à jouer.

Dans le contexte actuel, celles-ci se sont engagées dans une normalisation de leur politique monétaire afin de contenir l'inflation. Pour soutenir l'effort de transition, elles pourraient toutefois, tout en poursuivant le resserrement en cours, adopter une politique plus souple en ce qui concerne le financement de la transition énergétique. Cela pourrait passer par la mise en place de programmes de rachat d'émission de dettes des États et des grandes entreprises dédiées au financement de la transition énergétique, que les banques centrales conserveraient dans leur bilan.

Prises ensemble, ces contraintes nous confirment que la réussite de la transition nécessite plus que de nouveaux objectifs : il faut un cadre neuf qui redéfinisse les rôles et les responsabilités des différents acteurs, en un mot une « nouvelle économie politique ». La transition énergétique ne peut être seulement gouvernée par les opérateurs de marché et la logique de rentabilité qui est la leur. Il revient en particulier à l'État d'imprimer une vision politique de la transition en fonction d'objectifs stratégiques, de considérations sociales et de questions de souveraineté dont il fixe l'importance. Ces contraintes vont conduire à réencastrer l'économie des pays dans le cadre de leur intérêt national.

La transition climatique, nouveau terrain de la compétition géopolitique des États

Les révolutions industrielles précédentes ont permis aux pays qui les ont réussies de devenir des puissances dominantes ; ce fut le cas successivement du Royaume-Uni et de l'Allemagne au XIXe siècle, puis des États-Unis au XXe siècle. Aujourd'hui à nouveau, par l'ampleur des transformations qu'elle requiert, dans l'énergie, dans l'industrie, la révolution industrielle issue de la transition énergétique a le pouvoir de redistribuer les cartes des avantages et de renverser bien des acquis. La transition énergétique est le nouveau terrain de jeu au sein duquel se joue la course à la puissance économique entre les États.

Tous les pays s'accordent sur l'importance de jouer pleinement le jeu de la transition, pour sauver le climat mais aussi pour se positionner avantageusement dans la nouvelle économie décarbonée afin d'en récolter le maximum d'avantages. Ce constat unanime cache de profondes divergences sur la façon dont les différents acteurs mettent en œuvre cette transition : tous n'utilisent pas les mêmes leviers, ni n'ont les mêmes priorités ou les mêmes choix en matière de mix énergétique.

Chine et États-Unis : une politique de la transition énergétique au service de la puissance

La Chine, plus qu'aucun autre pays, a su faire de la transition énergétique une opportunité stratégique pour renforcer son indépendance nationale et consolider sa puissance industrielle et technologique dans le face-à-face qu'elle mène avec l'Occident[1].

Depuis les années 2000, l'empire du Milieu a bâti sa croissance sur une utilisation massive des énergies fossiles, ce qui lui a permis de profiter du contexte favorable de la globalisation pour réaliser son décollage industriel en un temps record. Celui-ci a été rendu possible par les ressources abondantes en charbon dont dispose le pays et qui composent aujourd'hui 60 % de son mix énergétique[2]. En revanche, le pays est insuffisamment doté en gaz et en pétrole pour alimenter sa demande intérieure, et dépend des importations étrangères. Cette dépendance est vue, par Pékin, comme une faiblesse stratégique majeure.

La transition énergétique est donc envisagée par la Chine comme un moyen de réduire cette dépendance. Selon les scénarios de l'Agence internationale de l'énergie, les parts du solaire et de l'éolien dans la production totale d'énergie passeraient de 2 % à 24 % et de 1 % à 12 % d'ici à 2060. À cet horizon, la part de pétrole importée serait résiduelle (8 %), tout comme celle du gaz (5 %)[3]. Dans la réalisation de la transition, la Chine peut compter sur une industrie des renouvelables puissante dont elle contrôle l'ensemble de la chaîne de valeur. La production nationale représente 70 % du total mondial pour les panneaux photovoltaïques et plus de 30 % pour la production d'éoliennes. En complément, le pays développe un programme nucléaire dont il maîtrise désormais la technologie, la part de

1. Manfred Hafner et Simone Tagliapietra, *The Geopolitics of the Global Energy Transition*, Springer, 2020, p. 87.

2. Agence internationale de l'énergie, « An energy sector roadmap to carbon neutrality in China », p. 13.

3. *Ibid.*, p. 62.

l'énergie primaire produite par ce biais devant passer de 3 % à 14 %.

La Chine conçoit également la transition énergétique comme un moyen de consolider sa puissance industrielle. Pékin utilise tous les outils à sa disposition pour avantager ses entreprises, quitte à enfreindre les règles de l'Organisation mondiale du commerce. L'administration chinoise multiplie les subventions directes aux entreprises et pratique un dumping agressif pour éliminer les concurrents occidentaux tout en protégeant son marché intérieur. Cette stratégie a été employée avec succès dans le secteur photovoltaïque au cours des années 2000 ; elle est aujourd'hui appliquée à l'éolien.

Ce positionnement agressif sur les nouveaux secteurs fait partie d'un plan plus global de contestation des positions dominantes des acteurs occidentaux. Dans des secteurs comme l'automobile, la Chine veut capitaliser les avantages qu'elle tire de la transition énergétique pour se positionner comme un concurrent direct des grands constructeurs américains et européens. Distancés sur le moteur thermique, les constructeurs chinois Geely, Saic, BYD et GreatWall se lancent désormais à l'assaut du marché mondial des véhicules électriques. Ils peuvent compter sur l'expérience acquise sur un vaste marché domestique qui représente près de la moitié de la flotte de véhicules électriques au monde[1]. Le contrôle de la Chine sur la production mondiale des terres rares[2] ainsi que sa maîtrise de la filière des bat-

1. Manfred Hafner et Simone Tagliapietra, *The Geopolitics of the Global Energy Transition*, ouvr. cité, p. 84.

2. Jusqu'à récemment, la Chine contrôlait près de 97 % de la production mondiale de terres rares, notamment grâce aux participations des entreprises chinoises dans l'exploitation des mines en République

teries lithium-ion (la batterie représentant 40 % de la valeur ajoutée d'un véhicule électrique) sont de grands atouts pour ses constructeurs.

Avec la transition énergétique, la Chine poursuit sa montée en gamme et affirme sa volonté de puissance globale. Le pays s'est engagé à parvenir à la neutralité carbone, mais selon un calendrier qui correspond à ses intérêts propres afin de ne pas entraver son développement domestique et la conquête des marchés internationaux. La Chine atteindra la neutralité carbone en 2060, soit trente ans après l'Europe.

Face au défi stratégique que constitue la montée en puissance du géant asiatique, les États-Unis se mobilisent. La transition énergétique est une des composantes de la réponse américaine, une autre étant la technologie.

Sur le plan de l'énergie, le pays dispose d'atouts majeurs : à partir de 2008, il connaît, avec l'exploitation du gaz et du pétrole de schiste, une première révolution énergétique qui a considérablement renforcé la position stratégique du pays. Le retour des États-Unis, désormais autosuffisants et exportateurs d'énergie, comme puissance énergétique bouleverse de façon durable la géopolitique mondiale. Ils sont dans une situation de « domination énergétique », notion chère à l'administration Trump, traduisant le fait que le pays dispose d'une énergie domestique abondante et peu chère.

Cette abondance d'énergies fossiles explique, pour une part, le retard des États-Unis dans la transition énergétique, mais elle est aussi un atout de taille pour

---

démocratique du Congo (voir Valéry Niquet, « La Chine et l'arme des terres rares », *Revue internationale et stratégique*, 2011). Cette part est aujourd'hui redescendue à 70 %.

réduire les risques liés à la transition et servir d'appui aux ambitions industrielles et stratégiques de l'Amérique. De retour au pouvoir depuis l'élection de Joe Biden, les démocrates ambitionnent, avec le projet du Green New Deal et le plan Build Back Better, de transformer l'économie américaine pour créer une sorte de *fordisme décarboné*, conciliant prospérité nationale et soutenabilité écologique. L'Amérique cherche à enrayer son déclin, mettre fin à la désindustrialisation qui ronge le pays et fragilise sa société, à redorer son leadership à l'international et se relancer dans la compétition pour la suprématie économique et industrielle face à la Chine[1].

Le plan Build Back Better prévoit environ 400 milliards de dollars de financement direct et de crédit d'impôt sur dix ans pour permettre aux États-Unis de réduire leurs émissions de CO_2 de 40 % d'ici à 2030. Il cherche à soutenir les innovations de rupture, à accroître le potentiel technologique américain face aux pays asiatiques, et à relocaliser une partie de l'industrie sur le territoire américain. C'est notamment le cas en matière d'hydrogène, de développement de nouveaux procédés d'extraction du lithium, de stockage d'énergie ou de capture de carbone. Ces différentes mesures servent l'objectif de développer des filières complètes et autonomes sur le territoire américain, dans les secteurs de l'automobile, des batteries ou encore des renouvelables.

Pour s'assurer de l'acceptabilité sociale de ces mesures, l'administration Biden souligne les effets bénéfiques de la transition énergétique en matière d'emploi et de revenu. La politique du Green New Deal aurait créé

1. Voir notamment la « Stratégie de sécurité nationale de l'administration Biden-Harris », publiée par la Maison-Blanche en octobre 2022.

plus de trois cent cinquante mille emplois, stables et syndiqués, soit plus que pendant toute la décennie précédente. La transition est l'occasion de rebâtir un consensus social en récréant une classe moyenne mise à mal après trente ans de néolibéralisme. En ce sens, les États-Unis s'affirment aujourd'hui comme un laboratoire de la transition dans sa dimension industrielle et sociale.

L'Union européenne : des objectifs volontaristes mais un virage tardif vers des politiques industrielles

Qu'en est-il de la situation en Europe ? Alors même qu'elle s'est voulue leader en matière de transition énergétique, l'Union européenne n'est pas parvenue, jusqu'à présent, à développer une stratégie industrielle véritable en faveur de la transition. L'approche européenne a préféré aborder la transition sous l'angle de l'édiction de normes visant à transformer le marché unique.

Le continent ne dispose pas des ressources énergétiques abondantes dont bénéficient les États-Unis. L'Union dans son ensemble importe plus de la moitié de l'énergie qu'elle consomme. Une dépendance qui devrait encore s'accroître et passer à 60 % d'ici à 2030, malgré le déploiement des énergies renouvelables. Plusieurs commentateurs avaient souligné les dangers de cette situation en matière d'approvisionnent, jusqu'à ce que le déclenchement de la guerre en Ukraine montre que ces craintes étaient fondées[1].

Sur le plan industriel, l'Europe s'est fixé des objectifs contraignants en matière de réduction des émissions, de

1. Bruno Alomar, *Grandes Questions européennes*, LGDJ, p. 399.

transformation de l'économie et des modes de transport sans pour autant s'assurer du juste équilibre avec la défense de ses intérêts industriels et productifs. À titre d'exemple, la loi européenne sur le climat de 2021[1] a décrété l'interdiction de la commercialisation des moteurs thermiques d'ici à 2035 alors même que les constructeurs européens expriment leurs difficultés à affronter la concurrence venue d'Asie. Selon une étude McKinsey de juillet 2020, sur les cinq premiers constructeurs de véhicules électriques deux fabricants sont chinois, BYD et BJEV, numéros deux et trois mondiaux, derrière l'américain Tesla[2]. Les constructeurs chinois représentent à l'heure actuelle près de 25 % des parts de marché mondiales de la vente de véhicules électriques. En 2021, la Chine est devenue le second exportateur mondial de voitures, devant l'Allemagne. Les constructeurs chinois espèrent bénéficier du marché européen, peu protégé par les tarifs douaniers (environ 10 %) et dont les subventions à l'achat de véhicules ne sont pas réservées aux constructeurs produisant sur le sol européen comme c'est le cas en Chine ou aux États-Unis[3].

Dans ce contexte, le danger existe de voir la dépendance industrielle du continent s'accroître. En matière d'énergies renouvelables, la même loi a réaffirmé

1. Il s'agit d'un paquet législatif élaboré par la Commission européenne et soumis au Parlement européen dans le cadre de la procédure législative ordinaire. Ce paquet dit « Fit for 55 » vise à faire de l'Europe le premier continent neutre en carbone avec un réduction des émissions de gaz à effet de serre d'au moins 55 % en 2030 par rapport à leur niveau de 1990.

2. McKinsey Electric Vehicle Index: « Europe Cushions a Global Plunge in EV sales », 2020.

3. Frédéric Schaeffer, « La Chine bien placée pour devenir le numéro un mondial des exportations automobiles », *Les Échos*, 24 janvier 2023.

l'objectif de porter la part de production électrique issue des énergies renouvelables à 40 % du mix énergétique européen. Pourtant les producteurs de turbines éoliennes européens ne représentent que 3 % de la production mondiale contre 73 % pour la Chine[1].

Récemment, la Commission a fait évoluer sa position, formulant, avec le plan Batteries et le plan Hydrogène, les prémisses d'une politique industrielle à l'échelle du continent. La mise en place d'une taxe carbone aux frontières de l'UE, finalement adoptée en janvier 2023, est également bienvenue car elle pose la première pierre d'un édifice visant à protéger le marché intérieur et les producteurs européens d'une concurrence déloyale. Des déclarations encourageantes sont venues en appui de ces actions, notamment de la part de parlementaires européens comme Pascal Canfin qui se félicite d'une mobilisation conjointe des pouvoirs publics et des acteurs économiques[2].

Ce retard de l'Europe à convertir l'engagement qu'elle a formulé en matière de climat en actions concrètes en faveur d'une industrie décarbonée s'explique par plusieurs raisons.

La première d'entre elles concerne la faiblesse des compétences de l'échelon européen en matière de politique de l'énergie. Celle-ci est la prérogative des États membres, notamment en matière de mix énergétique et d'approvisionnement.

1. Denis Payre, *Le Contrat mondial*, First Éditions, 2021, p. 229.

2. Dans un entretien accordé au magazine *L'Express* du 26 janvier 2021, il déclare : « La bataille géopolitique et technologique pour la localisation des chaînes de valeur de l'économie décarbonée a démarré. Le moteur du changement pour ces entreprises, ce n'est plus “ce serait bien que nous limitions le réchauffement à 2 °C”, mais “je veux la techno chez moi”. »

L'absence de politique industrielle s'explique quant à elle par des divergences entre les États. Depuis le traité de Rome, en 1958, la Communauté européenne s'est construite à partir de l'idée d'un marché commun. La vision française d'une Europe de l'industrie portée par quelques grands champions positionnés sur les secteurs de pointe, dont Airbus est l'un des rares exemples, a été presque systématiquement rejetée par l'Allemagne[1] – qui a toujours privilégié une politique de la concurrence avantageant son tissu industriel de petites et moyennes entreprises tournées vers l'export.

L'omniprésence de la politique de la concurrence, au détriment de politiques industrielles, a conduit les instances européennes à surpondérer les intérêts du consommateur au détriment de la situation des producteurs européens. Le régime de contrôle des aides d'État défendu par la Commission freine bien souvent les possibilités offertes à ceux-ci de mettre en place des politiques industrielles, au motif qu'elles risqueraient de conduire à des distorsions de concurrence dans le marché intérieur.

Au nom de l'intérêt du consommateur, la Commission s'est lancée, à partir des années 1990, dans la libéralisation des marchés de l'énergie. Elle a encouragé le démantèlement et la privatisation de la plupart des entreprises publiques qui produisaient et distribuaient l'électricité et le gaz en Europe. Cette libéralisation s'est faite dans le seul but de réduire les prix pour le consommateur, sans considération particulière pour la souveraineté et la sécurité des approvisionnements. La

1. Voir ce qu'en dit notamment Bernard Esambert, ancien conseiller du président Georges Pompidou, dans son livre *Pompidou capitaine d'industries*, ouvr. cité, p. 167.

Commission défend encore aujourd'hui une approche de formation des prix fondée sur un marché concurrentiel, qui en réalité n'existe pas. Une position qui apparaît de plus en plus idéologique, alors que les résultats de cette politique sont décevants pour les consommateurs, ainsi que pour certains producteurs, en particulier ceux de l'industrie nucléaire française.

L'absence d'une politique de transition d'ensemble à l'échelle du continent montre ainsi qu'en réalité l'Europe n'a pas supprimé les désaccords et les rivalités entre les pays. Au contraire, elle les prolonge, les redouble jusque dans les couloirs des instances bruxelloises. L'exemple récent de l'exclusion, encouragée par l'Allemagne, de l'industrie du nucléaire, secteur clé pour la France, des premières discussions sur la taxonomie européenne, un texte visant à soutenir le financement des secteurs au service de la transition énergétique, en offre un exemple manifeste. Dans la transition comme ailleurs, l'Europe peut être un espace où naissent des coopérations fructueuses mais elle doit également être regardée avec réalisme : c'est un espace institutionnalisé où s'affrontent des visions et des stratégies parfois radicalement différentes. En matière d'énergie, l'Europe agit comme une caisse de résonance de la rivalité des États, de deux d'entre eux en particulier : l'Allemagne et la France.

L'Allemagne prise à contrepied

L'irruption de la guerre en Ukraine et la rupture avec la Russie ont pris à revers la stratégie de l'Allemagne en matière de transition énergétique. Le gouvernement a dû débloquer un fonds d'urgence de 200 milliards d'euros pour aider ses entreprises et ses citoyens à payer leur facture énergétique. La situation de l'Allemagne illustre les limites d'une transition énergétique audacieuse mais qui a échoué par négligence des aspects géopolitiques et stratégiques.

Au début des années 2000, l'Allemagne fait le choix de s'engager dans une politique de transformation profonde de sa façon de produire de l'énergie : l'« *Energiewende* ». Ce tournant énergétique visait à remplacer les énergies fossiles, notamment le charbon, par un mix composé de renouvelables et de gaz naturel. Au cœur de ce tournant, on retrouve un pari industriel : l'Allemagne souhaitait utiliser la transition énergétique sur son territoire pour soutenir l'émergence d'une nouvelle économie verte orientée vers la production de renouvelables. L'objectif étant de faire du pays une grande plateforme européenne de production d'électricité et d'infrastructures d'énergies renouvelables (solaire, éoliennes).

Le gouvernement Schröder, avec l'appui du parti écologiste présent dans la coalition, décide début 2000 une sortie progressive du nucléaire civil. Le pays met fin aux collaborations industrielles qu'il entretient avec la France. Siemens se désengage des activités de développement qu'il menait avec Areva pour la construction des réacteurs EPR de nouvelle génération[1]. L'accident de Fukushima, survenu en 2012, ne va faire qu'accélérer la sortie du nucléaire en dépit des inquiétudes portant sur la sécurité des approvisionnements énergétiques. Depuis, le pays a retiré tout soutien au nucléaire, y

1. « Rapport d'information du Sénat sur l'adéquation du traité Euratom à la situation et aux perspectives de l'énergie nucléaire en Europe », 1999, p. 32.

compris à l'échelle européenne, et voit dans les difficultés que rencontre la filière française la confirmation du caractère judicieux de ce choix.

Pour réaliser ce tournant énergétique, le pays profite notamment du contexte d'ouverture de l'après-guerre froide. Il se tourne vers la Russie qui cherche à exporter son gaz naturel. Le pari russe est dans un premier temps gagnant puisqu'il permet de fournir aux industries allemandes une énergie peu chère soutenant leur compétitivité par rapport à la concurrence française qui bénéficie des coûts de revient compétitifs des centrales nucléaires.

Mais à partir de 2015 les résultats de cette stratégie ne sont plus au rendez-vous. Les entreprises allemandes, productrices de solaire et d'éolien, ont été balayées par la concurrence chinoise. L'Allemagne, championne de l'ouverture économique et réticente à toute mesure de protection, n'a pas su mobiliser les outils appropriés pour défendre sa production nationale face à la politique active de dumping que Pékin a mise en œuvre[1]. Face à l'insuffisante production d'électricité domestique, le pays est contraint de rouvrir ses centrales à charbon pour maintenir sa production, et dépend de façon croissante des importations d'électricité venant de ses voisins.

Aujourd'hui, l'Allemagne est dans une situation énergétique précaire. Ce revers offre un démenti brutal à une stratégie qui a accordé davantage d'importance au prix de l'énergie qu'à la sécurité des approvisionnements, symptôme d'une puissance qui a survalorisé l'économique au détriment du géopolitique.

1. Denis Payre, *Le Contrat mondial*, ouvr. cité, p. 223.

La transition énergétique : une chance pour la France

La situation de la France dans la transition est bien différente. Grâce au plan d'investissement dans le nucléaire de 1973 décidé par Georges Pompidou, le pays bénéficie d'un système énergétique exceptionnellement favorable. Fondé sur le nucléaire civil et l'énergie hydraulique, ce système a permis d'avoir un coût de l'énergie très compétitif et une énergie décarbonée. La filière nucléaire française était en même temps un atout commercial et technologique pour le pays, regroupant des entreprises mondialement reconnues pour leur savoir-faire qu'elles exportaient dans le monde[1]. Dernier avantage, une fois les coûts fixes réalisés, la production d'électricité nucléaire se fait à un prix relativement insensible aux fluctuations de court terme et aux aléas géopolitiques[2]. La maîtrise de l'ensemble de la chaîne d'approvisionnement et les synergies avec la défense nationale font également du nucléaire civil une pièce centrale au service de l'indépendance nationale.

En 2000, alors que la part du charbon dans la production d'électricité représente 25 % en Allemagne, elle n'est que de 5 % en France[3]. Le nucléaire produit alors les trois quarts de l'énergie électrique du pays, le reste provenant de l'hydroélectricité (15 %) et des

1. Framatome sur l'îlot nucléaire, Alstom sur l'îlot conventionnel (alternateurs, etc.), et la Cogema, issue du CEA, portant le cycle complet du combustible, en charge du contrôle des activités minières, de l'enrichissement, du retraitement des combustibles usés et de la gestion des déchets (cité dans Cédric Lewandowski, *Le Nucléaire*, Que sais-je, 2021).

2. Rapport d'information du Sénat, ouvr. cité, p. 15, 40.

3. Agence internationale de l'énergie, octobre 2021.

fossiles (9 %). Ce mix énergétique confère à la France un niveau d'émission par kWh parmi les plus faibles au monde (5,5 fois moindre que l'Allemagne et 4,5 fois moindre que la moyenne de l'UE). Une fois le charbon remplacé par des énergies vertes, la France aurait pu se considérer comme l'un des tout premiers pays au monde à avoir réalisé sa transition énergétique. Encore eût-il fallu qu'elle continue d'investir dans son parc nucléaire.

Pourtant, une partie de la classe politique française ne l'a, historiquement, pas entendu de cette façon. L'écologie politique en particulier a fait de la sortie du nucléaire son principal cheval de bataille. Les majorités de gauche ont utilisé le nucléaire comme une monnaie d'échange pour obtenir le soutien électoral des Verts. Cela s'est produit pour la première fois en 1997, avec la décision du Premier ministre, Lionel Jospin, d'arrêter les expérimentations des réacteurs à surgénérateurs. Le projet Superphénix ambitionnait pourtant de constituer une filière nucléaire « durable » en faisant des déchets issus de la fission des réacteurs existants un nouveau combustible pour une nouvelle génération de réacteurs. Il sera abandonné une seconde fois en 2018, au moment de l'arrêt du projet Astrid, qui portait la même ambition.

En 2012, le gouvernement de François Hollande décide d'abaisser la part du nucléaire de 75 % à 50 % en l'espace de dix ans. Cette politique, consistant à fermer entre dix-sept et vingt centrales pour les remplacer par des renouvelables, a eu des conséquences très néfastes sur le réseau électrique français ; elle a réduit les surcapacités de production du pays, l'exposant à des tensions régulières sur son réseau, en particulier lorsque surviennent des appels de puissance. Cette politique a aussi contribué à décrédibiliser le nucléaire comme énergie d'avenir.

L'absence de boussole stratégique en matière de transition explique aussi l'incapacité française à défendre ses intérêts auprès des instances européennes[1]. Elle s'est laissé imposer, sous la pression de la Commission européenne et de l'Allemagne, une libéralisation du marché de l'électricité qui était contraire à ses intérêts. La position de monopole historique d'EDF, assujetti à la surveillance de l'État, permettait de pratiquer une tarification qui était satisfaisante pour le consommateur tout en préservant les capacités d'investissement à long terme de l'entreprise. Marcel Boiteux, dirigeant historique d'Électricité de France, aimait à dire que « les tarifs sont faits pour dire les coûts, comme les horloges pour dire l'heure ». La Commission européenne a pourtant considéré que le bas prix de l'électricité française et les surcapacités de production du pays entraînaient une distorsion de concurrence sur le marché européen. Le gouvernement français a alors ouvert le marché de l'électricité à la concurrence des producteurs de gaz et d'éolien ainsi qu'à des nouveaux opérateurs, uniquement chargés de la commercialisation. EDF étant alors contrainte de vendre l'électricité qu'elle produit à ces opérateurs, parfois à perte.

À cela il faut ajouter le système de tarification de l'électricité mis en place au niveau européen reposant sur une péréquation du prix marginal de gros, calqué sur le prix du gaz, alors même que le prix de l'électricité devrait être déterminé en fonction du prix de revient « sur longue période », comme l'avait établi Marcel

1. Voir notamment cette analyse : Marcel Boiteux, « Éclairer une assiette vide ? », *Commentaire*, n° 143, 2013/3.

Boiteux[1]. Un tel système de tarification pouvait servir les intérêts de l'Allemagne et des autres pays utilisant le gaz, leur permettant de se mettre à l'abri de la concurrence d'autres modes de production en cas de hausse des prix, mais certainement pas ceux de la France.

Prises ensemble, ces évolutions ont entraîné un affaiblissement de la filière avec à la clé des investissements insuffisants ainsi qu'une perte de talents et de savoir-faire. Le succès de la filière nucléaire française reposait sur la maîtrise de compétences technologiques de pointe, sur une standardisation des réacteurs et des procédés permettant une réduction drastique des coûts et une intégration de la filière de l'extraction au recyclage des déchets.

Ces avantages se sont progressivement érodés, mais un retour en force est possible. Cela exige de retrouver les éléments qui ont fait le succès de la filière, notamment le retour de la planification ainsi qu'une mobilisation de l'ensemble des acteurs. L'État et les entreprises doivent œuvrer de concert autour d'un objectif commun : redoter la France d'infrastructures énergétiques pour assurer son indépendance mais aussi pour participer aux efforts mondiaux en faveur de la transition.

Les annonces faites en février 2022 par le gouvernement français pour augmenter le parc nucléaire sont un tournant majeur. Il en est de même de la création d'un ministère de la Transition énergétique et d'un ministère de la Transition écologique. La France s'est enfin dotée

1. Jean-François Picard, Alain Beltran et Martine Bungener, *Histoire de l'EDF : comment se sont prises les décisions de 1946 à nos jours ?*, Dunod, 1985, p. 147-158.

d'une stratégie et d'une architecture gouvernementales permettant de mettre en œuvre efficacement les transformations à opérer. Le pays devra faire valoir ses intérêts stratégiques dans les débats européens, notamment sur la question du nucléaire.

Dans le nouveau jeu qui se dessine, la France possède encore d'autres atouts : sa longue façade maritime qui permet le développement de l'éolien offshore, en particulier flottant, et son climat méridional qui favorise le développement du solaire. Il faut aussi mentionner le niveau de sa recherche et de ses ingénieurs, la présence de groupes de taille mondiale, à la pointe dans les domaines des énergies d'aujourd'hui et de demain, TotalEnergies, EDF, Engie, Air Liquide, soutenus par de nombreuses entreprises industrielles ou de services.

L'avenir reste donc ouvert. Les objectifs de la France doivent être clairs : il faut concilier croissance économique et défi climatique ; assurer la sécurité d'approvisionnement énergétique du pays tout en augmentant son indépendance énergétique ; utiliser la transition écologique comme levier pour réindustrialiser l'économie française. Réindustrialiser en France permettrait non seulement de recréer des emplois stables et rémunérateurs dans les territoires, mais également, grâce à la performance de notre système énergétique largement décarbonné, de réduire les émissions de carbone à l'échelle planétaire. Pour un pays comme la France dont la production de CO_2 est faible relativement aux autres, dont un tiers de l'empreinte carbone provient des importations, transition énergétique et réindustrialisation sont deux objectifs stratégiques qui se confondent.

3

Capitalisme : le temps de la réforme

« Il faut surtout comprendre comment notre monde a changé subrepticement de modèle : il a glissé, depuis deux décennies, vers un paradigme étrange, celui où l'essentiel de l'activité économique se traduit désormais par la hausse des valorisations d'actifs financiers au détriment de la croissance des revenus salariaux et de l'investissement productif. Si nous laissons ces dérives se poursuivre, sans changer les fondements mêmes du système, nous continuerons à perdre en compétitivité, en productivité, à accroître les inégalités sociales et à obérer le destin de nos petits-enfants. »

Jacques de Larosière,
En finir avec le règne de l'illusion financière, Odile Jacob, 2022.

Il existe un troisième élément de la grande reconfiguration dont nous sommes les témoins : la crise du capitalisme financier. Elle connaît plusieurs expressions.

En premier lieu, l'essoufflement économique d'un modèle incapable d'orienter les économies sur une trajectoire de croissance reposant sur des bases solides. En témoigne la hausse spectaculaire de l'endettement qui avoisine aujourd'hui le chiffre de 300 trillions de dollars, soit 350 % du PIB mondial[1]. Cet endettement, qui a conduit à la crise de 2007, s'est poursuivi par la suite, rendant le capitalisme financier dépendant des béquilles extérieures que sont les interventions des banques centrales et des États.

En second lieu, la multiplication des crises politiques et sociales traduit les limites du modèle. Le système parvient de moins en moins à concilier, dans le monde occidental, ses objectifs de rentabilité avec la prospérité des sociétés. Il en est de même pour les enjeux environnementaux.

Plusieurs auteurs, en particulier Patrick Artus et Jacques de Larosière, ont décrit comment le capitalisme financier conduit à la fois à une montée des inégalités et un affaiblissement des capacités productives[2].

Pour en trouver les causes profondes, il faut revenir sur la mutation qu'a opérée le capitalisme, à la fin des années 1970. La financiarisation de l'économie qui se produit alors n'est pas seulement un changement de degré mais un changement de nature. La financiarisation traduit un bouleversement dans les rapports de pouvoir entre acteurs économiques. Une nouvelle économie politique, dominée par une fraction du secteur financier, explique les déséquilibres que nous constatons aujourd'hui.

1. Voir annexe 5.

2. Jacques de Larosière, *En finir avec le règne de l'illusion financière*, Odile Jacob, 2021, et Patrick Artus et Marie-Paule Virard, *La Dernière chance du capitalisme*, ouvr. cité.

Des tentatives pour réformer le capitalisme financier sont en cours. Elles se formulent notamment à partir de l'investissement responsable ou de la responsabilité sociale et environnementale de l'entreprise. Elles cherchent à réformer le capitalisme financier en remettant la responsabilité au cœur du système. Mais ces démarches sont-elles suffisamment efficaces pour répondre aux déséquilibres engendrés par ce modèle sans toucher à la racine du problème, à savoir l'équilibre des pouvoirs entre les marchés financiers d'une part et l'État et les entreprises d'autre part ? Les enjeux de la transition énergétique comme les contraintes géopolitiques ne vont-ils pas conduire à des transformations plus radicales ?

Le capitalisme financier comme économie politique

La prise du pouvoir par les marchés financiers : une révolution dans le capitalisme

À l'aube des années 2000, Claude Bébéar, patron d'Axa dont il a fait un leader mondial du secteur de l'assurance, figure emblématique de l'establishment français, se confie à Philippe Manière dans *Ils vont tuer le capitalisme*[1].

C'est le récit de la découverte par Claude Bébéar de la révolution du capitalisme, révolution qui, selon lui, le met en péril. Il montre comment le capitalisme financier se démarque de la figure précédente du capitalisme où l'investisseur, l'actionnaire venaient en appui des projets

1. Philippe Manière et Claude Bébéar, *Ils vont tuer le capitalisme*, Plon, 2003.

de l'entrepreneur. Ce dernier avait la main, et les banquiers d'affaires, les apporteurs de capitaux s'inscrivaient dans le projet qu'il portait. L'entrepreneur auquel Claude Bébéar s'identifie prend conscience qu'il n'est plus le seul maître pour définir la stratégie de l'entreprise. Celle-ci devra s'inscrire dans les référentiels définis par les marchés financiers. Le pouvoir est d'abord dans les mains des actionnaires qui eux-mêmes ont changé de nature.

Les banques traditionnelles étaient des « utilités » au service des entreprises. Elles font place à des acteurs financiers, devenus les gouverneurs de l'économie, dictant leurs objectifs de rentabilité, et instituant leurs normes comptables et de gouvernance, fixant ainsi ce que l'on appelle désormais « la discipline de marché ».

– Les racines du régime néolibéral

Que s'est-il passé ? Quels sont les acteurs clés du régime économique et financier qui se met en place au début des années 1980 ? Quelle est sa logique de fonctionnement ?

La genèse de cette révolution se situe dans les années 1970. Les difficultés économiques et géopolitiques que connaissent les États-Unis durant cette période conduisent à deux évolutions majeures. La première est d'ordre macroéconomique et monétaire, lorsque en 1971 le président Richard Nixon décide de mettre fin au système de Bretton Woods qui régentait le système économique international de l'après-guerre.

En suspendant la convertibilité de sa monnaie, Richard Nixon la libère des contraintes d'ajustement qui pesaient sur les États-Unis en cas de déficit trop important. À partir de cette date, les États-Unis vont pouvoir s'endetter sans contrepartie en abusant du statut du dollar, seule monnaie de réserve internationale.

La fin de Bretton Woods, en organisant le passage des changes fixes aux changes flottants, s'accompagne d'importantes fluctuations sur les marchés internationaux, libérant la spéculation sur les monnaies. Ces fluctuations concernent d'abord les marchés des changes et alimentent une demande nouvelle en produits dérivés de couverture qui va s'étendre par la suite à l'ensemble des marchés de capitaux. Ainsi naissent les produits dérivés qui sont devenus par la suite des instruments prépondérants.

La seconde évolution est d'ordre politique. Ronald Reagan accède à la Maison-Blanche avec un programme de rupture de l'équilibre politique existant entre les trois *big* : *big government*, *big busine*ss, *big labor*. « L'État n'est pas la solution, c'est le problème. » Les syndicats sont mis au pas comme en témoigne l'épisode du licenciement de l'ensemble des salariés d'American Airlines. Au Royaume-Uni, Margaret Thatcher applique une politique similaire.

Au capitalisme industriel reposant sur une forme d'entente entre l'État, les entreprises et les salariés va se substituer un système dominé par la sphère financière qui elle-même va changer de nature.

Ce modèle a une référence intellectuelle : Milton Friedman, notamment son livre *Capitalisme et liberté*, qui promeut une économie politique néolibérale et porte une vision de l'entreprise et de l'équilibre des pouvoirs opposée à celle qui prédominait pendant les Trente Glorieuses. Le rôle de l'entreprise est de servir ses actionnaires en dégageant des profits. La responsabilité sociale des entreprises s'arrête là. Pour autant, Milton Friedman reconnaît un rôle clé à l'État pour faire respecter la loi et les règles du marché, agir contre les monopoles, et assurer les fonctions publiques notamment en matière d'éducation et de lutte contre la pauvreté[1].

La suppression du monopole syndical doit permettre de favoriser la mobilité de l'emploi des entreprises sous-performantes vers les entreprises performantes. La déréglementation du marché du travail doit permettre aussi de réduire le chômage structurel, en évitant que les salaires d'équilibre soient anormalement élevés. Enfin, la libre circulation des capitaux permet d'allouer l'épargne mondiale là où elle est le plus efficacement utilisée.

Bien que partisan de la déréglementation de l'économie, Milton Friedman est soucieux de protéger l'indépendance des banques centrales, en particulier de l'influence politique. Il y a dans son esprit une séparation claire des rôles entre les États et le marché. C'est une pensée plus équilibrée que les présentations sommaires qui ont été faites tant par ceux qui sont dans la critique frontale du capitalisme que par les néolibéraux qui n'en retiennent qu'une composante, l'objectif de profit de l'entreprise quitte à escamoter le rôle de l'État.

– La mutation du système financier

Jusqu'aux années 1970, aux États-Unis, l'essentiel de l'économie est financé par les banques, qui conservent dans leurs bilans les crédits qu'elles portent. Les marchés financiers sont principalement des marchés d'actions. C'est le cas de Wall Street, où les actionnaires

1. Milton Friedman, *Capitalisme et liberté*, ouvr. cité, p. 16.

individuels occupent une place importante à côté des investisseurs institutionnels.

Les banques d'affaires, en nombre limité, interviennent dans les opérations de fusions-acquisitions, qui au demeurant sont peu nombreuses. En quinze ans, à partir du début des années 1980, tout va changer. Le nombre de fusions-acquisitions annuelles dans le monde est passé de 2 676 opérations pour un montant total de 347 milliards d'euros en 1985 à 50 000 opérations pour un montant de 3 900 milliards d'euros en 2017[1]. Les banques d'affaires traditionnelles deviennent des banques d'investissement qui vont assurer une partie croissante du financement des entreprises en plaçant les titres qu'elles émettent (obligations, actions) directement soit auprès des investisseurs (fonds de pension notamment), soit auprès de gestionnaires d'actifs. Cette nouvelle catégorie d'acteurs financiers qui émerge gère les fonds pour le compte des investisseurs. Ces gestionnaires, ce sont des acteurs spécialisés sur une classe d'actifs (Fidelity pour les actions par exemple), des « hedge funds » qui sont des arbitragistes du marché, ce sont enfin les fonds de « private equity », qui ne vont cesser de monter en puissance.

Grâce l'abrogation du Glass Steagall Act en 1999 (après un lobbying puissant de plus d'une décennie), les banques d'investissement vont élargir leur spectre d'intervention, concurrencer les banques traditionnelles, voire les absorber. Le système financier se transforme ainsi pour devenir *de facto* un oligopole qui va dominer la sphère financière aux États-Unis, puis au niveau mondial. Les principales banques d'investissement sont

1. Pierre-Yves Gomez, *L'Esprit malin du capitalisme*, ouvr. cité, p. 28.

presque toutes américaines. Dans la gestion d'actifs, parmi les dix premiers acteurs, un seul n'est pas américain[1]. Quant au secteur du *private equity*, la position américaine y est encore plus hégémonique.

Ces acteurs, banques d'investissement et gestionnaires d'actifs, acquièrent un pouvoir considérable sur les entreprises, car non seulement ils maîtrisent l'accès à leur financement, mais ils contrôlent également leur actionnariat et leur gouvernance. Ils vont remodeler l'ensemble de la vie économique en imposant de nouveaux objectifs, de nouveaux référentiels, et un ensemble de règles – « la discipline de marché » – qui s'imposeront aux entreprises, puis aux États.

Alors que le capitalisme fordiste permettait aux entreprises de s'inscrire dans le long terme, le nouveau modèle va les orienter dans des horizons court-termistes alors même que l'épargne qui les finance est pour l'essentiel une épargne longue, celle des retraités.

Pourquoi cette distorsion ?

Tout d'abord parce que les gestionnaires d'actifs sont en concurrence pour collecter les fonds des investisseurs. Leurs performances sont évaluées chaque trimestre voire chaque mois. Ce qui importe donc, c'est leur capacité de dégager à court terme des performances supérieures à celles des indices et de leurs concurrents.

Ensuite parce que les banques d'investissement nourrissent leur profitabilité avec le volume des transactions et la volatilité des marchés. Les marchés de capitaux vont écrire la partition du développement économique. C'est la montée en puissance de Wall Street.

1. Amundi, filiale du Crédit agricole, se situe au huitième rang mondial.

Les banquiers d'investissement, les traders, les gérants de *hedge funds* deviennent les grandes références non seulement de la sphère financière mais aussi de la sphère économique. « Les Mozart de la finance » supplantent ainsi les ingénieurs. Une nouvelle idéologie, de nouveaux instruments financiers et de nouvelles règles se mettent en place.

« La création de valeur pour l'actionnaire » au sens boursier du terme devient l'objectif central assigné à l'entreprise. Alors que dans le modèle fordiste la performance financière était perçue comme la résultante d'une performance économique mesurée à travers l'innovation produits, les investissements dans les outils industriels, la nouvelle doctrine fait de la performance boursière l'objectif central.

De nouveaux instruments de mesure sont créés : le « total shareholder return » (TSR) devient l'alpha et l'oméga de l'évaluation des performances. Un rendement des fonds propres minimal de 15 % est exigé des entreprises, ce qui représente au moment où ce critère est introduit deux fois le taux sans risque (celui des emprunts d'État).

Ces objectifs financiers vont surdéterminer les stratégies d'entreprise et devenir le critère principal de rémunération des dirigeants.

En parallèle, de nouveaux instruments financiers sont créés : les produits dérivés. Le point de départ est le marché des matières premières de Chicago, où se sont créés au début des années 1980 les premiers instruments à terme. Ils se généralisent rapidement aux marchés actions, aux marchés obligataires, et plus globalement aux marchés de taux et de crédit. Au démarrage de ces activités, les instruments sont échangés sur des marchés organisés comme le Liffe à Londres, ou le Matif pour la France, mais progressivement la part échangée sur les marchés de gré à gré deviendra dominante. « Futures », options, « swaps » sont alors les produits emblématiques de la nouvelle sphère financière. Leur création est saluée par les opérateurs de marché comme des innovations financières majeures qui permettent aux entreprises de se protéger contre la variation des cours de change ou des matières premières, des taux d'intérêt. La réalité est tout autre : les transactions sur ces instruments sont, pour l'essentiel, effectuées au sein de la sphère financière. Ces produits permettent de spéculer avec un effet de levier considérable par rapport aux actifs financiers traditionnels et de ce fait sont un facteur d'accroissement de la volatilité des marchés, créant ainsi le résultat inverse de celui qui était annoncé.

Le régime qui se met en place a aussi besoin de nouvelles normes comptables. La vision de l'entreprise change par rapport à ce qu'elle était dans le capitalisme fordiste : elle n'est plus une institution qui rassemble des actifs humains et matériels que l'on doit gérer dans une perspective de développement à long terme, elle devient un actif financier que l'on peut redimensionner, démembrer et échanger à tout moment. La comptabilité évolue pour refléter ce nouvel état de fait. Les normes comptables traditionnelles étaient fondées sur le coût historique. Elles visaient à donner une image de la performance économique de l'entreprise (compte de résultats), de sa situation patrimoniale (bilan). Les nouvelles normes sont fondées sur la *fair-value*, c'est-à-dire la valeur à laquelle un actif peut être acheté ou vendu. L'idée sous-jacente est que la comptabilité doit d'abord répondre à l'objectif de valoriser au mieux l'entreprise dans une optique de revente, en totalité ou par morceaux. Ces nouvelles normes se veulent universelles et applicables quel que soit le secteur d'activité. Les entreprises sont ainsi virtualisées, transformées en instruments financiers pouvant être négociés[1]. Bénéficiant de l'essor des technologies de gestion des systèmes d'information, les marchés financiers vont surplomber et encadrer l'activité économique.

Les marchés financiers deviennent alors le centre du village économique global diffusant leurs concepts et leurs référentiels dans l'ensemble des entreprises. Dans leur essor, les marchés financiers se nourrissent de narratifs qu'ils produisent et dont ils s'alimentent. En prenant le contrôle de l'économie, les acteurs financiers, banquiers d'investissements, gestionnaires d'actifs, analystes financiers, produisent de nouveaux discours qu'ils imposent au reste des acteurs de l'économie.

Vient le temps des « pure players », qui poussera à l'éclatement les conglomérats supposés destructeurs de valeur boursière – ce qui sera à l'origine de la stratégie mise en œuvre dans les années 1990 par Serge Tchuruk, le nouveau patron de la Compagnie générale d'électricité (rebaptisée Alcatel), avec le succès que l'on sait.

On découvre aussi le concept de *big is beautiful*, qui pousse aux opérations de croissance externe et de fusions, alors que selon plusieurs études – notamment publiées dans la très sérieuse *Harvard Business*

1. Jean-François Casta et Bernard Colasse, *Juste valeur/Enjeux économiques et politiques*, Economica, 2005, p. 47 et 179.

Review – plus d'une fusion sur deux est un échec économique[1].

Chaque entreprise se doit d'avoir un « business model » qui s'inscrit dans les thématiques du moment produites par les banques d'investissement. *Tell me the story* est la question fétiche des analystes financiers aux dirigeants d'entreprise lors de leurs roadshows.

Ces narratifs concernent non seulement les entreprises mais également des secteurs pris dans leur ensemble. C'est ainsi qu'au début des années 2000 on va voir fleurir la thèse selon laquelle les banques en ligne doivent supplanter les banques traditionnelles. Celles de ces banques ayant survécu se comptent sur les doigts d'une main.

Le même narratif est utilisé aujourd'hui avec les « fintechs », dont un grand nombre connaîtra, sans doute, le même sort que les banques en ligne. Des mots à la mode surgissent : la « tech », le big data, la blockchain, le bitcoin. Les entreprises sont sommées de se positionner et de s'adapter ou, pour les plus avisées, de faire croire qu'elles s'adaptent à ces nouveaux totems.

Les capitaux sont ainsi investis non plus en fonction de performances économiques avérées mais sur la base d'espérances de gains aléatoires. L'essentiel est de s'inscrire dans le « narratif » dominant.

– La discipline de marché

Les marchés financiers vont ainsi progressivement prendre le pouvoir sur les entreprises, cotées d'abord, puis ensuite sur le secteur non coté via les fonds de

1. C.M. Christensen, R. Alton, C. Rising, A. Waldeck, « The new M&A playbook », *Harvard Business Review*, 2011.

private equity dont les exigences de rentabilité sont identiques (TRI de + 15 %) avec toutefois un horizon d'investissement plus long (cinq à sept ans).

La discipline de marché s'exerce de plusieurs façons. En premier lieu, grâce à l'alignement des rémunérations des dirigeants sur les objectifs de rentabilité et de création de valeur boursière.

En deuxième lieu, par les analystes financiers et les agences de notation, qui, trimestre après trimestre, scrutent les performances des entreprises, les comparent à celles des concurrents et recommandent d'acheter ou de vendre les actions de la société. Celles qui ne répondent pas aux attentes voient leur cours baisser, ce qui les expose à la sanction ultime, l'OPA hostile.

En troisième lieu, par le biais de la « corporate governance » : cela passe par le renforcement du poids des administrateurs indépendants dans les conseils d'administration, ou encore le rôle accru des agences de vote (proxys) dont les plus importantes sont toutes américaines et qui exercent une influence majeure sur le vote des actionnaires lors des assemblées générales. L'équilibre antérieur entre les entreprises et les marchés financiers est ainsi bousculé.

– *Lex mercatoria* et *Lex Republica*

La globalisation telle qu'elle s'est déployée à partir du début des années 1990 est à la fois une économie-monde, et un ordre économique et financier. C'est aussi la manière dont les États-Unis ont poursuivi leur stratégie de puissance à partir du moment où, avec l'effondrement de l'URSS, ils se sont trouvés sans rival stratégique.

La globalisation est un ordre qui met le pouvoir économique et plus encore financier au poste de commandement. C'est en quelque sorte l'utopie d'un régime universel des « marchands[1] ». À travers l'utopie de la liberté de commerce et des flux humains, du partage des valeurs, les États-Unis poursuivent leur propre dessin messianique comme si « le village sur la colline » allait, grâce à la finance, s'étendre au monde entier. La politique semble avoir disparu, mais c'est par l'économie que se fait d'abord la politique, plutôt que par les moyens militaires ou diplomatiques.

Un des éléments de cette stratégie est la montée en puissance, voire la prééminence de la loi des marchands sur la loi des États, sommés de la mettre en œuvre dans leurs pays en fonction de leurs caractéristiques propres.

La *lex mercatoria* est le pendant normatif de ce nouvel ordre[2]. Elle désigne les principes et les règles qui vont organiser la vie économique et les échanges dans l'économie-monde, dans le village global que décrit Marshall McLuhan.

La conception de ces règles est effectuée dans la sphère privée, charge aux États de les mettre en œuvre dans leurs pays respectifs. L'exemple des normes comptables internationales est éclairant. Au début des années 2000, deux démarches parallèles furent conduites pour les adapter : un projet de réforme initié par l'Union européenne, un projet concurrent par un organisme privé – l'International Accounting Standards

1. À l'âge classique, le terme de marchand désignait le monde du négoce.

2. Agnès Lejbowicz, *Philosophie du droit international*, Puf, 1999, chapitre 3.

Board (IASB) – sous très forte influence américaine. L'issue en fut l'adoption par l'Union européenne des normes IAS, celles-ci étant ensuite transposées dans le droit de chaque État membre. Cet organisme privé se voyait ainsi confier le pouvoir de normalisation comptable.

La *lex mercatoria* désigne également l'ensemble des règles dont conviennent de concert acteurs privés et publics pour organiser les échanges commerciaux et les marchés financiers. Acteurs privés et publics sont, de fait, placés au même niveau, les premiers ayant dorénavant la possibilité de se porter en justice contre un État dont ils considèrent qu'il ne respecte pas ses engagements.

Ces normes sont formulées par des traités internationaux (en particulier ceux qui régissent le fonctionnement de l'OMC), mais aussi régionaux (l'Alena, le Mercosur) ainsi que des organisations de coopération comme l'OCDE. Elles deviennent ensuite du « droit dur » dans les législations nationales, ou dans le contexte européen via les directives communautaires.

Un capitalisme financier qui prospère grâce à la globalisation et l'endettement à partir des années 1990

Le capitalisme financier a eu deux moteurs principaux de développement : la globalisation et la progression de l'endettement par la création monétaire.

Ce type de capitalisme se met en place aux États-Unis dans les années 1980. Il prend son plein essor avec l'effondrement de l'URSS, qui crée une situation inédite dans l'histoire du monde : l'hégémonie d'une seule puissance.

Le modèle va pouvoir se déployer dans l'ensemble des pays émergents, en particulier en Chine, qui en reprend l'essentiel tout en l'encapsulant dans un État puissant, contrôlé par le Parti communiste. La Chine et les autres pays émergents d'Asie (Vietnam, Malaisie, Inde...) vont être un formidable relais de croissance et de rentabilité.

Ils apportent d'une part une main-d'œuvre peu coûteuse, d'autre part des débouchés supplémentaires considérables. Le traité de l'Alena et l'entrée de la Chine dans l'OMC traduiront cette volonté de créer une économie mondiale qui fonctionne avec les mêmes règles du jeu.

Depuis le début des années 1990, plus de deux milliards d'habitants sont intégrés dans cette nouvelle économie globale, à la fois comme travailleurs et comme clients, sortant ainsi de la pauvreté. Le monde connaît une croissance exceptionnelle, le PIB global faisant plus que quadrupler entre 1990 et 2021[1], ce qui n'était jamais arrivé dans l'histoire de l'humanité.

Certes ce redéploiement s'accompagne dans les pays développés (États-Unis et Royaume-Uni mais aussi France) d'un affaiblissement des classes moyennes. Cela est présenté comme un effet collatéral regrettable mais nécessaire au regard du panorama global.

Dans un pays comme la France, l'État social s'efforce de limiter les conséquences négatives de ce nouvel ordre, en intervenant sous diverses formes : allocations chômage, création du revenu de solidarité

1. Voir chiffres de l'annexe 2.

active, emplois publics, financés par la hausse de l'endettement public.

Du début des années 1990 à la crise de 2007, le capitalisme financier va fonctionner dans un environnement exceptionnel.

D'abord, une faible inflation des biens de consommation grâce à l'importation de produits finis ou semi-finis de Chine et des pays émergents constituant un puissant facteur de désinflation. Ensuite, une baisse continue des taux d'intérêt grâce aux politiques monétaires accommodantes des banques centrales qui, peu ou prou, sont les mêmes.

La baisse des taux d'intérêt permettait de rendre soutenable la progression continue de l'endettement des ménages et des États et de gonfler la valeur boursière des entreprises et, plus généralement, celle de l'ensemble des actifs.

La croissance de l'endettement public et privé soutenu par la création monétaire ont été des adjuvants puissants au développement du capitalisme financier et à l'atteinte des objectifs de rentabilité qu'il s'était donnés.

Cet environnement monétaire a été aussi un puissant facteur de creusement des inégalités. D'une part il favorise les détenteurs de patrimoine, d'autre part il renchérit le coût de l'accès à des biens essentiels tels que l'immobilier.

Crise et limites du modèle

La crise de 2007

Début 2007, le modèle du capitalisme financier globalisé est à son apogée. Depuis quinze ans, la croissance économique mondiale annuelle est exceptionnelle. Les valorisations boursières sont au plus haut : le CAC40 qui stagnait en dessous des 2500 points jusqu'au milieu des années 1990 franchit en mai 2007 la barre de 6000 points. À Wall Street, la capitalisation du secteur financier est au plus haut.

La crise financière qui démarre mi-2007 et culmine avec la faillite de Lehman Brothers, en septembre 2008, marque un tournant majeur. Il faudra l'intervention massive des États et des banques centrales pour empêcher le système financier de s'écrouler et de plonger le monde dans une dépression économique sans précédent.

La crise a pour origine l'excès d'endettement public et privé accumulé au fil des années pour doper la croissance et les valorisations boursières. Les subprimes, ces crédits immobiliers hautement risqués, en furent l'épicentre. Mais d'autres produits, comme les prêts LBO notamment, auraient pu jouer le même rôle.

C'est aussi une crise du défaut de régulation. La vitesse à laquelle se sont développés les marchés financiers n'a pas permis que se mettent en place une régulation et une supervision adaptées qui auraient pu les encadrer efficacement.

L'idéologie dominante était au contraire qu'il ne fallait pas entraver le fonctionnement des marchés, réputés pour leur efficience, pour leur contribution essentielle au développement économique.

La crise est enfin une crise du principe de responsabilité : responsabilité des États et des régulateurs, responsabilité surtout de certains acteurs. Une fraction des élites financières s'était arrogé un pouvoir immense et avait transformé la finalité du système financier qui est d'irriguer l'économie en une sphère fonctionnant pour elle-même.

Malgré la crise, les fondements du système sont demeurés, pour l'essentiel, inchangés. Certes la régulation et les méthodes de supervision bancaire ont été renforcées, aux États-Unis d'abord, le pays où la régulation et les méthodes de supervision avaient été le plus « défaillantes », mais également en Europe, avec le passage sous contrôle de la BCE des grandes banques systémiques. La logique de fonctionnement des marchés financiers n'a été modifiée qu'à la marge : mêmes objectifs de rentabilité, maintien des marchés de produits dérivés, de gré à gré, mêmes normes comptables.

Sur le plan macroéconomique, cette crise d'excès d'endettement va donner lieu à encore plus d'endettement public et privé.

La dette publique et privée au niveau mondial, exprimée en pourcentage du PIB, double ainsi entre 2007 et 2021[1].

Cette nouvelle progression de l'endettement a été rendue possible par la politique des banques centrales, qui ont simultanément maintenu leur taux directeur à un très bas niveau et monétisé leurs dettes publiques (et privées pendant la crise du Covid), alimentant une création

1. Voir annexe 5.

monétaire considérable. Le bilan de la FED représente ainsi aujourd'hui 45 % du PIB des États-Unis et celui de la BCE plus de 60 % de celui de la zone euro[1].

Les banques centrales sont maintenant confrontées à un défi redoutable. Leur mandat leur impose de lutter contre l'inflation que leur politique monétaire a générée et que les crises géopolitiques ont accentuée – ce qui les pousse à augmenter leurs taux d'intérêt. D'un autre côté, une remontée trop brutale des taux est de nature à ébranler les marchés financiers, engendrant des conséquences en chaîne qui peuvent provoquer une violente crise du système. S'y ajouterait une récession économique avec ses conséquences sociales.

La défaillance de la banque SVB et de deux banques régionales aux États-Unis, le sauvetage de la banque Crédit Suisse par UBS en 2023, tout comme la crise des fonds de pension britanniques l'année précédente démontrent la vulnérabilité du système financier face à la normalisation monétaire. Dans les trois cas, les gouvernements et les banques centrales ont dû intervenir pour sauver ces acteurs et éviter une crise de confiance généralisée.

Milton Friedman voulait des banques centrales indépendantes du politique, ambition paradoxale quand on constate que quarante ans de néolibéralisme les ont rendues dépendantes à la fois du politique et des marchés financiers !

Un modèle en crise d'efficacité

Le modèle du capitalisme néolibéral est aujourd'hui en crise pour plusieurs raisons.

1. Source : BCE, FED et Eurostat.

Il est, tout d'abord, essouflé dans sa capacité à générer de la croissance. Larry Summers évoquait au début des années 2010 la perspective d'une période de « stagnation séculaire », c'est-à-dire d'un contexte durable de ralentissement de la croissance[1]. Les chiffres montrent clairement que la croissance dans le monde occidental a été significativement inférieure à celle des pays émergents, en Asie notamment. De même bon nombre d'économistes ont souligné un net ralentissement des gains de productivité.

Cette situation trouve d'abord son origine dans le mouvement de délocalisation de la production vers le monde émergent et en conséquence la désindustrialisation dans nombre de pays. Les États-Unis, le Royaume-Uni et la France sont les trois pays où ce mouvement est le plus prononcé. Or c'est dans l'industrie que l'innovation produit le plus de gains de productivité.

La situation s'explique ensuite par la préférence pour des investissements financiers à rentabilité élevée et rapide, au détriment des investissements dans les capacités productives, les infrastructures, la formation et la recherche. L'exemple le plus patent est l'explosion des rachats d'actions pour soutenir les cours de Bourse. L'année 2022 a battu tous les records à Wall Street avec 319 milliards de dollars de rachats d'actions[2]. Ce sont autant de ressources qui n'ont pas été affectées à l'économie réelle.

1. Larry H. Summers, Discours à la 14e Conférence annuelle de recherche du FMI en l'honneur de Stanley Fisher, 8 novembre 2013.

2. Nicholas Megaw, « US companies buy back shares in record volumes », FT Online, 27 mars 2022.

C'est aussi la constitution de structures économiques de plus en plus monopolistiques ou oligopolistiques qui, comme on le sait, ne sont pas de nature à favoriser l'innovation et la productivité. Martin Wolf, célèbre éditorialiste du *Financial Times*, fait un constat analogue dans son ouvrage récent *The Crisis of Democratic Capitalism*, allant jusqu'à qualifier ce capitalisme financier de « capitalisme rentier[1] ».

Ensuite, ce modèle est affaibli par le changement de la politique des banques centrales. Pendant trente ans, il a bénéficié de la baisse continue des taux d'intérêt, fruit de leur politique accommodante. Cette période est révolue du fait du retour de l'inflation.

Il est également affaibli par le mouvement de déglobalisation en cours lié au contexte géopolitique. Celui-ci met en cause le cadre dans lequel s'est construite l'économie globale. Les questions de souveraineté, d'indépendance, qui ne se posaient plus guère, reviennent au premier plan. Il faut revoir les chaînes de valeur à l'aune de ces critères. Mais ce sera un processus long, qui nécessitera des investissements coûteux et se traduira par des coûts de revient plus élevés.

Ce mouvement de déglobalisation se traduira également par une réduction des débouchés. Avant même la situation actuelle, les pays émergents, la Chine bien sûr, et bon nombre d'autres pays, se sont hissés à des niveaux technologiques proches de ceux du monde occidental et avaient commencé à réorienter leur économie vers le marché intérieur ou des marchés de leur zone d'influence. Le mouvement va s'amplifier avec le nouveau

1. Martin Wolf, *The Crisis of Democratic Capitalism*, Penguin Press, 2023, p. 173-174.

contexte géopolitique. Celui-ci va conduire à définir de nouvelles sphères d'influence pour organiser la production, les chaînes de valeur et les échanges. Le temps est venu où les chaînes de valeurs seront organisées selon le principe du « friend-shoring », expression qu'utilise la secrétaire au Trésor des États-Unis, Janet Yellen[1].

La globalisation donnait au monde occidental un marché et des capacités de production quasi illimitées. Le monde multipolaire va considérablement réduire son aire de jeu.

Enfin, le modèle tel qu'il fonctionne aujourd'hui, avec sa logique de rentabilité à court terme, est inapte à répondre au défi de la transition énergétique car celle-ci nécessite des investissements de long terme à faible valeur d'usage.

Un modèle en crise de légitimité sociale

Le modèle du capitalisme financier globalisé a profondément déstructuré le tissu social du monde occidental en appauvrissant la classe moyenne et en creusant les inégalités. C'est clairement le cas aux États-Unis où la part des 1 % les plus favorisés dans le revenu national du pays est passé de 10 % en 1980 à 20 % trente ans plus tard.

La société de prospérité américaine qui s'était construite dans l'après-guerre avait permis une élévation importante du niveau de vie de l'ensemble des Américains. Exemple type : les ouvriers de l'automobile de Détroit, qui bénéficiaient, grâce au soutien de

1. Janet Yellen, « Les risques liés aux chaînes d'approvisionnement ont mis à mal la croissance économique », *Le Monde*, 30 décembre 2022.

leurs syndicats, de bons salaires, de bonnes retraites, d'une bonne protection sociale.

La restructuration de l'industrie automobile après la signature de l'Alena s'est traduite par d'importantes suppressions d'emploi et par la mise en cause de leurs avantages sociaux.

C'est également le cas en France, mais avec une différence majeure : le soutien de l'État, la progression des dépenses sociales, ont atténué les conséquences de la désindustrialisation sous plusieurs formes (progression du nombre de fonctionnaires notamment dans l'administration territoriale, aides sociales diverses, allocation chômage, RSA). Cette intervention de l'État, thérapeute de l'affaiblissement économique, a en contrepartie creusé les déficits et la dette, reportant ainsi la charge de son remboursement sur les générations futures, et affaiblissant la compétitivité des entreprises.

Les figures emblématiques du capitalisme des Trente Glorieuses étaient des ingénieurs, des dirigeants entrepreneurs de l'industrie. Le monde financier était en retrait, les banques d'affaires cultivant la discrétion. La banque en général était perçue comme une utilité au service de l'économie.

À partir du début des années 1990, les banques d'investissement, les traders, les gérants de hedge funds prennent le pouvoir. Leur culture, c'est la culture du *greed*, des profits rapides, l'absence de responsabilité à l'égard de la société et de son pays. Dans le domaine de la régulation, on passe du principe *substance over form*, qui caractérisait l'esprit américain dans les années 1970 au *form over substance*. Il en résultera aux États-Unis une cohorte de scandales, LTCM, Enron, Madoff, et plus récemment la faillite de la plateforme de transaction de bitcoins FTX.

L'affaiblissement des classes moyennes et la désaffiliation de certaines élites sont les deux moteurs du désenchantement démocratique qui affecte de manière plus ou moins marquée les sociétés occidentales et qui est l'une des causes de la montée des partis populistes : élection de Donald Trump aux États-Unis, Brexit au Royaume-Uni, montée des partis populistes en France et en Italie. Notons, là encore, que les pays qui ont le moins suivi ces modèles, l'Allemagne et les pays d'Europe du Nord, le Japon, la Corée du Sud sont ceux qui sont le moins affectés par les crises sociales et le désenchantement démocratique.

Cette crise de légitimité sociale se double d'un désarroi intellectuel. Les débats entre économistes peuvent se poursuivre, keynésiens et libéraux, friedmaniens ou schumpétériens, tous s'accordent sur le fait que le modèle est en crise mais divergent sur la façon d'y répondre. En réalité, le capitalisme financier est devenu un modèle hybride. Il est de moins en moins schumpetérien du fait de la création de monopoles et de rentes – les Gafam en sont l'exemple le plus éclairant. Il n'est plus friedmanien, puisque Milton Friedman voulait des banques centrales indépendantes qui gèrent avec rigueur la monnaie. Les néolibéraux n'en sont plus à un paradoxe près, souhaitant l'intervention de l'État et des banques centrales lors de chaque crise, devenant ainsi keynésiens…

Le capitalisme face à la nécessité de sa réforme

Cette crise se retourne ainsi contre l'entreprise même, dont la contribution au bien commun est mise en cause. La contestation sociale et la critique se font entendre jusqu'au cœur de la vie de l'entreprise : les travailleurs, jeunes comme moins jeunes, oscillent entre un refus de faire carrière dans des entreprises jugées « écocidaires » et la tentation d'une « grande démission » ; les consommateurs sont suspicieux quant aux produits qu'on leur offre ; les citoyens, avec l'appui des ONG, contestent l'inaction des entreprises face à la maîtrise du climat.

Ces comportements témoignent d'une érosion générale du consentement. Cela pose un problème à l'entreprise globale dont les profits dépendent de l'engagement, de l'implication de tous les acteurs. Les contradictions de ce modèle – qui en se développant a lui-même engendré sa propre contestation – sont devenues manifestes.

L'heure est à la réforme. Depuis quelques années les leaders économiques de la planète se sont engagés dans un grand aggiornamento afin de transformer le capitalisme financier de l'intérieur et de donner une place plus importante à l'idée de responsabilité sociale et environnementale. En parallèle, une seconde voie est engagée qui conduit au retour des États dans l'encadrement de l'économie. L'objectif est alors de trouver un nouvel équilibre des responsabilités et des pouvoirs entre les États, les entreprises et le monde financier.

Le capitalisme des parties prenantes : une réforme interne par la responsabilité

La réforme du capitalisme financier portée par le milieu économique se fait à partir de la notion de responsabilité. C'est le projet que formule le forum économique mondial de Davos, relayé plus récemment par la Business Roundtable, organisme qui réunit les plus grandes entreprises américaines. Cette réforme, qui se présente comme « une grande réinitialisation[1] », cherche à transformer le capitalisme pour le rendre plus inclusif, plus durable, pour concilier croissance et prospérité pour le plus grand nombre. Ce projet s'inspire de deux courants réformateurs relativement anciens : l'un du côté de l'entreprise, avec la responsabilité sociale et environnementale, et l'autre du côté des investisseurs, avec l'investissement socialement responsable.

Du capitalisme financier au capitalisme responsable

En pratique, il s'agit de construire une responsabilité extrafinancière des acteurs économiques. L'entreprise doit non seulement servir les intérêts de ses actionnaires mais aussi appréhender son action du point de vue de son impact sur l'environnement et la société. Cette responsabilité concerne l'ensemble des parties prenantes, les travailleurs, les fournisseurs, les consommateurs, les associations, les ONG ainsi que les acteurs publics.

1. Thierry Malleret et Klaus Schwab, *Covid-19. La Grande Réinitialisation*, Amazon Digital Services LLC, 2020.

Quant aux devoirs qui découlent de cela, ils sont multiples : il s'agit pour les entreprises de se doter d'une « raison d'être », de « prendre en considération »[1] un intérêt social élargi. Il s'agit aussi pour les entreprises de produire les données qui permettent de mesurer l'impact de leurs activités sur leur environnement. Ces contraintes sont bien réelles. Leur non-respect peut exposer l'entreprise à un risque pour sa réputation, voire à des sanctions judiciaires.

La responsabilité extrafinancière ne remplace pas la responsabilité financière, elle la complète. Elle laisse intact le nœud d'obligations qui fait de l'entreprise l'obligée de l'actionnaire, ou du gestionnaire d'actifs, qui est le responsable fiduciaire de la gestion des fonds qui lui sont confiés. La recherche de profit reste l'objectif principal même si elle doit être compatible avec le bien-être social. Pour autant, l'articulation entre ces deux responsabilités peut être problématique : les défenseurs du capitalisme responsable soutiennent que les actifs immatériels (l'image de marque, les valeurs de l'entreprise) qui dépendent du comportement extrafinancier de l'entreprise ont un impact direct sur ses ventes et sa valorisation financière. Il existerait une discipline de marché qui favoriserait les comportements responsables, par la valorisation ou par l'octroi de financements préférentiels. On retrouve là l'hypothèse que les marchés sont efficients et qu'ils intègrent l'ensemble de l'information disponible.

1. Formule issue du rapport Notat-Sénard, « L'entreprise objet d'intérêt collectif », aujourd'hui inscrite dans l'article 1833 du Code civil à la suite de la loi Pacte.

Deux types de critiques sont émises à l'encontre de cette théorie du changement par le marché. La première critique porte sur l'insuffisance des moyens employés pour mettre en œuvre cette nouvelle discipline de marché : les données produites par les entreprises pour mesurer leur impact ne sont pas suffisamment robustes et cohérentes. La comptabilité extrafinancière n'a pas atteint la rigueur que l'on trouve pour les données financières. La standardisation de la production et du traitement de données est la condition nécessaire pour qu'une véritable discipline de marché fonctionne. Toutefois, les évolutions de la réglementation en cours, tant au niveau européen qu'international, devraient permettre de traiter ce problème. De même, une standardisation des référentiels d'analyse est nécessaire pour que cette nouvelle discipline de marché devienne réellement opérante.

La seconde critique, plus radicale, soutient qu'en cas d'incompatibilité entre la dimension financière et la dimension extrafinancière le profit primera toujours, donc que le marché financier n'est pas un outil adapté pour un traitement efficace de ces enjeux. Le capitalisme responsable produirait donc des incitations au changement trop faibles pour répondre aux défis sociaux et environnementaux.

Les limites d'une réforme qui laisse les structures du capitalisme financier inchangées

La difficulté du capitalisme responsable est qu'il s'inscrit dans les structures de pouvoir héritées de la globalisation financière, même s'il s'attache à en corriger les effets les plus nocifs, comme en matière de gouvernance. Le capitalisme responsable ne prétend pas modifier la hiérarchie au sein du monde économique qui repose sur la primauté de l'actionnaire et de ses exigences de rentabilité. La prise en compte des revendications des parties prenantes sans pour autant sacrifier les intérêts des actionnaires devient un casse-tête dans la gestion des entreprises surtout lorsque l'on maintient des exigences de rentabilité de fonds propres de 15 %. Comment, avec des injonctions contradictoires, traiter des questions comme celles de la transition énergétique qui exigent des investissements de long terme ? Le poids maintenu des contraintes de rentabilité empêche l'entreprise de répondre aux défis qui sont les nôtres. Elle explique aussi que l'entreprise mette en avant d'abord des sujets sociétaux comme l'intégration des communautés, la valorisation de la diversité qui sont plus faciles à concilier avec les objectifs financiers, que les aspects sociaux (emploi, rémunération).

Le capitalisme responsable ne rompt pas non plus avec les pratiques des entreprises de la période précédente (les recours à la *lex mercatoria*, l'arbitrage entre les territoires, les optimisations, etc.). Ce capitalisme, sans le dire, maintient l'idée que l'entreprise doit être libre de faire tous les arbitrages qu'elle juge économiquement profitables pour son activité, quitte à payer ultérieurement le prix de certaines transgressions. Aux États-Unis, le débat prend même une tournure politique. Certains États favorisent les gestionnaires qui intègrent des critères ESG dans leurs choix d'investissement. À l'inverse, d'autres États bannissent ces mêmes gestionnaires, en leur déniant toute légitimité pour promouvoir des valeurs et des intérêts autres que ceux de l'actionnaire.

Une réforme par le changement d'économie politique

Cette première approche, qui consiste à faire appel à la responsabilité des acteurs pour réformer le capitalisme, est désormais complétée par une autre. Dans celle-ci les États cherchent à reconstituer une économie politique nationale qui intègre les préoccupations de stabilité sociale et de souveraineté économique.

Longtemps jugée rétrograde parce qu'elle renvoyait à une organisation du monde qui était celle du fordisme, cette solution retrouve une vigueur nouvelle avec l'évolution du contexte international et le retour des enjeux de sécurité et souveraineté. Donald Trump avait réaffirmé de façon bruyante la primauté du national sur le global, du politique sur l'économique ; la présidence de Joe Biden va encore plus loin puisque la construction d'un nouveau modèle américain constitue l'ossature même du programme présidentiel.

Les démocrates se sont lancés dans un vaste plan de revitalisation et de modernisation de l'économie. Celui-ci concerne les infrastructures des transports, de l'énergie, l'industrie et la compétition technologique. Intitulé Build Back Better, ce plan finance massivement la réindustrialisation des États-Unis, perçue comme le meilleur moyen de soigner les maux qui gangrènent le pays en proposant aux travailleurs américains des emplois qualifiés et bien rémunérés. Ce plan doit permettre de retrouver une prospérité commune sur le modèle de l'Amérique des années 1950, par la réindustrialisation du pays, en s'appuyant sur deux leviers : la souveraineté et la transition énergétique.

On passerait à côté de l'essentiel en voyant dans ce plan une collection de mesures purement économiques. Son objectif va bien au-delà : il s'agit de conduire une réforme en profondeur de l'économie politique des États-Unis[1].

Cette réforme implique le retour d'un État fort, à même d'imposer aux acteurs économiques des objectifs nationaux. L'État n'est plus le problème, il redevient la solution. Des outils comme la politique industrielle verticale font leur retour avec des investissements destinés à la filière des composants (Chips Act). Le gouvernement n'hésite pas à recourir à des mesures de protectionnisme ciblé pour soutenir les entreprises américaines (réforme du Buy American Act, vote de l'Inflation Reduction Act qui instaure notamment un crédit d'impôt réservé aux seules voitures électriques produites aux États-Unis). L'État américain renoue aussi avec une politique volontariste à visée sociale par un plan de réduction de la pauvreté inédit depuis le projet de « Grande Société » de Lyndon B. Johnson. Toutes ces mesures ont un coût, qui doit être financé par une modernisation des outils de recouvrement de l'impôt. L'accord négocié dans le cadre de l'OCDE sur l'harmonisation du taux plancher de l'impôt sur les sociétés annonce la fin de la permissivité en matière de dumping fiscal. Les entreprises opérant sur le sol américain, en particulier les multinationales, doivent contribuer au financement du redressement économique.

Cette réforme de l'économie politique américaine encourage également le retour du « big labor » : l'administration démocrate soutient activement la

1. Rana Foroohar, ouvr. cité, p. 107-108.

resyndicalisation des travailleurs dans les entreprises multinationales comme Amazon, en dépit de l'hostilité du patronat.

L'administration démocrate se singularise par ses interventions en matière de politique de la concurrence afin de casser les rentes de monopoles d'entreprises jugées trop puissantes. Wall Street n'est plus aussi libre qu'auparavant : l'administration cherche à contrôler les investissements extérieurs. C'est évidemment le cas pour les investissements à destination de la Russie, avec la politique de sanctions, mais aussi pour ceux à destination de la Chine. Elle a également établi une taxe pour décourager les rachats d'actions.

Si les États-Unis sont le pays le plus avancé dans ce retour à un capitalisme industriel et national, d'autres, comme le Japon, s'y engagent. À son arrivée au pouvoir en 2021, le Premier ministre, Fumio Kishida, s'était fait remarquer par sa volonté de réformer le capitalisme japonais pour que la création de richesse bénéficie davantage aux travailleurs, évoquant les grandes heures du capitalisme japonais des années 1960, à l'ère Reiwa.

* * *

Les nouvelles contraintes liées à la transition énergétique et à l'actuel contexte géopolitique bousculent ainsi le modèle du capitalisme financier d'une façon plus rapide et plus radicale que la contestation sociale qu'il a engendrée. Les États-Unis sont particulièrement actifs dans la redéfinition d'une économie politique nationale : ils seront suivis par un nombre croissant de pays déterminés à résorber par des politiques de réindustrialisation et de redistribution les déséquilibres hérités de la période précédente. Il en résulte aussi la nécessité de retrouver un équilibre dans le partage de valeur entre le capital et le travail, cette fois au bénéfice du second. Ces transformations portent aussi sur la mission, la raison d'être des entreprises dont le modèle est à consolider. Ainsi, la responsabilité se définirait à partir de quelques axes assumés politiquement plutôt qu'à travers une multiplication d'injonctions venues des parties prenantes. Il reste encore à poser un cadre permettant à l'entreprise d'articuler efficacement des objectifs de rentabilité compatibles avec les nouveaux défis (souveraineté, climat et cohésion sociale). En pratique cela veut dire que la discipline de marché ne peut plus être seulement financière mais doit intégrer l'évaluation de l'entreprise par rapport aux nouveaux enjeux.

Nous sommes aujourd'hui dans une situation où chaque pays doit se doter d'un nouveau modèle : une distinction nette se fera entre ceux qui adopteront une stratégie de puissance autonome et d'un capitalisme reposant sur un pacte national entre l'entreprise, l'État et les citoyens et ceux qui ne le feront pas. Il appartient à chaque pays de faire ou non ce choix et de retrouver une prospérité pour les citoyens. Dans le cas de la France, c'est une condition nécessaire pour renouer avec la puissance économique et ainsi enrayer le déclin.

Troisième partie

Pour un nouveau pacte entre l'État, les entreprises et les citoyens

« L'ethos de confiance n'est pas le nom que nous donnons à l'ignorance où nous serions des causes du développement. C'est le nom propre d'une modernisation responsable – toujours menacée par le fatalisme, le repli sur soi, le clientélisme, la mise à l'abri de structures immuables, la néophobie, l'esprit rentier [...] C'est une réinvention, c'est une refondation, autrement dit une remobilisation de la seule ressource capable de transformer un désert en pays de Canaan : la confiance des membres d'une société les uns dans les autres et de tous dans leur avenir commun. Pas plus que le développement n'est naturel, la misère n'est fatale. Encore faut-il s'en convaincre – sans s'avouer vaincu d'avance. »

Alain Peyrefitte,
Du « miracle » en économie,
Odile Jacob, 1998.

Au terme de ce parcours, deux idées clés ressortent. La France n'a pas réussi dans la globalisation car elle n'a pas su conserver un alignement d'intérêts entre les différentes forces, État, entreprises et citoyens, du pays. À partir des années 1980, elle a laissé se défaire le modèle d'économie politique mis en place par le général de Gaulle, dont la mission était d'organiser le fonctionnement de l'économie nationale dans un cadre libéral et colbertiste. Tout en laissant les acteurs libres de leurs choix économiques, l'État gaullien, grâce à des institutions comme le Plan, assurait la concertation et veillait à la cohérence de l'action et au maintien de l'alignement entre les acteurs économiques et sociaux au service d'un projet de puissance nationale.

Pour autant, le contexte actuel, marqué par une reconfiguration des rapports de force géopolitiques et économiques, offre des opportunités nouvelles pour la France, en particulier celle de se reconstituer, grâce à la transition énergétique et industrielle, comme puissance économique.

Pour la France, se saisir des perspectives qu'offre ce nouveau contexte implique de redéfinir son modèle d'économie politique, c'est-à-dire le rôle des acteurs (État, entreprises, système financier, citoyens) et leurs interactions. C'est définir les principes d'un gouvernement de l'économie qui réponde aux défis engendrés par les mutations en cours, et qui fédère toutes les parties prenantes au service d'une ambition collective.

1

Forces et faiblesses de la France pour exercer une stratégie de puissance

> « Stopper la désindustrialisation est une nécessité, réindustrialiser est possible [...] Mais c'est toute la société française qui va devoir se réformer en cohérence avec l'enjeu productif. Car c'est aussi toute la société française qui a participé, en se détournant de l'industrie et de ses entrepreneurs, par les préférences collectives qu'elle exprimait, au drame qui s'est joué. »
>
> Nicolas Dufourcq,
> *La Désindustrialisation de la France*, Odile Jacob, 2022.

Au cours des trente dernières années, développer une stratégie de puissance pouvait se résumer à avoir une économie forte. C'est la voie qu'avaient choisie – par contrainte et volonté – l'Allemagne et le Japon avec les succès que l'on sait.

Depuis la guerre en Ukraine et avec la confrontation sino-américaine dont les tensions autour de Taïwan forment l'épicentre, chacun comprend que cette époque est révolue, et que le levier militaire et l'influence géopolitique redeviennent des éléments essentiels de la puissance.

Le virage récent opéré par l'Allemagne, qui a été sur le plan militaire, un « freerider » de la globalisation, est l'exemple le plus éclairant.

Les atouts de la France : sa position géopolitique, ses institutions, son capital culturel

La France dispose, sur le plan géopolitique, d'atouts évidents : en premier lieu, elle est l'un des six pays au monde qui disposent d'une capacité de dissuasion nucléaire crédible. Son armée, même si certains questionnent sa capacité à faire face à des conflits de haute intensité, est respectée pour son professionnalisme.

En second lieu, en étant l'un des cinq membres du Conseil de sécurité de l'ONU, elle dispose d'une position clé pour faire valoir ses positions et défendre ses intérêts.

La géopolitique du nouveau monde qui se dessine ne se résumera pas à un duopole Chine/États-Unis analogue à ce que fut la rivalité entre les États-Unis et l'URSS dans l'après-guerre. Ce sera encore moins un monde caractérisé par l'hégémonie absolue d'une seule puissance, comme le furent les États-Unis après la chute de l'Union soviétique, ou celui de la puissance montante qu'est la Chine.

Bien sûr, ces deux pays seront des pièces majeures du grand échiquier mondial, mais d'autres nations, la Russie, l'Inde, la Turquie, l'Indonésie, la Corée ; sans doute demain l'Allemagne, le Japon, le Brésil, et peut-être le Moyen-Orient sous un leadership saoudien ou iranien jouent et vont jouer un rôle majeur dans l'équilibre des puissances mondiales en développant des stratégies autonomes et des alliances en fonction de leurs intérêts.

Sur cet échiquier, la France peut être une puissance qui exerce un leadership au plan européen, et qui porte une voix écoutée dans le monde sur les questions d'intérêt universel.

Notre deuxième atout, ce sont nos institutions, celles de la Ve République voulues par le général de Gaulle et qui ont fait leurs preuves. Elles ont permis depuis près de soixante-cinq ans de gouverner le pays quelles que soient les configurations politiques.

La prééminence donnée au pouvoir exécutif, pour autant qu'elle soit utilisée à bon escient, lui donne la possibilité de s'inscrire dans le temps long, d'associer les différentes parties prenantes, qu'elles soient politiques ou économiques, à la mise en œuvre des orientations définies.

Certains critiquent nos institutions au motif qu'en concentrant trop de pouvoirs sur la fonction présidentielle elles réduiraient la possibilité de débats démocratiques, et affaibliraient l'esprit de compromis. Cette critique est infondée dès lors que l'on s'inscrit dans l'esprit des institutions tel que voulu par le général de Gaulle et qui peut se résumer ainsi : le président fixe les orientations, le gouvernement les met en œuvre, le Parlement légifère et contrôle l'action du gouvernement.

Cette logique a prévalu sous les présidences de Gaulle, Pompidou, Giscard et Mitterrand et s'est progressivement vidée de sa substance avec le passage du septennat au quinquennat, ainsi que l'alignement du mandat présidentiel avec celui des députés.

Il en a résulté deux phénomènes néfastes.

En premier lieu, un affaiblissement du rôle du Parlement dans la mesure où le président élu a disposé – sauf récemment – d'une majorité qui pour l'essentiel s'est bornée à ratifier l'action gouvernementale, négligeant son rôle de contrôle de l'action du pouvoir exécutif, notamment en matière de politiques publiques.

Un affaiblissement des partis politiques, qui se sont transformés en machines à sélectionner un candidat pour la seule élection considérée comme ayant un enjeu réel, à savoir la présidentielle. Les partis politiques ont ainsi progressivement perdu à la fois leur capacité de débat, de réflexion et de propositions mais aussi leur attractivité vis-à-vis des citoyens.

Conséquence de ce double affaiblissement, le pouvoir exécutif s'est concentré dans les mains du président et s'est technocratisé, les ministres ayant une capacité d'initiative limitée du fait de leur faible poids politique. Ce faisant, il s'est lui-même affaibli, a perdu en efficacité, faute de possibilité d'impulsion et de relais au sein du pays.

Ce ne sont pas les institutions qui sont la cause de nos difficultés. Leur origine est plus profonde. Elles viennent d'un affaiblissement de la fonction politique dans ce qu'elle a de plus noble : gouverner sur la base de projets clairs pour le pays, et du mandat donné par les citoyens à travers les élections. La démocratie est un bien précieux. C'est le système qui permet l'expression et la garantie des libertés individuelles. Mais c'est également un système profondément efficace, pour autant que les débats se concentrent sur les grands enjeux pour le pays. Alors il permet une mobilisation de l'ensemble des acteurs économiques et des citoyens autour d'un projet commun dont l'État est le garant.

Le troisième atout de la France, son capital culturel, lui donne les moyens d'exercer une influence et une attractivité au plan international. Ce capital culturel est le fruit d'une riche histoire : « France, mère des arts, des armes et des lois », écrivait le poète Joachim du Bellay. La France est l'un des pays ayant fait de l'excellence dans les domaines de la science, des arts et de l'esprit un élément fondateur de son identité. Ce capital culturel c'est aussi une langue qui est parlée par trois cent vingt millions d'habitants ce qui fait de la langue française la cinquième langue parlée au monde[1].

Ce capital culturel, c'est également la voix autonome et originale qu'a su avoir le pays dans certaines périodes. Les Chinois n'ont pas oublié que la France fut le premier pays occidental à reconnaître la République populaire de Chine en 1964. Le monde arabe se souvient que Jacques Chirac eut une attitude courageuse et raisonnable en s'opposant à l'intervention militaire américaine en Irak en 2004.

La France n'a pas la capacité d'être une puissance dominante comme peuvent l'être les États-Unis et la Chine. Elle peut, en revanche, comme elle le fut de manière éclatante dans la période gaullienne, être une puissance qui à la fois défend ses intérêts, porte des valeurs universelles et exerce un leadership européen.

La grande faiblesse française est son économie

Les symptômes du décrochage

La grande faiblesse française est son économie. Le recul industriel et la dégradation des finances publiques en sont les symptômes les plus marquants. Certes les autres

1. Selon les données de l'Observatoire de la langue française de l'Organisation internationale de la francophonie.

attributs de la puissance, notamment la composante militaire, sont aujourd'hui réévalués, mais l'économie demeure le socle de la puissance. Le monde a bien souvent fonctionné à partir d'une seule règle d'or, à savoir, « celui qui détient l'or fait la règle ». Soutenir un effort de défense ne peut s'effectuer sans une industrie performante, sans les moyens financiers pour l'accompagner.

Or, sur ce point, l'analyse froide des indicateurs clés est sans appel.

Le PIB par habitant de la France était au niveau de l'Allemagne début 2000. Il est maintenant inférieur de 15 %.

La France connaît une croissance similaire à celle des autres pays européens (environ 1,5 % de 1990 à 2020), une performance que l'on pourrait trouver remarquable s'il n'était pas nécessaire d'en retrancher la progression de son endettement public. Sur cette même période, chaque augmentation de 100 milliards d'euros du PIB national s'est accompagnée en moyenne d'une progression de la dette publique de 180 milliards d'euros. Cela veut dire que la hausse du PIB a été alimentée par la progression des dépenses courantes, elles-mêmes financées par un endettement toujours croissant[1].

La balance commerciale, qui est un indicateur important lorsqu'on examine la compétitivité d'un pays, était équilibrée au début des années 2000. Après vingt ans de dégradation continue, elle enregistre en 2022 un déficit record de plus de 150 milliards d'euros[2]. La balance des

1. Voir annexe 7.

2. Dans le projet de loi de finance 2023, le déficit de la balance commerciale est estimé à 154 milliards d'euros pour 2022 (« Rapport économique, social et financier », page 49).

paiements, qui intègre, outre la balance commerciale, les services et revenus financiers, est elle aussi devenue négative.

Depuis 1973, aucun budget de l'État n'a été exécuté en équilibre alors que sous les présidences de De Gaulle et de Pompidou treize budgets sur quinze l'avaient été. Pour l'exercice 2022, première année post-Covid, le déficit budgétaire s'élève à plus de 150 milliards d'euros, soit près de 5 % du PIB. C'est le plus élevé des quarante dernières années[1].

Conséquences de ces déficits continus, l'endettement de la France côtoie les 3 000 milliards d'euros, soit près de 115 % du PIB[2]. Cette situation crée un double facteur de vulnérabilité.

La montée des taux d'intérêt rend cette dette difficilement supportable. Une remontée de 1 point du coût de la dette se traduit ainsi à l'horizon de dix ans, par un alourdissement de la charge financière de plus de 30 milliards d'euros, un montant à mettre en regard avec celui du budget annuel de la défense (41 milliards d'euros)[3]. Or la progression de la charge financière de la dette est inéluctable du fait de la remontée des taux d'intérêt, conséquence du resserrement de la politique monétaire engagé depuis mi-2022. Début 2023, le taux d'intérêt auquel l'État emprunte à dix ans s'est

1. Projet de loi de finances pour 2023 p. 13.

2. « En 2021, le niveau de dette publique s'est établi à 2 821,9 milliards d'euros, soit 112,8 % du PIB, selon les chiffres publiés par l'Insee le 31 août 2022 [...] En 2022, le ratio d'endettement diminuerait pour atteindre 111,5 % du PIB » (Rapport sur la dette des administrations publiques p. 5).

3. Documents budgétaires annexes au projet de loi de finance 2023, « Rapport sur la dette des administrations publiques ».

envolé au-dessus de 3 % alors que l'an passé, à la même période, ce taux ne dépassait guère les 0,5 %.

Environ la moitié de cette dette étant détenue par des investisseurs étrangers, cela nous expose à toute forme de pression, qui peut provenir d'investisseurs financiers classiques, comme les fonds de pension, ou d'institutions sous contrôle d'États tels que les fonds souverains, voire d'institutions internationales en cas de difficultés de financement.

Au sein de la zone euro, désormais la France se rapproche davantage des pays d'Europe du Sud que de ceux d'Europe du Nord. Sa crédibilité pour peser sur les choix européens est affaiblie. Sa capacité à opérer les investissements nécessaires à la transition énergétique, à soutenir son effort de défense est réduite, notamment quand on la compare à l'Allemagne, qui a décidé simultanément un plan de 100 milliards d'euros pour la défense et un soutien à son économie à hauteur de 200 milliards pour compenser la hausse du coût de l'énergie.

Les causes du décrochage

Les causes de ce déclassement économique ont fait, et font encore l'objet de multiples débats. Pour les uns, la France aurait insuffisamment libéralisé son économie, tardé dans la mise en œuvre de réformes structurelles. Pour d'autres, notre pays se serait naïvement ouvert à la concurrence européenne et internationale, alors qu'il aurait dû se protéger davantage.

Nous considérons que les deux causes majeures de cet affaiblissement économique sont la désindustrialisation et la dérive des dépenses publiques. Ces deux facteurs s'entretenant mutuellement.

C'est d'abord dans l'industrie que se crée la valeur ajoutée, c'est par l'industrie que se développe un grand nombre d'activités de services. Moins d'industrie conduit à moins d'activité globale et donc moins de recettes fiscales et sociales.

À la différence des services, l'industrie est quasiment toujours exposée à la concurrence internationale. Une industrie qui supporte des coûts sociaux et fiscaux supérieurs à ses concurrents étrangers perd en compétitivité.

Dans un entretien avec Alain Peyrefitte portant sur le projet de « Nouvelle Société » défendu par Jacques Chaban-Delmas, Georges Pompidou, qui avait pris ses distances avec la thématique de son Premier ministre, disait : « L'ambition de Chaban est disproportionnée à sa mission [...]. La tâche est pourtant simple ! Nous avons un objectif qui doit dominer les autres : faire de la France une grande nation industrielle[1]. » Dans le projet gaullo-pompidolien, bâtir une industrie puissante apte à rivaliser avec celle de l'Allemagne était un axe essentiel. Ce projet avait d'ailleurs été mené à bien : la France était devenue une puissance innovante dans de multiples secteurs ; l'énergie, les transports (l'aviation et le ferroviaire), l'automobile, les télécoms, la pharmacie...

Depuis cette période, l'industrie française a connu un déclin brutal. Selon les données que publie la Banque mondiale, l'industrie manufacturière en valeur ajoutée ne représente plus que 11,6 % du PIB en France en 2021, un niveau comparable à celui de la Grèce et

1. Alain Peyrefitte, *Le mal français*, Fayard, 2006, p. 130.

inférieur à celui des autres pays de l'UE alors que le secteur industriel représente près de 22 % du PIB allemand et 18 % du PIB italien[1].

Le chiffre d'affaires de l'industrie manufacturière française représente aujourd'hui 40 % de celui de l'industrie allemande[2], le décrochage s'étant accéléré à partir des années 2000 du fait de la divergence des politiques de compétitivité. Pendant que l'Allemagne engageait les réformes Schröder, la France mettait en place les 35 heures. Notons qu'en Europe les pays qui ont su maintenir une industrie puissante sont ceux dont la croissance et la richesse par habitant ont évolué plus favorablement.

La Suisse, qui a le même taux de PIB dans l'industrie que l'Allemagne, sans avantage structurel, ni de taille critique ni de ressources naturelles et énergétiques, est un exemple éclairant. Sa richesse par habitant est la plus élevée du monde occidental.

Quelles sont les raisons du décrochage économique de la France ?

La première raison de ce décrochage tient au délitement du modèle d'économie politique dont elle s'était dotée dans la période de l'après-guerre, en particulier les années 1960-1970. Nous sommes entrés dans la construction du marché européen, avec l'acte unique en 1986, puis dans la globalisation sans en appréhender toutes les règles du jeu et surtout sans une stratégie claire ni les institutions permettant de la faire partager par l'ensemble des acteurs : l'État, les entreprises et les citoyens.

1. Voir annexe 11.
2. Insee, « Les entreprises en France », édition 2019.

En conséquence, l'essentiel des grands groupes français, à l'exception notable des groupes familiaux et des groupes mutualistes, se sont inscrits dans le cadre du capitalisme financier anglo-saxon. De 1985 à 2000, la part des non-résidents, essentiellement des fonds anglo-saxons, dans le capital des groupes du CAC 40 passe de 10 % à plus de 40 %, un niveau stable depuis[1]. Cette évolution de la structure de l'actionnariat des entreprises françaises les a conduites à inscrire leur stratégie dans une logique de rentabilité financière, et plus globalement dans la discipline de marché instaurée par les fonds anglo-saxons que nous avons décrite dans la deuxième partie.

Cette situation a eu deux conséquences sur la vie des entreprises françaises.

Premièrement, ces groupes ont subi une pression forte de la part de leurs nouveaux actionnaires pour accroître leur rentabilité à court terme. Les entreprises françaises se sont décentrées du territoire national pour bénéficier des coûts de production les plus compétitifs et ont investi, notamment par des acquisitions, les nouveaux marchés en croissance.

En second lieu, ces entreprises, en l'absence d'un actionnaire de référence pour contrôler leur capital, se sont retrouvées plus vulnérables face à des offres publiques d'achat hostiles (OPA). C'est ainsi qu'ont disparu d'anciens fleurons de l'industrie française, absorbés par des concurrents étrangers comme Pechiney, Arcelor, Lafarge, Alcatel, Technip ou Alstom.

1. Voir notamment le rapport de 1998 par François Morin « Le modèle français de détention et de gestion du capital », ainsi que l'étude plus récente de Tristan Auvray « L'évolution de l'actionnariat en France 1977-2017 » parue en 2018 dans la *Revue d'économie financière*.

La mutation des grands groupes français vers l'international a entraîné une réduction de l'emploi industriel. Aujourd'hui, pour bon nombre de groupes du CAC 40, l'activité se fait principalement hors de France. L'entreprise Schneider en est un bon exemple, mais on pourrait mentionner également les industriels de l'automobile, dont l'essentiel de la production est à présent réalisée hors de France.

Ce désengagement du territoire national s'accompagne d'une capacité d'entraînement moindre des grands groupes en faveur des PME françaises sous-traitantes. La France pâtit aujourd'hui d'un tissu de PME affaibli, qui ne se compare en rien par sa taille au Mittelstand allemand, voire aux entreprises familiales du nord de l'Italie. Les très belles performances de certaines ne doivent pas faire oublier la situation d'ensemble qui est préoccupante.

Un facteur souvent oublié mais néanmoins important du déclin industriel français réside dans l'évolution de notre système éducatif. Le projet d'élévation du niveau d'études porté par Jean-Pierre Chevènement (trois étudiants sur quatre bacheliers au sein d'une classe d'âge) aurait été méritoire s'il ne s'était pas accompagné d'une dévalorisation de l'enseignement professionnel, transformé en voie d'échec. En Suisse, 40 % d'une classe d'âge obtient la maturité, qui correspond au baccalauréat, le chiffre équivalent pour la France étant de 70 % [1]. En Suisse, la majorité des élèves s'oriente vers un enseignement professionnel, accompagné de périodes d'apprentissage. Cette filière est respectée et valorisée. Elle débouche sur des emplois bien rémunérés. Le salaire

1. Office fédéral de la statistique (2022) et Insee (2019).

d'embauche à l'issue de ces formations n'est jamais inférieur à 4 000 euros mensuels (le salaire médian suisse est supérieur à 5 500 euros, à comparer avec un salaire médian en France proche de 2 000 euros).

La deuxième raison du décrochage économique se trouve dans la dérive des dépenses publiques.

Xavier Fontanet, ancien dirigeant d'Essilor, fait une analyse claire du handicap de compétitivité qui en résulte pour les entreprises françaises. Les dépenses publiques représentent ainsi 57 % du PIB en France soit 1,32 fois l'ensemble des richesses produites par le secteur privé. En Allemagne, les dépenses publiques représentent 44 % du PIB, ce qui équivaut à 0,78 des richesses produites par le secteur privé. Cet écart considérable pèse sur la compétitivité des entreprises via les impôts de production et les charges sociales. Pour reprendre l'expression de Xavier Fontanet « le cheval (l'entreprise) ne peut gagner si le jockey (l'État) est trop lourd[1] ».

Le poids du jockey se fait aussi ressentir sur le revenu des salariés. Le coût global de la main-d'œuvre en France est aujourd'hui proche du niveau de l'Allemagne mais avec des salaires nets bien inférieurs pour les salariés français.

Cette dérive des dépenses publiques est tout d'abord la conséquence d'une gestion laxiste des dépenses administratives. Elle doit beaucoup aux décentralisations réalisées depuis les années 1980. Ces dernières ont conduit à un empilement des échelons, le fameux « millefeuille territorial », ainsi qu'à un enchevêtrement

1. Cité dans Nicolas Dufourcq, *La Désindustrialisation en France 1995-2015*, ouvr. cité, p. 203.

des compétences et un mode de financement complexe et peu lisible pour le citoyen. Entre 1997 et 2019, le nombre de fonctionnaires a ainsi augmenté de presque un million, essentiellement dans la fonction publique territoriale, sans que cela se traduise par une meilleure qualité de nos services publics[1].

L'évolution des dépenses sociales joue aussi un rôle important dans la dérive des dépenses publiques françaises. Depuis les années 1980, l'État accompagne la transformation de l'économie française et la rend supportable pour les citoyens en multipliant les aides : allocation chômage, revenu minimum d'insertion, pré-retraite... Plutôt que de se concentrer sur les efforts à entreprendre pour renforcer l'employabilité et le coût du travail sur le marché français, l'État s'est contenté de créer des emplois publics et d'organiser une politique de distribution du temps libre, avec la semaine de 35 heures, de la contrepartie de laquelle, à savoir la modération salariale, on sait ce qu'il est advenu.

L'État renonce progressivement à sa capacité d'impulsion et de coordination de l'économie au service du pays et se transforme en thérapeute des conséquences sociales de la désindustrialisation.

Les *citoyens-consommateurs* travaillent moins et bénéficient du prix favorable des produits importés des pays émergents, ainsi que de transferts sociaux qui peu ou prou maintiennent leur pouvoir d'achat.

1. Comme le rappelle le site spécialisé dans l'analyse des finances publiques fipeco.fr, les effectifs de la fonction publique d'État ont augmenté de 5 %, ceux de la fonction publique territoriale de 44 % et ceux de la fonction publique hospitalière de 32 %. L'emploi total public a augmenté de 21 % entre 1997 et 2019 alors que l'emploi total (public et privé) augmentait de 16 % sur cette période.

Ce consensus implicite a conduit à l'affaiblissement de notre industrie et de notre puissance économique. Ce consensus implicite est aussi celui du déclin qui conduit à maintenir, vaille que vaille, notre niveau de vie par les déficits et la dette, mise à la charge des générations futures.

Face à ce constat, beaucoup – sinon la majorité – des observateurs considèrent que le déclin est inéluctable. Ils suggèrent que la seule issue pour le pays est de se fondre dans une Europe idéalisée dont les contours et le projet sont incertains, mais dont on espère qu'elle résoudra tous nos problèmes. L'Europe est une réalité sur laquelle nous devons nous appuyer, mais ce serait une chimère, une fuite en avant que de penser que le projet européen nous dispense de redresser notre économie, par une stratégie et des efforts qui nous sont propres.

La France a des atouts pour rebondir

La France a pourtant les moyens d'entreprendre un tel projet. Elle dispose encore d'atouts économiques importants.

Tout d'abord notre système énergétique constitue un atout majeur pour réaliser la transition énergétique et la réindustrialisation du pays : deux objectifs qui se confondent. Certes, la filière nucléaire a été affaiblie, mais nous disposons encore d'une électricité qui est à la fois parmi les plus compétitives et les plus décarbonées au monde. La France possède également de grandes entreprises, comme Total et Engie, qui assurent notre approvisionnement pétrolier et gazier – nécessaire dans la période de transition – et qui investissent dans les énergies renouvelables.

Nous possédons ensuite la maîtrise de l'essentiel des technologies clés garantissant la compétitivité de demain. L'énergie bien sûr, mais également l'informatique, la pharmacie, les transports (aéronautique, ferroviaire, automobile), le spatial, l'eau, la construction, autant de secteurs où nous disposons de grands groupes reconnus : EDF, Air Liquide dans l'énergie, Sanofi, BioMérieux dans la pharmacie, Capgemini dans l'informatique ; Airbus, Dassault dans l'aviation ; CMA CGM dans la logistique et les transports ; Bouygues, Vinci ou encore Saint-Gobain dans la construction ; Véolia, Suez dans le traitement de l'eau pour ne citer qu'eux. Nous disposons aussi d'écoles d'ingénieurs et de centres de recherche de haut niveau, de start-up prometteuses dans différents domaines : biologie, médecine, ordinateurs quantiques notamment. Enfin, le domaine du luxe est pour la France un secteur d'excellence avec des groupes comme LVMH, Hermès ou Kering, qui sont des leaders mondiaux.

Nos infrastructures, rail et routes notamment, sont parmi les plus performantes et ne nécessitent pas, comme c'est le cas dans certains pays (États-Unis, Allemagne, Royaume-Uni notamment) d'investissements de mise à niveau importants.

Enfin, nous disposons d'une épargne abondante et d'un système financier solide. Contrairement à ce que l'on observe aux États-Unis, la France, comme l'essentiel des pays européens, a maintenu un taux d'épargne élevé. Celui-ci est en moyenne de longue période autour de 14 % du PIB[1]. Mais cette épargne a été historiquement utilisée pour financer les déficits

1. Les statistiques de la Banque de France concernant l'épargne des ménages montrent que ce taux a été relativement stable pendant

publics, notamment via l'assurance-vie, ou une politique du logement très coûteuse (via le livret A). Cette utilisation de l'épargne française s'est faite au détriment de l'investissement dans les entreprises, notamment en fonds propres. Réorienter cette épargne vers l'investissement productif constitue un enjeu majeur pour le redressement économique du pays.

Pour l'essentiel, le système bancaire français n'a pas été contaminé par les dérives du système américain qui a conduit à la crise de 2007[1]. C'est un domaine où la comparaison avec l'Allemagne nous est favorable. Les grandes banques privées allemandes des années 1990 soit ont disparu, soit se sont fortement affaiblies, payant ainsi le prix de leur ralliement à la finance de marché américaine par des acquisitions hasardeuses.

Aujourd'hui, plus des deux tiers du financement de l'économie française est assuré par des groupes mutualistes tels que le Crédit agricole, la BPCE, ou le Crédit mutuel. Ces groupes sont un levier important pour le pays dans son entreprise de redressement économique. Leur structure capitalistique ne les place pas sous la contrainte de rentabilité financière à court terme des marchés de capitaux ; leur ancrage dans les territoires, leur gouvernance les mettent naturellement en symbiose avec le tissu de PME du pays. De même les compagnies d'assurance-vie, qui sont les premiers investisseurs français, se trouvent pour l'essentiel dans le secteur mutualiste[2]. BNP Paribas

---

la dernière décennie. Après avoir connu un pic à 21 % du PIB il est de 16 % et se rapproche de la moyenne de long terme.

1. À l'exception de la banque franco-belge Dexia qui a du être sauvée par l'État.

2. Axa, bien qu'acteur privé coté, conserve un actionnaire de référence mutualiste.

est la seule banque européenne capable de rivaliser avec les banques d'investissement américaines. Enfin la place financière de Paris est en train de devenir le pôle principal en Europe, bénéficiant de l'affaiblissement de Londres depuis le Brexit.

La France peut s'appuyer sur ces différents atouts pour saisir les opportunités que font naître les grandes transformations en cours. Elles rebattent les cartes dans de nombreux domaines.

La transition énergétique nécessite non seulement de réinventer l'énergie, mais aussi de modifier les business models et les modes de production. Les positions acquises sont mises en cause. Dans cette période de transformation, le mouvement n'est pas une option, c'est une obligation. Le leadership reviendra aux plus agiles. Les leaders d'hier ne seront pas forcément ceux de demain.

La France, grâce à ses capacités technologiques et à son système énergétique, peut faire de la transition écologique un levier de sa réindustrialisation. À l'inverse, l'économie et l'industrie allemande sont très affaiblies par les choix énergétiques qui ont été faits. Leur dépendance aux exportations – notamment vers la Chine – est aussi une source de fragilité dans le contexte de déglobalisation actuel.

Le troisième facteur d'optimisme réside dans la prise de conscience par les décideurs politiques et économiques de nos vulnérabilités et de la nécessité de changer de cap même si les inflexions demeurent parfois timides. Néanmoins, depuis la crise du Covid et la crise énergétique, les questions de souveraineté et de compétitivité industrielle du pays sont revenues sur le devant de la scène.

La relance du programme nucléaire après dix années d'errements, dont le point culminant fut la fermeture de la centrale de Fessenheim, constitue un tournant majeur. Il faudra du temps pour reconstituer une filière nucléaire compétitive mais néanmoins ce changement d'orientation crée les conditions pour que notre système énergétique soit un levier de réindustrialisation vers une économie décarbonée.

Le lancement d'un plan de « réindustrialisation verte » par Bruno Le Maire marque une prise de conscience de l'enjeu industriel et une volonté d'inscrire l'action dans une démarche globale fédérant les acteurs.

Concernant les entreprises, la mise en place en 2015 du CICE, un crédit d'impôt destiné à soutenir la compétitivité et l'emploi dans les entreprises, à la suite du rapport Gallois, a contribué à réduire l'écart du coût du travail avec nos partenaires européens. On peut toutefois regretter qu'il n'ait pas davantage ciblé l'industrie et les secteurs exposés à la concurrence internationale.

La relance de l'apprentissage, le projet de réforme des lycées techniques traduisent également la volonté de la puissance publique de rénover notre système éducatif.

Enfin, dans le domaine du contrôle des entreprises, le renforcement de la capacité de l'État à prévenir des prises de contrôle d'acteurs étrangers dans les secteurs stratégiques traduit la prise de conscience de l'importance de l'objectif de souveraineté nationale.

Cette prise de conscience au niveau politique s'accompagne d'une évolution dans la pratique de gestion des dirigeants d'entreprise qui cherchent à mieux prendre en compte l'intérêt général du pays. En témoignent les rapports Notat-Senard pour l'incorporation d'une raison d'être dans la gouvernance des entreprises ou le rapport Senard-Perrier en faveur d'un capitalisme responsable en Europe[1].

Un consensus est en train de se former pour rééquilibrer la mission de l'entreprise vers l'intérêt général, même si sa définition reste aujourd'hui empreinte d'ambiguïtés.

La prise de position du dirigeant communiste Fabien Roussel, en septembre 2022, pour une économie fondée sur le travail et non l'assistanat, qui a donné lieu à des controverses au sein des partis de gauche, est également un marqueur de cette évolution des mentalités dans le monde du travail.

Cette prise de conscience est également en train de s'opérer parmi les citoyens. Dans un récent sondage, les Français considéraient que l'importance des déficits et de l'endettement du pays était une préoccupation majeure pour eux[2].

De nombreuses études d'opinion montrent que les Français font preuve de pessimisme quant à l'avenir du pays. Pour la majorité des observateurs, c'est un élément qui conforte le diagnostic d'un inéluctable déclin. Mais ne faut-il pas y voir autre chose : une forme de lucidité partagée, sur laquelle il serait possible de s'appuyer pour inverser la tendance ?

1. Nicole Notat et Jean-Dominique Senard, « L'entreprise, objet d'intérêt collectif », rapport officiel, 2018 ; Jean-Dominique Senard et Yves Perrier, « Pour un capitalisme européen responsable », Institut Montaigne, 2022.

2. Sondage Opinion Way-Square pour *Les Échos* et Radio classique, 17 octobre 2022.

2

Renouer avec la puissance économique : six leviers

> « La situation économique et l'état de la dette ne rendent plus compatibles le niveau de vie des Français et leur mode de vie. La solution passe dès lors par une prise de conscience et une réaction économique qui demande, d'une part, un renouveau industriel et, d'autre part, une utilisation optimale des atouts de l'art de vivre français. »
>
> Jean-Louis Beffa,
> *La France doit choisir*, Seuil, 2012.

Une nouvelle économie politique à mettre en place

Nouveau contexte : nouveaux enjeux

La grande reconfiguration dont nous avons exploré les différentes dimensions modifie en profondeur les règles du jeu de l'économie globale, conduisant chaque pays à devoir repenser sa stratégie.

En premier lieu, la transition énergétique et la révolution industrielle qui l'accompagne impliquent de transformer en profondeur notre économie. C'est à la fois un risque et une grande chance que nous devons saisir. Réussir ou échouer dans cette mutation déterminera la compétitivité future de notre pays dans l'échiquier du monde qui se met en place. La mise en œuvre de cette transformation nécessite un rehaussement des politiques publiques en matière d'énergie, de transport, de logement, d'agriculture et d'aménagement du territoire. Elle nécessite aussi des investissements considérables de la part des entreprises, que les marchés financiers, dans leur fonctionnement actuel, ne sauraient financer.

En second lieu, la crise du Covid, le contexte géopolitique créé par la guerre en Ukraine et les tensions sino-américaines exigent que nous repensions l'organisation des chaînes de valeur pour y intégrer des objectifs de souveraineté et de sécurité des approvisionnements. La période irénique de la globalisation américaine est bel et bien terminée. La stratégie des entreprises, en conséquence, va devoir intégrer cette nouvelle donne et s'insérer dans des objectifs nationaux.

En troisième lieu, le modèle de capitalisme financier qui a prévalu ces trente dernières années doit se réformer car ses deux moteurs que sont la globalisation et la création monétaire sont épuisés. La déglobalisation signifie que nous allons devoir investir davantage dans la recherche et les outils de production pour produire dans notre pays au lieu d'importer des biens à bas prix, en provenance de pays comme la Chine.

La période de faible inflation que nous avons connue depuis trente ans s'achève, et ce d'autant que le coût de l'énergie sera durablement élevé. Le temps de l'argent facile, des taux d'intérêt très bas résultant de la politique monétaire des banques centrales, est également révolu.

Sauf à perdre toute crédibilité et ainsi à créer une perte de confiance dans la monnaie, les banques centrales n'ont d'autre choix que de remonter leurs taux d'intérêt pour limiter la progression de l'inflation.

Dans ce contexte, réformer le capitalisme financier, réformer le cadre qui guide les stratégies des entreprises est indispensable pour répondre aux défis de la transition énergétique et de la réindustrialisation du pays qui vont conditionner notre puissance et notre souveraineté dans le futur.

Ne nous y trompons pas, transformer l'économie française nécessite au plan macroéconomique de mettre en œuvre une politique de l'offre au détriment de la consommation, ce qui implique d'inverser le paradigme de ces dernières années où l'argent public allait d'abord au soutien de l'activité par la consommation grâce à la progression des dépenses courantes au détriment de l'investissement productif. Cette évolution est nécessaire, mais ne pourra se réaliser sans consensus politique et social, compte tenu des sacrifices qu'elle implique. Ce consensus, pour être obtenu, requiert un partage équitable de l'effort entre toutes les parties prenantes : le travail et le capital, les classes sociales, les générations bénéficiaires de la dernière période et les plus jeunes.

Un nouvel équilibre État-entreprises-marchés financiers est nécessaire

Jusqu'à récemment, l'économie pouvait s'apparenter à une « science dure », un ensemble de règles intangibles qui s'appliqueraient universellement. Tout du moins pouvait-on le croire. L'idée dominante était que la main invisible du marché en général et des marchés financiers en particulier pouvait conduire naturellement à l'efficacité économique globale et que toute forme d'intervention de l'État dans ce domaine ne pouvait être que néfaste.

Le rôle de l'État devait se limiter à transposer la *lex mercatoria* en *Lex Republica* et à créer les conditions de l'acceptation sociale des mutations économiques. Cette période correspond également à l'affaiblissement des forces syndicales du fait de la désindustrialisation et plus globalement de la mise en concurrence des salariés avec la main-d'œuvre des pays émergents et des pays de l'est de l'Europe.

Cette période est à présent révolue. Le nouveau contexte implique pour chaque pays de redéfinir son modèle économique, ses objectifs et ses priorités stratégiques. C'est le retour de l'économie politique, c'est-à-dire du gouvernement de l'économie, par une vision renouvelée des missions de l'État, des entreprises et des citoyens, ainsi que des interactions à créer entre eux.

Les États-Unis comme l'Allemagne adaptent leur stratégie et leur modèle à la nouvelle donne. Les pays qui ont comme le Japon et la Corée maintenu l'osmose entre l'État et les entreprises au service de l'intérêt national se sentent confortés dans ce choix.

Pour la France, redresser l'économie dans le contexte actuel nécessite de se doter d'une nouvelle économie politique, un nouveau pacte entre l'État, les entreprises et les citoyens qui mobilise le pays autour d'un projet commun : son redressement économique.

Ce nouveau pacte nécessite un État rehaussé dans son rôle de stratège et de gardien de l'intérêt général et de la cohésion sociale.

La France n'a pas la chance d'être un pays de consensus, où la formulation politique se fait sur la base de compromis qui reposent sur des valeurs communes et une prédominance de l'esprit collectif sur l'esprit individuel. Tel peut être le cas des pays comme l'Allemagne, le Japon, la Suisse. Notre culture patriotique n'est pas aussi forte que dans les pays anglo-saxons : les Américains, les Britanniques peuvent avoir des sociétés divisées mais se réunissent toujours derrière l'intérêt national : « *Right or wrong, it is my country*[1] » est l'une des devises favorites des Anglo-Saxons.

La France est un pays d'une grande diversité, régionale, culturelle, ethnique, idéologique. Cette diversité, qui confère au pays une richesse extraordinaire, le rend également difficile à gouverner. C'est pourquoi il lui faut un État puissant qui parvienne à surmonter les clivages et les ferments de dispersion. Soyons clairs, par État, nous n'entendons pas seulement l'administration qui est un organe d'exécution. C'est d'abord la fonction politique qui s'exerce à travers les institutions du pouvoir exécutif, du Parlement et de l'autorité judiciaire.

L'État doit être renforcé dans ses prérogatives, mais il doit aussi être réformé pour être plus efficace dans ses politiques publiques et moins coûteux dans son fonctionnement. Il doit redevenir un levier du

1. « *Our Country! In her intercourse with foreign nations may she always be in the right; but right or wrong, our country!* » expression notamment popularisée par l'officier de marine américain Stephen Decatur vers 1820.

développement économique et non une charge qui pèse sur la compétitivité des entreprises.

Le nouveau pacte nécessite également des entreprises, notamment les grands groupes, qu'elles réinscrivent l'intérêt du pays dans leur stratégie. Leur réussite ne peut se résumer seulement à l'importance de leurs capitalisations boursières ; elle doit s'apprécier également à leur contribution au succès de l'entreprise France.

Il faut enfin une mobilisation des citoyens. Une transformation exigeante est devant nous, mais elle est motivante car elle permettra, au bout du chemin, de refaire du pays une puissance économique respectée.

Nous allons maintenant présenter ces axes de transformation. Mais pour commencer il est nécessaire de définir le cadre d'économie de marché dans lequel toutes ces évolutions devraient s'inscrire.

Une économie de marché encadrée par des politiques industrielles et la planification

Nous avons expliqué dans la première partie de cet ouvrage les fondements de la doctrine ordolibérale qui a inspiré le modèle économique allemand jusqu'aujourd'hui.

Cette doctrine et le modèle allemand sont le plus souvent méconnus en France ou simplifiés et ramenés à un certain nombre de dispositions techniques et conjoncturelles (par exemple les réformes Schröder). L'idée centrale de ses promoteurs était : « l'établissement d'une Constitution économique et sociale déterminant les libertés mais aussi les règles auxquelles doivent se soumettre les opérateurs publics. Entre la dictature du socialisme et l'anarchie du libéralisme ancien, il s'agit de créer un État de droit économique et social en lien avec un régime politique constitutionnel[1] ». Cette doctrine promeut une économie de marché – pour autant que l'on ne soit pas dans un contexte de secteurs caractérisés par des monopoles structurels – mais qui s'encastre dans des règles établies par l'État. Celui-ci doit surveiller leur application, notamment en veillant à ne pas laisser s'instaurer des positions dominantes.

En parallèle, cette doctrine prône des politiques monétaires rigoureuses favorisant la maîtrise des prix, l'épargne et l'investissement. Elle préconise des finances publiques équilibrées.

C'est sur la base de cette doctrine qu'a été construite l'économie sociale de marché en Allemagne.

Elle porte également une vision de l'entreprise différente du modèle anglo-saxon, qui privilégie l'actionnaire. L'entreprise est pensée comme une communauté d'intérêts où la responsabilité est partagée (*Mitbestimmung*) entre les actionnaires et les salariés. C'est un modèle d'équilibre qui cherche en permanence un consensus entre les parties prenantes (actionnaires-salariés) à travers sa gouvernance. C'est un capitalisme ouvert à la concurrence mais qui s'inscrit organiquement dans des stratégies nationales du fait de l'actionnariat et de la gouvernance des entreprises.

La France n'est pas l'Allemagne. Pour autant, ces principes nous paraissent toujours pertinents dès lors que nous les adaptons aux enjeux actuels et que nous

1. Denis Kessler, « Quelles sont les réformes indispensables et urgentes pour rapprocher rapidement et durablement nos performances de celles de l'Allemagne en matière d'emploi, de compétitivité et de finances publiques ? », *Réformes et transformations*, Puf, 2018.

tenons compte des traditions françaises, de nos forces mais aussi de nos faiblesses.

La première question est de clarifier ce qui, dans le nouveau contexte, doit relever strictement de l'économie de marché et les domaines d'activité où les règles du jeu doivent être encadrées, voire pilotées par la puissance publique. Pour nous, les secteurs concernés par la deuxième approche sont les suivants : l'énergie, les grandes infrastructures de transport (rail, routes, aéroports notamment), l'eau et bien entendu les industries de défense. Pour ces dernières, chacun comprend que l'impératif de souveraineté doit primer toute autre considération. Le secteur de l'énergie, on le mesure actuellement, est l'organe vital de l'économie. Disposer d'une énergie abondante et compétitive conditionne le développement de l'industrie, des transports et du logement. C'est un prérequis pour toute politique industrielle et d'aménagement du territoire. Réaliser la transition énergétique implique d'allouer prioritairement les ressources à la réinvention de l'énergie, qui passe par une forte augmentation de la production d'électricité. Les choix énergétiques, la réussite de leur exécution vont, plus que jamais, structurer le devenir des économies. Ce sont des choix qui engagent durablement l'avenir. Les investissements à réaliser doivent s'inscrire dans une perspective de long terme (vingt à trente ans au minimum). Ils ne peuvent dès lors que relever de l'arbitrage politique. La fixation des prix ne peut relever d'une approche de marché concurrentiel. D'une part parce qu'ils ont le plus souvent le caractère de monopoles structurels. D'autre part, parce que les prix ainsi fixés ont un effet structurant sur l'ensemble des autres activités.

Le cadre de fixation du prix de l'énergie, défini au niveau européen, fondé sur le prix marginal de l'énergie de gros, appliqué à l'ensemble des consommateurs a ainsi montré son inefficience dans la dernière période.

Pour que les prix se forment par le jeu concurrentiel du marché, il faut qu'il y ait une véritable concurrence entre les opérateurs, ce qui n'est en aucun cas la situation du marché de l'électricité en France et en Europe. Les opérateurs qui se sont créés dans la dernière période ne sont pas, pour l'essentiel, des producteurs, mais des intermédiaires entre les producteurs et les clients, dont la valeur d'utilité est faible, voire négative. Les pseudo-marchés créés en France et au niveau européen ont surtout eu pour effet de faire bénéficier certains opérateurs privés et nos voisins européens de la rente du nucléaire construite à partir des années 1970 en France, sans d'ailleurs que le consommateur ne tire avantage d'un quelconque effet de concurrence sur les prix. On peut ajouter que l'importance des investissements à réaliser, leur horizon et les rendements sont le plus souvent non compatibles avec un financement classique par le marché.

La même analyse peut plus ou moins être tenue pour le secteur des grandes infrastructures de transport (rail, routes) et celui de l'eau, qui doivent s'inscrire dans des politiques publiques.

Le système financier est à l'économie ce qu'est le système artériel au corps humain. Une défaillance peut être catastrophique pour l'économie dans son ensemble, comme l'a montré la crise de 2007-2008. Préserver sa stabilité, sa capacité à financer l'économie est donc le premier objectif à assigner à ce secteur, ce qui implique d'une part de l'insérer dans des règles prudentielles et d'autre part de faire en sorte qu'il joue pleinement son rôle de transmission des politiques monétaires.

C'est le sens des réformes réglementaires qui ont été faites en Europe après la crise de 2007 et qui ont contribué à renforcer la solidité du système bancaire. Même si celui-ci est aujourd'hui soumis à de fortes tensions du fait de la remontée des taux d'intérêt des banques centrales et la crise de confiance engendrée par les déboires de certaines banques régionales américaines[1] et du Crédit Suisse, les mécanismes mis en place au niveau européens sont de nature à prévenir une crise majeure. La régulation devrait être renforcée dans la partie non bancaire du système financier[2] qui, du fait de la désintermédiation croissante, concentre des actifs et des risques de plus en plus élevés.

De manière plus générale, considérer que ces secteurs ne peuvent être laissés au seul jeu du marché pour la fixation des prix et à celui des marchés financiers pour leur financement et leur gouvernance ne préjuge pas du statut des entreprises. Peu importe que ces entreprises soient nationalisées ou privatisées, que l'État soit présent ou non au capital dès lors qu'elles agissent selon des objectifs et un cahier des charges et des règles de gouvernance qui permettent à l'État, garant de l'intérêt général, d'orienter les choix stratégiques. Ainsi

1. L'administration Trump avait fortement allégé la supervision des banques de taille moyenne.

2. Cette partie que l'on appelle le « shadow banking » regroupe différents acteurs comme les pension funds, les hedge funds, les fonds de private equity, voire certains asset managers. Tous participent au financement de l'économie mais ne sont pas soumis aux mêmes règles prudentielles que les banques.

le secteur de l'eau en France, régi par le système des délégations de concession, s'est révélé un modèle tout à fait pertinent.

Tous les autres secteurs doivent fonctionner sur la base de l'économie de marché, et les interventions de l'État sont à proscrire. Les contraintes bureaucratiques devraient ainsi être fortement allégées.

Dès lors que les règles du jeu sont claires pour les différents secteurs de l'économie, se pose la question de la gouvernance d'ensemble de l'économie.

La doctrine qui a prévalu dans la dernière période a été le « laisser-faire » pour les agents économiques, considérant que la somme de leurs optimums conduirait naturellement et automatiquement à un optimum pour l'économie du pays dans son ensemble. Ce choix était déjà discutable précédemment. Il est devenu fondamentalement insoutenable dans le contexte de la transition énergétique et de la prise en compte du nouveau cadre géopolitique dans lequel les pays exercent leur concurrence économique. L'intérêt général du pays et sa souveraineté ne s'inscrivent en effet pas naturellement dans le référentiel des marchés financiers qui par construction se veulent globaux.

Pour un pays, réussir dans ce contexte dépend de sa capacité d'une part à définir une stratégie pertinente au regard de ses forces et faiblesses, et d'autre part à la mettre en œuvre efficacement grâce à la cohérence de l'action de tous les acteurs : entreprises, institutions financières et État.

Construire une stratégie qui fédère les acteurs et impulser sa mise en œuvre : c'est la raison d'être de la planification, tombée en désuétude à partir des années 1980.

Par planification nous n'entendons pas, bien sûr, un retour à une économie administrée, mais une démarche analogue à celle qu'avait conduite Jean Monnet pour la reconstruction du pays dans les années d'après guerre et qui est restée en vigueur sous les présidences de Gaulle et Pompidou. Cette planification, pour être efficace, nécessite que la stratégie économique du pays, ses grands choix d'infrastructures, ses grandes orientations industrielles, sociales et financières soient explicités et fixent clairement l'ambition commune, le rôle et la responsabilité de chacun des acteurs.

Pour que le plan soit efficace, et ne soit pas seulement une initiative technocratique parmi d'autres, le choix de la méthode est essentiel. Le plan qui devrait porter sur la durée du mandat présidentiel devrait être co-construit avec les acteurs économiques et sociaux et ratifié par le Parlement. Cette co-construction est essentielle pour définir une stratégie et des choix pertinents mais aussi pour engager réellement les parties prenantes dans leur mise en œuvre.

Le plan encadrerait ainsi, dans une législature, l'exercice budgétaire annuel, afin d'éviter qu'il ne soit seulement la prolongation du passé avec quelques ajustements à la marge.

La période actuelle, qui à bien des égards s'apparente à une économie de guerre, nécessite un retour à la planification stratégique. Elle implique aussi de réhabiliter la notion de politique industrielle tombée également en désuétude, les dirigeants d'entreprise y voyant souvent une mesure d'ingérence dans la gestion, contre-productive pour leurs performances.

La période actuelle nécessite de dépasser ces contradictions entre l'État et les entreprises et de s'aligner sur des objectifs communs. Il est en effet indispensable pour répondre aux défis technologiques et industriels de mettre en cohérence l'action de l'État et des entreprises. Le choix des secteurs et technologies prioritaires, l'allocation de subventions et de capitaux supposent de définir les priorités par une approche concertée entre les industriels et l'État. Les exemples de la production d'hydrogène ou des batteries électriques pour l'industrie automobile sont éclairants. Il en est de même de l'accès aux matières premières clés pour la sécurité des approvisionnements.

Là encore, cela ne signifie pas que l'État se substitue aux entreprises mais qu'il coordonne l'action publique (recherche, subventions) avec celle des acteurs économiques publics et privés.

Notons que sous des formes diverses c'est bien cette démarche qui est en vigueur dans des pays aussi différents que le Japon, l'Allemagne, la Corée ou les États-Unis.

Dans ce dernier pays, un dialogue permanent existe entre la puissance publique et les entreprises pour fixer les objectifs et priorités industriels et leur allouer les ressources nécessaires. Tesla n'aurait pas existé sans le soutien financier de la Nasa. Le programme récemment adopté pour relocaliser aux États-Unis la production de composants pour les semi-conducteurs résulte d'un plan établi en concertation entre l'entreprise Intel et l'État fédéral. Ce dernier apporte 60 milliards de dollars de subventions auxquelles s'ajoutent des capitaux apportés par des fonds de private equity.

L'architecture gouvernementale mise en place depuis la réélection d'Emmanuel Macron s'inscrit dans cette logique, avec notamment un ministère de l'Industrie, un ministère de l'Énergie, un ministère de la Transition écologique et un secrétariat à la Planification. L'enjeu sera toutefois d'entrer dans une démarche de co-construction effective entre l'État et les entreprises.

Réformer l'État pour le rendre plus efficace

L'État est aujourd'hui un grand corps malade. Affaibli dans ses fonctions régaliennes (défense, police, justice), auxquelles ne sont plus affectées que 6 % des dépenses publiques ; affaibli dans la conduite des politiques publiques (santé, éducation) ; affaibli dans sa capacité à impulser la modernisation des infrastructures. L'affaiblissement de notre système énergétique, pourtant un fleuron historique, au cours des quinze dernières années, en est un exemple malheureusement éclairant. Affaibli dans sa capacité à assurer la cohésion sociale dans une société qui se fragmente voire s'archipélise comme l'a montré Jérôme Fourquet dans l'un de ses derniers livres[1].

Affaibli par une organisation devenue souvent illisible avec les décentralisations successives conduites à partir de 1982, réalisées sans schéma directeur cohérent. L'État et le système administratif sont affaiblis

1. Jérôme Fourquet, Mathieu Garnier, Jean-Laurent Cassely et Sylvain Manternach, *La France sous nos yeux. Économie, paysages, nouveaux modes de vie*, Seuil, 2021.

mais aussi de plus en plus coûteux, à la fois dans leur fonctionnement et dans leur fonction sociale. En vingt ans, les dépenses publiques ont progressé fortement : elles sont passées de 52 % du PIB en 2000 à près de 60 % aujourd'hui. La France consacre ainsi 7,5 points de PIB de plus à ses dépenses publiques que la moyenne des pays de l'UE. Les dépenses sociales sont passées de 25 % du PIB en 2000 à 33 % en 2021. Le nombre de fonctionnaires (État et collectivités territoriales) a été augmenté d'un million de personnes depuis 1997, alors que dans le même temps la France perdait un nombre équivalent d'emplois industriels[1].

Réformer l'État doit viser trois objectifs :

- renforcer son rôle et ses moyens dans ses fonctions régaliennes et de pilotage des politiques publiques ;
- améliorer la qualité des services publics ;
- réduire son coût aussi bien en matière de fonctionnement que de dépenses sociales afin de mettre un terme aux déficits publics.

Le débat sur la maîtrise des dépenses publiques conclut généralement à son impossibilité au motif que nous n'avons pas assez de magistrats, pas assez de policiers pour assurer la sécurité, d'infirmiers et de médecins dans les hôpitaux, de professeurs dans l'Éducation nationale et que leurs rémunérations sont plus faibles que dans les pays européens comparables. Cela est malheureusement vrai, mais c'est l'arbre qui cache la forêt.

1. L'étude de novembre 2020 par France Stratégie consacrée aux politiques industrielles en France montre que le nombre d'emplois dans l'industrie a été divisé par deux entre 1974 et 2018. Cela représente une perte de deux millions et demi d'emplois sur quarante ans, soit, en moyenne, plus de six cent mille emplois par décennie.

Au fil du temps, notre système administratif s'est complexifié avec l'empilement des structures, fruit de décentralisations successives mal conçues. Il s'est complexifié et bureaucratisé à outrance et a conduit à une déresponsabilisation des acteurs.

Notre système est devenu illisible en matière de responsabilité tant se sont enchevêtrés les niveaux d'intervention.

Notre organisation comporte cinq niveaux : l'État, la Région, le département, les communes et les communautés de communes avec des responsabilités souvent partagées.

Napoléon avait créé la carte des départements avec un principe : leur taille devait permettre d'aller aux deux extrêmes en une journée à cheval. Au temps du TGV, de la numérisation, quelle est la logique de cet empilement de structures ? Ne peut-on imaginer une organisation plus ramassée qui permettrait un contact plus efficace entre l'administration et le citoyen ?

La réalité, c'est qu'il nous faut dépenser moins pour dépenser mieux. C'est la condition première pour améliorer la qualité de nos services publics.

Quels sont les axes clés pour réaliser cet objectif ?

La première réforme doit viser à clarifier les responsabilités entre les différentes fonctions politiques au niveau national, régional et local. Le principe doit être l'unicité de la responsabilité politique au lieu de l'actuelle complexité qui affaiblit le pouvoir d'exécution tout en incitant à un interventionnisme intempestif de l'État. De même, la répartition entre ce qui relève des ministères et des agences gouvernementales devrait être revue. Ne devraient être conservées que les agences dont l'existence présente une valeur ajoutée réelle par rapport aux services de l'État. Ces agences devraient avoir des missions clairement définies afin de compléter le rôle de l'État et non d'entrer en concurrence avec lui.

La seconde réforme viserait au désengagement de l'État du secteur privé concurrentiel hors grandes infrastructures relevant du bien public.

La troisième réforme vise la gouvernance de la dépense publique. Le point de départ est de changer de paradigme. Dans le contexte actuel, le bon ministre est celui qui parvient à obtenir le budget de dépenses le plus élevé possible lors des arbitrages budgétaires annuels. C'est d'ailleurs à l'aune de ce critère que les observateurs évaluent le poids politique des uns et des autres. Changer de paradigme consisterait d'abord à déterminer les dépenses publiques globales en fonction des recettes fiscales. Ensuite, chaque ministère devrait établir un plan pour la durée du quinquennat comportant les objectifs clés, les critères d'indicateurs de suivi, les moyens alloués, les gains de productivité anticipés. Ces plans soumis et débattus au Parlement feraient l'objet d'une évaluation chaque année[1]. Bien sûr, un tel principe de gouvernement suppose une stabilité ministérielle.

Réformer la protection sociale

Les dépenses sociales représentent aujourd'hui plus de la moitié de la dépense publique : maîtriser leur évolution est un enjeu essentiel.

1. De telles dispositions existent déjà partiellement avec la loi organique relative aux lois de finances (LOLF), un texte qui encadre l'élaboration et le vote de budget. Si la LOLF a permis d'introduire une logique d'évaluation et de performance dans la gestion des dépenses publiques, cette évolution est encore largement incomplète.

Depuis 1945, le système de protection sociale issu du programme du Conseil national de la Résistance est au cœur du modèle français. Ce programme généralisait les principes définis sous la IIIe République du statut du salarié, qui reçoit en échange de son travail une protection contre trois risques : l'accident du travail, la maladie et la vieillesse[1]. Ces risques étaient financés par les cotisations des salariés et de l'entreprise.

Dans sa philosophie, le système voulait combiner le principe de responsabilité des entreprises avec celui de la solidarité nationale. C'est un élément constitutif du pacte républicain.

Cette histoire sociale n'est pas propre à la France mais fait partie d'un héritage commun à toute l'Europe. Au-delà des systèmes sociaux différents, on retrouve un même souci de concilier l'émancipation individuelle et la performance productive, au sein d'économies qui sont libérales dans leur fonctionnement et sociales dans leurs objectifs. Pour cette raison, les systèmes sociaux sont une partie essentielle des pactes productifs nationaux. Encore aujourd'hui, quinze des seize pays de l'OCDE ayant les dépenses de protection sociale les plus élevées au monde sont européens.

Dans une interview donnée au *Financial Times* en 2012, Angela Merkel rappelait que l'Europe comptait pour 7 % de la population mondiale, 25 % du PIB mondial, mais réalisait près de 50 % des dépenses de protection sociale du monde[2]. Compte tenu de son évolution démogra-

1. À quoi il faut ajouter les allocations familiales et depuis 2020 une branche consacrée à l'autonomie créée au sein du Régime général de la Sécurité sociale.

2. « Merkel warns on cost of welfare », *Financial Times*, 16 décembre 2012.

phique, le continent, indiquait-elle, doit redoubler d'efforts pour assurer la viabilité de son modèle.

La situation de la France se caractérise encore plus nettement par l'importance des dépenses de protection sociale et leur insoutenabilité à long terme en l'absence de réformes. Quelques données l'illustrent : la France est le premier pays au monde en matière de dépenses sociales avec 33 % du PIB national contre 20 % en moyenne pour les pays de l'OCDE[1]. Les dépenses sociales représentent en 2022 870 milliards d'euros, soit près du double du budget de l'État. Cela est dû en particulier au poids des dépenses de santé, qui place la France au troisième rang mondial, derrière les États-Unis et l'Allemagne, ainsi que des dépenses de retraites (troisième pays au monde avec 13,6 % du PIB). Ensemble, ces deux postes comptent pour plus de 80 % du total de la dépense sociale[2].

Quelles sont les causes de cette situation ?

La première, c'est la formidable amélioration des conditions de vie. De 1950 à nos jours, l'espérance de vie en France est passée de 63 ans pour les hommes et 69 ans pour les femmes à 80 ans pour les hommes et 85 ans pour les femmes[3]. La qualité des soins tout comme la condition des personnes qui atteignent ces âges élevés se sont considérablement améliorées. Depuis la crise du Covid, les critiques ont été nombreuses sur notre système de santé. Néanmoins, force est de constater qu'il offre une qualité et un niveau de couverture qui le compare favorablement à celui des autres pays développés, notamment des pays anglo-saxons.

1. OCDE, Le point sur les dépenses sociales, 2020.
2. Drees, La protection sociale en France en 2021.
3. United Nations, World Population Prospects 2022.

La seconde raison tient à notre affaiblissement économique. La désindustrialisation a réduit les emplois à forte valeur ajoutée, accru les emplois précaires, limitant ainsi le financement d'une protection sociale croissante.

Cet effet ciseaux défavorable entre une richesse qui croît faiblement et une demande de protection en augmentation constante a deux conséquences négatives. En premier lieu, un affaiblissement de la compétitivité des entreprises. Le taux de charges sociales supporté par les entreprises est ainsi le plus élevé d'Europe. En second lieu, une pression sur le pouvoir d'achat des salariés, qui est issu du revenu direct du travail.

La troisième raison est le changement de philosophie du système à partir des années 1980.

L'assurance sociale est repensée non plus comme l'indemnisation d'un risque, mais comme principe organisateur de modes de vie ; c'est ainsi que l'assurance maladie n'a plus été seulement conçue comme l'indemnisation de frais de soins, un « ticket modérateur » devant rester à la charge du patient afin de le responsabiliser, mais comme devant donner un accès universel à des soins de qualité, sans discrimination par l'argent. On est passé ainsi à l'idée d'un droit aux soins, souvent qualifié de droit à la santé. Cela incluait un système complémentaire prenant en charge le ticket modérateur, et la création de la CMU pour ceux qui n'auraient pas accès à cette assurance. L'abaissement de l'âge de la retraite à 60 ans quand l'espérance de vie ne cessait d'augmenter obéit à la même vision d'un système d'assurance qui permet de structurer les modes de vie en un cycle à trois temps : formation, travail, retraite – le temps de la retraite devant être le plus long possible. L'assurance chômage, créée tardivement en France (1958) et exclusivement financée par les employeurs et les salariés s'est elle-même transformée en un dispositif qui allait permettre de donner un statut à l'intermittence. La Sécurité sociale allait même être mobilisée pour financer les 35 heures. La protection sociale est progressivement devenue un dispositif structurant de financement de formes de vie et d'activités, bien loin de la philosophie originelle de la responsabilité.

La dernière raison tient à la gouvernance de ces dépenses sociales, qui s'est traduite par un affaiblissement de la responsabilité des acteurs et une étatisation progressive de leur gestion.

La crise du paritarisme de gestion qui associe les syndicats et les entreprises connaît un premier épisode en 1960 avec la reprise en main par l'État de la gestion des caisses locales de la Sécurité sociale. Le pouvoir des administrateurs des caisses, élus de façon paritaire, s'efface au profit de celui du directeur, nommé par l'administration. À partir des années 1970, le paritarisme entame alors un lent déclin.

La montée en puissance de l'État devient encore plus manifeste dans les années 1990 avec l'évolution du modèle social français vers une universalisation des prestations et la création des minimas sociaux (RMI puis RSA), en réponse à la forte augmentation de la précarité sur le territoire. L'État met en œuvre une fiscalisation des ressources de la sécurité sociale avec la création de la CSG et de la CRDS[1], mais aussi avec la multiplication des allègements de cotisations

1. La Contribution sociale généralisée (CSG) et la Contribution pour le remboursement de la dette sociale (CRDS) sont deux impôts créés

sociales, destinés à sauvegarder des emplois peu qualifiés. Conséquence de cette évolution, le rôle de suivi et de contrôle du Parlement sur les dépenses sociales s'accroît avec la création des lois de financement de la Sécurité sociale[1]. La composante universelle croît fortement au détriment de la composante assurantielle, éloignant encore plus les partenaires sociaux de la gestion du modèle sans pour autant résorber les déséquilibres des comptes sociaux.

En réalité, la montée en puissance de l'État non seulement n'a pas permis de résoudre les déséquilibres des régimes de protection sociale, mais d'une certaine façon les a accrus en déresponsabilisant les partenaires sociaux. S'est constitué une forme de consensus en faveur du statu quo et du transfert à l'État du problème des déficits, lui-même le traitant par de l'endettement !

Ce transfert de responsabilité au niveau de l'État de questions qui, dans la plupart des pays, relèvent des partenaires sociaux a également pour effet de déplacer les débats du terrain social au domaine politique, ce qui ne favorise par leur résolution.

La Sécurité sociale entre ainsi, au cours des années 1990, dans une ère de déficit récurrent qui résulte d'un désajustement durable entre le rythme des dépenses et celui des recettes. Depuis cette période, la dette sociale croît de façon continue, passant de 3 % du PIB en 1995

---

en 1990 et 1996, participant au financement de la sécurité sociale ou à l'apurement de sa dette.

1. Ces lois permettent au Parlement d'examiner et de débattre chaque année de l'évolution des dépenses sociales en France afin de mieux en contrôler la trajectoire.

à 11 % aujourd'hui[1], en faisant peser toujours plus sur les générations suivantes un ajustement inéluctable.

Maîtriser les dépenses sociales est un enjeu clé pour réindustrialiser le pays et plus généralement pour améliorer la compétitivité de notre économie. Sans prétendre présenter ici une réforme exhaustive – ambition qui dépasse largement l'objet de ce livre –, nous pensons que les évolutions à engager devraient viser à une responsabilisation accrue des acteurs.

Tout d'abord celle des partenaires sociaux autour d'un paritarisme exercé dans le cadre de contraintes publiques inscrites dans la loi. En particulier, les régimes devraient avoir pour « règle d'or » d'être à l'équilibre. Cela peut paraître contraignant ; c'est en réalité une obligation de dialogue et de compromis entre salariés et entreprises ; c'est un moyen de lier les enjeux de compétitivité avec la protection sociale.

Ensuite, une responsabilité accrue des citoyens, qui passe par une plus grande lisibilité de la nature des dépenses et des ressources.

Ainsi, il convient de distinguer les dépenses qui relevant de politiques publiques universelles (allocations familiales, RSA, dépenses de fin de vie), que l'État doit financer par l'impôt, et celles relevant d'une logique assurantielle, devant être soumises à la gestion des partenaires sociaux.

Cette responsabilisation accrue serait également un puissant facteur d'amélioration des coûts de gestion. Ainsi, les coûts administratifs du système de santé hospitalier représentent en France 33 % des dépenses concernées. C'est seulement 25 % en Allemagne.

1. Insee, « Le compte des administrations publiques en 2021 ».

Comme pour le système administratif en général, cela tient à l'empilement des structures et à la dyarchie des responsabilités dans l'organisation du dispositif.

Notre modèle social est au cœur de l'identité de notre société. Il doit être préservé. Le réformer est un enjeu majeur du redressement du pays. Cette réforme ne peut être effectuée qu'avec l'engagement de l'État, des entreprises et des citoyens, et doit s'appuyer sur l'idée simple que seule la création de richesse peut permettre la solidarité, qui est une valeur fondamentale du pacte républicain.

Un capitalisme responsable au service du pays

Le redressement économique du pays et sa réindustrialisation vont nécessiter des investissements importants et un effort de toutes les parties prenantes s'inscrivant sur la durée. Cela suppose d'aligner ou plutôt de réaligner la raison d'être des entreprises avec les intérêts du pays. Plus que jamais nous avons besoin d'entreprises qui contribuent au développement et à la création de richesses en France, nous avons besoin d'entreprises qui inscrivent leur stratégie dans le long terme. Les orientations clés pour parvenir à cet objectif concernent : l'actionnariat des entreprises, leur gouvernance, la fiscalité, l'affectation de l'épargne.

L'actionnariat des entreprises

Aujourd'hui, l'actionnariat de la majorité des groupes du CAC est de manière dominante le fait de fonds anglo-saxons, dont la logique financière est une rentabilité élevée dans un horizon de court terme. Cette logique va à l'encontre des défis actuels. Faire évoluer l'actionnariat des grands groupes dans un sens qui permette d'avoir des stratégies de long terme intégrant l'intérêt du pays est donc primordial. Notons que la plupart des entreprises françaises qui ont réussi sur la durée ont un actionnariat de contrôle ou de référence de ce type : les groupes de luxe Kering, LVMH, Hermès, L'Oréal notamment ; des groupes industriels tels que Dassault, Michelin, Peugeot, Plastic Omnium, Bouygues, Bolloré, dotés également d'un actionnariat familial de contrôle ou de référence ; des groupes comme Bouygues, Eiffage, Air Liquide qui s'appuient sur un actionnariat individuel et salarié important.

Plusieurs solutions sont envisageables pour renforcer cet actionnariat de long terme :

- le développement de l'actionnariat salarié en même temps que l'intéressement et la participation, socle de la souscription des salariés ;
- la constitution de noyaux durs avec des investisseurs institutionnels, en premier lieu les compagnies d'assurance ;
- la généralisation des droits de vote double pour les actionnaires qui s'engagent à conserver leurs actions sur une durée longue (cinq ans par exemple).

Une politique de ce type mise en œuvre sur la durée serait de nature à donner un actionnariat stable aux groupes cotés, les protégeant contre les risques d'OPA tout en leur permettant de développer des stratégies de long terme, s'inscrivant dans les orientations définies au niveau du pays.

Une politique du même type devrait être conduite pour renforcer les PME françaises. Leur taille ou leur chiffre d'affaires sont largement inférieurs à ceux des Mittelstand allemands bien sûr, mais également des secteurs équivalents dans le nord de l'Italie. Bon nombre d'entre elles sont passées dans la dernière période sous le contrôle de fonds de private equity généralement anglo-saxons. Sans nier l'apport que ces fonds peuvent avoir pour optimiser les processus, force est de constater que leurs objectifs de rendement (de 15 %), leur horizon d'investissement (cinq à sept ans), les poussent souvent à préférer la génération de cash flows distribuables rapidement à des investissements préparant la compétitivité future des entreprises.

L'objectif devrait être également de favoriser les transmissions d'entreprise, soit dans le cadre familial, soit en cas de reprise par les salariés. Dans ces deux cas, les transmissions devraient être exonérées de toute forme d'impôt. En revanche, à l'instar de ce qui est pratiqué dans plusieurs pays européens, la déductibilité des intérêts finançant les LBO devrait être supprimée. Une telle mesure aurait pour effet de réduire la capacité des fonds de private equity à réaliser des prises de contrôle dont la rationalité financière repose sur une optimisation fiscale payée par le contribuable.

La gouvernance des entreprises

Une des forces du modèle allemand réside dans l'aptitude au compromis permanent entre les salariés et les dirigeants d'entreprise, aptitude s'inscrivant dans le principe de coresponsabilité qui fonde le modèle de l'entreprise dans ce pays. Sans aller jusqu'au modèle allemand où les salariés détiennent la moitié des sièges au conseil de surveillance, une participation accrue des représentants des salariés aux conseils d'administration serait de nature à renforcer la qualité du dialogue et à créer davantage de consensus sur les choix stratégiques et de gestion. De même, un renforcement des dispositifs d'intéressement et de participation pour associer davantage les salariés à la création de valeur contribuerait au renforcement de la cohésion interne aux entreprises.

Instaurer une discipline de « marché climat »

Réussir la transition énergétique et réindustrialiser le pays sont deux objectifs qui se confondent. Les entreprises seront en première ligne pour la mettre en œuvre par leurs solutions technologiques et industrielles. Piloter cette transition nécessite la mise en place d'un système comptable permettant de mesurer leurs émissions directes, comme indirectes. Les normes de ce système appelé généralement comptabilité extrafinancière sont en cours d'élaboration au niveau européen et international.

Réaliser la transformation des produits et des procédés de fabrication va nécessiter des investissements importants dont le coût ne pourra pas toujours être répercuté sur les consommateurs. En conséquence, elle pèsera sur la rentabilité des entreprises. Leur management va devoir gérer une contradiction potentielle entre les normes de rentabilité financière et la contribution des entreprises à la réduction des émissions de CO_2. Pour que cette contradiction soit dépassée de manière positive, il faut que les apporteurs de capitaux, et en premier lieu les investisseurs, acceptent de revoir à la baisse leurs objectifs de rentabilité. Plus généralement, il convient d'instaurer une nouvelle discipline de marché qui place les objectifs de réduction des émissions au même niveau que les critères de rentabilité financière.

Réaliser la transition énergétique nous impose de manager une externalité dont les agents économiques (entreprises et consommateurs) ne se préoccupaient pas jusqu'alors. L'intégrer dans une discipline de marché, c'est réorienter les marchés financiers vers cet objectif collectif, c'est formaliser, en complément des politiques publiques, le cadre dans lequel doit s'inscrire la stratégie des entreprises.

Une fiscalité et une politique de l'épargne au service du redressement économique

– La fiscalité

En matière fiscale, les entreprises qui opèrent en France partent avec un handicap par rapport à leurs homologues européennes ou internationales. Les estimations faites par la fondation Ifrap montrent que les impôts de production sont trop élevés d'environ 50 milliards d'euros, en dépit des allègements apportés sous les présidences Hollande et Macron[1]. Notons que les allègements de CICE n'avaient que partiellement compensé le « coup de massue fiscal » du début du quinquennat Hollande. L'excès de charges fiscales, pour l'ensemble des entreprises exposées à la concurrence internationale, pourrait être supprimé. Le coût induit pour les finances publiques pourrait être ventilé entre une hausse de la TVA, ce qui présente en outre l'avantage de retrouver une marge de compétitivité par

1. Fondation Ifrap, « Fiscalité des entreprises : toujours 148 milliards d'euros de trop », p. 7.

rapport aux produits importés, et une augmentation de la CSG.

Réindustrialiser le pays va nécessiter des investissements importants sur la durée. Notre système fiscal devra être adapté en conséquence avec des mesures à envisager comme l'amortissement accéléré de tous les investissements réalisés dans les entités françaises. Inversement les intérêts des emprunts finançant les acquisitions d'entreprise à l'étranger ne devraient pas être déductibles. Notons que ce fut longtemps le cas en Allemagne.

– L'épargne

La France reste un pays doté d'un fort taux d'épargne (14 % du PIB), mais celle-ci est peu orientée vers l'investissement productif en France. Pour l'essentiel, l'épargne des Français finance l'immobilier résidentiel et de rapport, le logement social et la dette d'État générée par les déficits publics. Réorienter l'épargne vers l'investissement productif en France est donc essentiel pour réindustrialiser le pays.

Deux types de mesures pourraient être envisagées.

En premier lieu, la création de fonds actions PME, constitués sur une base sectorielle ou régionale, exonérés de toute fiscalité.

En second lieu, l'allocation par les compagnies d'assurance-vie d'une fraction minimale de leurs investissements à la détention du capital des grands groupes cotés identifiés comme stratégiques afin d'une part de consolider leurs fonds propres, et d'autre part de « solidifier » leur capital face à des tentatives d'OPA. À titre indicatif, l'affectation d'une quantité supplémentaire de 5 % des encours d'assurance-vie à l'investissement en action dégagerait ainsi un montant de près de 100 milliards d'euros pour réaliser cet objectif[1].

Le financement du programme de transition énergétique nécessitera de mobiliser des ressources considérables sur une période longue. Ce financement a une triple destination : le secteur de l'énergie, la transformation des industries fortement émettrices (ciment, acier, chimie notamment) et les investissements à réaliser par les particuliers pour le renforcement de l'efficacité thermique des logements ou le passage aux véhicules électriques, aujourd'hui plus coûteux que les véhicules à moteur thermique.

Si une partie des investissements pourra être financée par le marché car leur équilibre rentabilité/risque s'inscrit dans ses contraintes – c'est le cas des énergies renouvelables –, d'autres devront faire l'objet de solutions de financement spécifiques.

Le programme nucléaire dont le coût de construction des 6 EPR prévus est ainsi estimé à 50 milliards d'euros[2] ou le développement de la production d'hydrogène comportent des aléas qui rendent problématique leur financement par les marchés. Plusieurs options pourraient être envisagées : le rehaussement de la couverture du risque par une garantie totale ou partielle des financements donnée par l'État ; l'affectation d'une partie de l'épargne réglementée (par exemple celle du livret A) vers ces investissements ; ou même un emprunt public,

1. La règlementation des fonds propres du secteur de l'assurance (Solvency 2) est aujourd'hui défavorable à l'investissement en actions.

2. Rapport officiel « Travaux relatifs au nouveau nucléaire », en vue de la Programmation pluriannuelle de l'énergie (PPE 2019-2028).

ce qui serait une façon d'associer les citoyens à ces grands projets d'infrastructures.

De même, pour les particuliers, des solutions innovantes devront être trouvées pour rendre compatibles les investissements de rénovation thermique avec les revenus individuels. Dans ce cadre, des formules de bonification des taux d'intérêt pourraient être envisagées, notamment pour les ménages aux revenus les plus modestes.

Travailler plus – investir dans la formation

Le contexte de déglobalisation dans lequel nous entrons ne signifie pas que la compétition entre les pays va se réduire. Elle va à notre avis être encore plus rude. Chaque année qui passe voit les anciens pays émergents devenir des concurrents plus forts, car ils nous rejoignent, voire nous ont dépassés, dans les technologies de pointe dont nous avions précédemment le monopole. Les exemples des semi-conducteurs, de la 5G, des batteries électriques, des panneaux solaires sont éclairants.

Après la crise du Covid et maintenant avec la guerre en Ukraine, ces pays ont pris conscience de leur position concurrentielle forte, voire dominante, donc de leur capacité à fixer les prix.

En 2019, la zone euro possédait un excédent commercial de plus de 300 milliards d'euros. Depuis la guerre en Ukraine et l'envolée des prix de l'énergie, cet excédent s'est fortement réduit. C'est la conséquence de l'augmentation du prix de l'énergie, mais aussi de la hausse des prix des produits finis ou semi-ouvrés que nous achetons aux pays d'Asie. Le retournement de la balance commerciale européenne témoigne d'un gigantesque transfert de richesse, en train de s'opérer entre notre continent et le reste du monde.

La déglobalisation va modifier les chaînes de valeur et les circuits d'échange. Les pays vont rechercher des débouchés et des lieux de production dans d'autres pays ou des régions considérés comme des partenaires ou des zones de confiance.

L'Allemagne doit effectuer une double transformation, celle de son système énergétique mais également celle de ses débouchés commerciaux, avec la probable réduction de ses exportations en Chine, sans parler bien sûr de la Russie.

En conséquence, il est certain qu'elle va investir des secteurs où nous avions des positions concurrentielles fortes, tels que l'aviation, l'industrie spatiale et celui de l'armement pour lequel elle mobilise une commande publique importante avec un budget de 100 milliards d'euros supplémentaires consacrés à la défense.

La force d'une économie dépend de son orientation sectorielle, de son modèle économique et social mais aussi de beaucoup d'autres paramètres. L'un d'entre eux est décisif : c'est la quantité de travail fourni par le pays ainsi que son efficacité. L'économie est bien plus qu'une collection de mesures technocratiques, ce sont des femmes et des hommes qui entreprennent, innovent, travaillent. Or en matière de travail, la France souffre de deux handicaps.

Le premier, c'est l'insuffisance du nombre d'heures de travail en France par rapport aux pays comparables. Lorsqu'on rapporte ainsi le nombre d'heures travaillées à la population totale (actifs et inactifs), on constate que la France se situe en queue de peloton des pays développés.

En 2017, le ratio pour la France s'établissait à 635 heures contre 792 heures pour la moyenne des pays de l'OCDE, 677 heures pour l'Allemagne et plus de 800 heures pour le Japon et les États-Unis[1]. Cela traduit le fait que les Français entrent plus tard sur le marché du travail, disposent de plus de jours de vacances et partent à la retraite plus tôt qu'ailleurs. C'est la conséquence également d'un taux de chômage parmi les plus élevés. Bien entendu, une telle situation n'est pas tenable en matière de compétitivité. Elle conduit à alourdir le coût total du travail, affaiblissant ainsi la compétitivité des entreprises, mais également les revenus disponibles pour les salariés actifs.

Il nous faut donc à la fois aligner l'âge de départ à la retraite sur celui des pays européens, revoir branche par branche la durée de travail, à commencer par la fonction publique, où l'objectif des 35 heures n'est pas toujours atteint, notamment dans la fonction publique territoriale. Il faut également faire en sorte que les jeunes entrent plus tôt sur le marché du travail via l'apprentissage.

Le second handicap tient à notre système éducatif. Celui-ci comporte des éléments d'excellence, notamment avec les grandes écoles et certains pôles universitaires. Mais sa grande faiblesse est l'enseignement technique, qui a été fortement dévalorisé. L'objectif de trois bacheliers sur quatre dans une classe d'âge s'est traduit dans les faits par une orientation massive des élèves vers le baccalauréat général, au détriment des filières techniques, devenues ou perçues comme des voies d'échec.

1. Voir annexe 10.

Nous payons le prix d'une politique de faible attention, voire de mépris vis-à-vis des métiers techniques et manuels. L'utilisation du terme d'emploi sous-qualifié est à cet égard très révélatrice de l'état d'esprit qui a présidé à cette évolution. La conséquence de ce système est doublement négative : d'une part nous manquons de travailleurs pour pourvoir des postes dans des secteurs tels que le bâtiment, l'artisanat, l'hôtellerie, et d'autre part nous entretenons certaines filières universitaires à débouchés limités. Valoriser les filières techniques, en faire des filières d'excellence en les couplant à des périodes d'apprentissage est un chantier majeur pour redresser la compétitivité du pays. Cela implique également que les rémunérations de ces métiers ainsi que leur perception sociale soient rehaussées.

Pour une politique européenne réaliste

Le général de Gaulle répétait souvent que la politique – *a fortiori* la géopolitique – devait partir des réalités et se construire en fonction des intérêts du pays.

Quelle est la réalité de l'Union européenne aujourd'hui ?

C'est d'abord un grand marché largement ouvert à la concurrence internationale qui permet la libre circulation des marchandises, des capitaux et des personnes. C'est ensuite pour vingt pays sur vingt-sept une monnaie unique gérée par la Banque centrale européenne, qui est incontestablement l'institution européenne la plus puissante à la fois par sa mission (politique monétaire et supervision bancaire) et par sa gouvernance : les décisions sont prises à la majorité qualifiée avec un poids décisif du directoire et de son président.

L'Union européenne, ce sont quelques politiques publiques structurelles, en nombre limité – politique agricole commune par exemple –, ou circonstancielles, à l'image du plan de relance de 750 milliards d'euros décidé au moment de la crise du Covid.

L'Union européenne, c'est également, et surtout une instance normative sur laquelle s'exercent les intérêts des différents pays qui la composent, mais également ceux des États-Unis et plus globalement de la *lex mercatoria* issue de la sphère privée.

L'Union européenne n'est pas dotée de l'ensemble des attributs qui caractérisent une puissance autonome. Dans le domaine régalien bien sûr, l'Union européenne n'a pas de défense commune autonome, s'en remettant à l'Otan, dirigée par les États-Unis ; de fait, elle ne peut pas avoir de politique étrangère véritablement propre.

Cela s'applique également au domaine industriel. La doxa de Bruxelles, impulsée par la direction de la concurrence, a été au contraire de bannir toute politique industrielle en s'opposant, dans bien des cas, à la constitution de groupes européens aptes à rivaliser avec les concurrents internationaux.

L'Europe ne s'est pas dotée d'une politique énergétique visant à assurer à ses membres leur autonomie stratégique et leur compétitivité. Au lieu d'une telle politique, a été mis en place un mécanisme de fixation des prix dans une logique de marché concurrentiel – inexistant – ayant conduit à l'envolée du prix du gaz et de l'électricité qui va affaiblir l'industrie européenne tout en pénalisant les consommateurs.

Les seules avancées européennes en matière industrielle n'ont pas été impulsées par la Commission, elles ont été le fait de coopération entre États, Airbus étant l'exemple le plus marquant.

L'union monétaire ne s'est pas accompagnée d'une union budgétaire, ce qui la rend d'ailleurs fragile. Chaque pays a une fiscalité propre.

L'Union européenne aujourd'hui correspond pour l'essentiel au projet de Jean Monnet, c'est-à-dire un ensemble économique, s'inscrivant dans la communauté politique transatlantique dirigée par les États-Unis.

Ce n'est pas « l'Europe européenne » que le général de Gaulle voyait comme une cible de long terme, mais dont il considérait avec réalisme qu'elle ne devait pas et ne pouvait pas se traduire par l'effacement des nations.

L'échec dans la mise en place d'une défense franco-allemande lorsque le traité de l'Élysée signé en 1963 avec Konrad Adenauer fut vidé de son contenu par le Bundestag, a été un rappel cinglant de cette réalité. Force est de constater que, soixante ans après, la situation a peu évolué.

Débattre en France du rapport de la France à l'Europe est un exercice difficile, voire périlleux dans la mesure où cette question est devenue un marqueur des clivages politiques internes qui prennent le plus souvent une forme simplificatrice, voire caricaturale.

D'un côté, ceux qui font du projet d'une Europe puissante, souveraine et autonome la seule issue possible pour la France, trop petite et trop faible pour exister dans le concert des nations. Cette approche conduirait à rechercher toujours plus d'intégration institutionnelle, à faire du projet européen le but majeur et non un levier de puissance additionnel pour le pays. Elle traduit au fond un manque de confiance dans les capacités du pays.

D'un autre côté, ceux qui se disent souverainistes et qui en réalité sont souvent anti-européens voient dans l'Europe la cause majeure des difficultés françaises. Pour eux, ce sont les règles bruxelloises d'encadrement économique, les fameux critères de Maastricht sur le déficit budgétaire et la dette qui seraient responsables de nos maux. Comme si gérer rigoureusement ses finances publiques était un problème et non du simple bon sens. C'est la monnaie unique qui aurait affaibli la compétitivité française, ne nous permettant plus de dévaluations dites « compétitives ». Si tel était le cas, un pays comme la Suisse, dont la monnaie n'a fait que se réévaluer depuis quarante ans, ne devrait plus avoir d'industrie. Cette position traduit une incapacité à regarder avec lucidité les causes réelles de nos difficultés, qui sont d'abord d'ordre interne.

Nous devons prendre l'Union européenne pour ce qu'elle est et ce qu'elle restera probablement dans un avenir prévisible.

L'idée d'une nation européenne, d'un État autonome peut être un idéal mais sa probabilité de réalisation est faible à court terme.

D'abord parce que l'Europe n'est pas une terre vierge ; c'est un ensemble de nations qui ont leur culture, leur histoire, leur langue. Ensuite les intérêts des pays qui la composent sont très différents, voire contradictoires, en matière économique et géopolitique. Pour les pays de l'Est, l'Europe ne se pense pas en dehors de l'Otan, donc des États-Unis, qui assurent leur protection face à la Russie. Un constat proche vaut pour les pays scandinaves : aucun de ces pays n'aspire à une « Europe puissance » autonome. Si l'Allemagne a opéré récemment un virage sur le plan militaire en se fixant l'objectif de devenir à l'horizon de trois ans la première armée conventionnelle d'Europe, et s'en donne les moyens financiers en soutenant la création d'un fonds de 100 milliards d'euros, elle n'inscrit pas ce projet dans le cadre d'une défense européenne autonome. Elle a d'ailleurs pris cette décision sans concertation avec la France. L'Allemagne inscrit ce renforcement des capacités militaires dans le cadre de l'Otan et du parapluie nucléaire américain. Elle prévoit d'acheter des avions américains et envisage avec d'autres pays européens l'acquisition d'un système de protection aérienne israélien.

La Pologne, dont le poids géopolitique s'est renforcé avec la guerre en Ukraine, réserve de longue date ses achats de matériel militaire aux États-Unis. On peut regretter le manque d'intérêt de nos partenaires européens pour un renforcement de la capacité d'autonomie stratégique de l'Europe, mais c'est un fait dont nous devons tenir compte dans notre approche du projet européen.

Prendre l'Union européenne telle qu'elle est, c'est déterminer ce que nous pouvons en attendre, ce dont nous devons nous prémunir, compte tenu de notre projet propre. C'est déterminer les buts de guerre qui nous importent et construire des rapports de force pour les atteindre. Dans un entretien qu'il donnait au quotidien *Bild-Zeitung* en 2002, le chancelier Schröder affirmait sa volonté de concevoir la politique de l'Allemagne non plus à partir d'une vision morale inspirée par le repentir, mais principalement à partir de ses intérêts nationaux[1]. Se considérant comme le représentant d'une nouvelle

1. Gerhard Schröder, « L'Allemagne est un pays fier et solidaire. Nous n'avons pas à cacher nos intérêts nationaux. Voilà la voie allemande », *Bild-Zeitung*, 8 août 2002.

génération en Allemagne, Gerhard Schröder a orienté la politique européenne selon les intérêts propres du pays en les articulant d'une manière pragmatique[1]. La politique européenne de la France pourrait utilement s'inspirer de cette approche.

Cela nous conduirait par exemple à négocier sans l'idée du compromis à tout prix mais en fixant les lignes rouges, et le cas échéant en assumant d'éventuels désaccords. C'est ne pas se laisser imposer des solutions par d'autres. La fermeture de Fessenheim, est certes le résultat d'un accord politicien interne entre le Parti socialiste et les Verts en 2012, mais c'est également le fruit de la pression exercée par le gouvernement allemand. L'initiative unilatérale d'Angela Merkel d'accueillir un million d'immigrés pouvait se comprendre du point de vue allemand, compte tenu de la démographie de ce pays. Il n'était pas conforme aux intérêts du nôtre, dont la démographie est différente, et compte tenu des difficultés d'intégration auxquelles nous devons faire face.

Prendre l'Union européenne telle qu'elle est, c'est rechercher la coopération des pays membres avec lesquels nous avons des intérêts communs sans nécessairement s'en remettre au mythe du couple franco-allemand, formule en vogue à Paris mais guère utilisée à Berlin.

L'enjeu majeur pour le pays dans la période qui vient est de se réindustrialiser et de renouer avec la puissance économique, tout en gardant sa souveraineté militaire et diplomatique.

Notre objectif ne doit pas être d'obtenir des facilités sur le plan budgétaire, par rapport aux critères de

1. Daniel Heimerl, « L'Allemagne et l'élargissement de l'Union européenne à l'est », *Revue internationale et stratégique*, mars 2003.

Maastricht, car il est de notre intérêt de retrouver des finances publiques saines.

En revanche, nous devons identifier tous les domaines dans lesquels nous devons peser sur les règles bruxelloises afin de nous réindustrialiser. Cela vaut également pour notre agriculture, qui doit retrouver de l'élan. La question de notre politique de l'énergie et de la réforme du mode de fixation des prix sera un enjeu essentiel, où vont diverger les intérêts des uns et des autres.

La question des mesures à prendre pour redonner de la compétitivité à notre industrie, notamment en matière de commandes et d'aides publiques ou en matière fiscale est un autre exemple.

Prendre l'Union européenne telle qu'elle est ne veut pas dire qu'il faille renoncer à l'idée que les choses puissent changer.

Sur le plan de la défense, l'idée d'une autonomie européenne n'est pas réaliste aujourd'hui car hormis la France aucun pays ne le souhaite. En revanche, des avancées sont possibles vers une souveraineté accrue dans les domaines économique et financier.

Des actions importantes peuvent être entreprises pour la protection de la souveraineté économique du continent. La Chine et les États-Unis se dotent de réglementations et de pratiques visant à renforcer leur compétitivité. C'est clairement le cas de l'Inflation Reduction Act qui complète le Buy American Act en soutenant directement l'achat de produits nord-américains. L'Union européenne devrait se doter de mesures équivalentes, fondées sur le principe de réciprocité. Les prises de position du commissaire européen Thierry Breton en faveur d'un fonds européen de souveraineté pour soutenir les projets industriels européens vont dans ce sens. En sus d'une réponse au niveau communautaire, les États membres doivent également se mettre d'accord sur des politiques industrielles concertées dans les secteurs essentiels à l'avenir industriel du continent.

De même, le marché financier européen demeure fragmenté depuis la crise de 2011. Il n'a pas la force d'attractivité du marché américain. Réaliser une véritable union des marchés de capitaux permettrait d'assurer la fluidité de leur circulation entre les pays de la zone euro. Ce marché unifié constituerait, par sa profondeur et sa liquidité, un espace d'attraction pour les capitaux internationaux. C'est un objectif réaliste et essentiel pour l'avenir des économies européennes.

Des avancées sont possibles au niveau européen pris dans son ensemble, mais il nous faut également rechercher des partenariats auprès des pays avec lesquels nous partageons des intérêts. Par sa géographie, la France est un cas particulier en Europe, car elle a trois frontières : l'Europe continentale à l'est, la Méditerranée et l'Afrique au sud, l'Atlantique à l'ouest, à quoi il faut ajouter les frontières des territoires d'outre-mer. Le continent africain est pour la France un risque et une chance. Une chance si nous contribuons efficacement à son développement, un risque dans le cas contraire du fait des phénomènes migratoires. Avec les autres pays méditerranéens (Italie, Espagne, Portugal, Grèce), la France devrait peser davantage pour que le sujet du développement du continent africain soit classé parmi les questions prioritaires au niveau européen.

3

Le nécessaire renouveau démocratique et social

> « Beaucoup de formes de gouvernement ont été testées, et seront testées dans ce monde de péché et de malheur. Personne ne prétend que la démocratie est parfaite ou omnisciente. En effet, on a pu dire qu'elle était le pire des régimes à l'exception de tous ceux qui ont été essayés au fil du temps ; mais il existe le sentiment, largement partagé dans notre pays, que le peuple doit être souverain, souverain de façon continue, et que l'opinion publique, exprimée par tous les moyens constitutionnels, devrait façonner, guider et contrôler les actions des ministres qui en sont les serviteurs et non les maîtres. »
>
> Winston Churchill,
> discours à la chambre des Communes,
> 11 novembre 1947.

Le pacte dont nous avons présenté le contenu et la nécessité n'est pas seulement un ensemble de mesures techniques. Il implique l'adhésion à un projet commun, la défense de valeurs sociales et politiques, et l'adoption de règles et d'obligations auxquelles adhèrent chacune des parties.

Les institutions politiques, la Constitution en premier lieu, sont la condition de la confiance : confiance des citoyens en leurs dirigeants, confiance dans les choix qui sont faits, confiance aussi des citoyens entre eux. Le pacte État-entreprises-citoyen ne peut vivre que dans le cadre d'institutions qui l'accueillent et lui permettent de fructifier.

Ce cadre ne peut être que celui de la démocratie dont il est lui-même une expression. Il ne peut exister que dans un contexte où les acteurs puissent être solidaires les uns des autres, un cadre de confiance, expression de la souveraineté nationale, dont il émane et qu'il contribuera, en retour, à renforcer. Il suppose une démocratie vivante et forte.

La crise de la démocratie

Malheureusement, en France comme dans beaucoup d'autres pays, la démocratie est en crise.

Certes, elle est naturellement attaquée sur le plan international par les États autoritaires qui, l'assimilant à une forme de civilisation qui leur serait étrangère et hostile, la contestent et veulent l'affaiblir.

Mais la démocratie est surtout fragilisée de l'intérieur. Elle traverse une crise de légitimité et se dévitalise au sein même des pays dont elle constitue le régime politique. À tous les niveaux : politique, social et citoyen.

On constate ainsi un climat de défiance entre gouvernants et gouvernés. Défiance des gouvernés vis-à-vis des gouvernants qui s'exprime à la fois par des taux d'abstention toujours plus élevés et par le développement de mouvements sociaux que les réseaux sociaux affranchissent des canaux traditionnels de la démocratie représentative (Gilets jaunes, Zones à défendre...). L'élection se retrouve ainsi désacralisée. Conséquence de cette défiance, l'autorité des gouvernants est contestée, ce qui limite, en retour, leur capacité d'action.

La démocratie sociale est elle aussi affaiblie. Les syndicats de salariés, en perte d'adhérents, se sont affaiblis au cours des deux dernières décennies, notamment dans le secteur privé. La représentation patronale, elle-même, est divisée entre une organisation qui représente plutôt les entreprises mondialisées et celles qui expriment les intérêts des entreprises opérant sur le territoire national. Les uns et les autres sont portés à ne se situer que par rapport à leurs intérêts catégoriels et peinent à s'entendre sur les compromis que nécessite pourtant la période.

Le sens de la responsabilité des citoyens vis-à-vis de la nation s'érode. L'essor de l'individualisme, renforcé par la primauté donnée au citoyen-consommateur, contribue à cet affaiblissement du sens de la responsabilité envers le pays.

De multiples causes sont invoquées pour expliquer la crise de la démocratie. La principale à notre sens réside dans l'affaiblissement de la fonction politique. Avec la mondialisation, le pouvoir politique s'est laissé concurrencer par de nouvelles formes de pouvoir issues de l'ordre marchand global. Il en a résulté une transformation du discours politique, le volontarisme de l'action cédant la place à une rhétorique de l'adaptation, adaptation à une réalité qui est extérieure et imposée. Sur le plan juridique, cela s'est traduit par une importance croissante de la loi des marchands, la *lex mercatoria*, dont la fonction est de garantir le fonctionnement global des échanges, au détriment de la loi de la République, la *Lex Republica*.

La fonction politique issue de la démocratie représentative s'est retrouvée banalisée, concurrencée, face à d'autres principes de légitimité, notamment ceux qui cherchent à donner davantage d'importance aux juges, davantage de pouvoirs aux autorités indépendantes, davantage de poids aux représentants de « la société civile ». Dans ce contexte, l'État de droit ainsi qu'une conception procédurale de la démocratie peuvent être perçus comme des moyens de contourner une souveraineté populaire qui dérangerait. Ces nouvelles formes de légitimité démocratique, qui trouvent au sein des institutions européennes un terreau particulièrement fertile, sont problématiques lorsqu'elles viennent en substitution plutôt qu'en complément de la légitimité politique traditionnelle.

La situation dans laquelle se trouve la démocratie contemporaine alimente l'idée que la vie publique n'est plus qu'un théâtre d'ombres. Nous serions alors tombés dans une démocratie devenue purement formelle, où l'on demande aux citoyens de voter toujours plus souvent, sans leur donner pour autant la possibilité de se prononcer sur les sujets qui déterminent vraiment l'avenir de la nation. Le vote, pourtant vital dans nos démocraties, serait devenu un geste vide de sens auquel la promesse de révolution institutionnelle ne change pas grand-chose. La politique peut s'apparenter alors à ce qu'en disait Paul Valéry, à savoir qu'elle est « l'art d'empêcher les gens de se mêler de ce qui les regarde », ou bien celui « de contraindre les gens à décider sur ce qu'ils n'entendent pas »[1].

La démocratie, un système pourtant profondément efficace

La crise que traverse la démocratie ne doit pas en masquer les profondes vertus. C'est un système qui peut produire non seulement de l'adhésion, mais aussi de l'engagement. Ce système politique est le meilleur dont nous disposons, il constitue un atout majeur dans l'entreprise de redressement économique que nous formulons.

C'est un système de gouvernement qui est d'abord profondément légitime car il repose sur des valeurs qui sont au cœur de notre héritage et qui font toujours consensus : la liberté et l'égalité.

La démocratie est aussi un système profondément efficace dès lors que l'on donne leur pleine mesure aux principes qui en sont le corollaire naturel, à savoir la délibération, le consentement ainsi que l'esprit de compromis.

L'efficacité démocratique se nourrit de l'éthique de la délibération qui est à son fondement. La démocratie est un mode de gouvernement qui fonctionne par le débat, la confrontation, la controverse, la recherche de compromis. Elle suppose que se forme une « opinion publique », c'est-à-dire l'expression d'un certain consensus. La démocratie possède des vertus informatives, exigeant des citoyens qu'ils se forment aux grands enjeux de leur nation.

1. Paul Valéry, *Regards sur le monde actuel*, Gallimard, 1931.

La démocratie entretient avec le consentement un rapport de dépendance mutuelle. La décision démocratique ne s'impose pas comme un ordre du maître au serviteur, mais comme un projet communément adopté, mutualisé. Elle ne cherche pas à réduire à néant les différents points de vue, les intérêts contradictoires ou les conflits de pouvoir, mais plutôt de composer une action à partir d'eux.

La démocratie est consubstantielle à l'esprit de compromis dont elle émane et qu'elle alimente en retour. Ce fonctionnement, radicalement différent des régimes autoritaires, fait sa force. Dans certains pays, cet esprit de compromis ne se limite pas à la sphère politique, il irrigue la société dans son ensemble et, comme en Allemagne, il est au cœur de la vie des entreprises et des relations sociales.

Pour une revitalisation de la démocratie par la responsabilité

Nous avons conscience que le pacte que nous proposons est exigeant. Il l'est non seulement pour le pays – puisqu'il refuse de faire de la France une entité vouée au déclin –, mais aussi parce qu'il nécessite un engagement de l'ensemble des acteurs économiques et sociaux, ainsi que des citoyens. Cet engagement est rendu d'autant plus nécessaire que nous sommes entrés dans un monde de grands bouleversements et de transformations. Les sociétés, quelles qu'elles soient, vont être confrontées à des choix aussi difficiles qu'importants qui détermineront leur avenir. Elles auront besoin d'un cadre collectif fort pour décider et agir.

Pour répondre à la crise démocratique, certains prônent une réforme des institutions ; d'autres, la mise en place d'alternatives à la démocratie représentative. Notre conviction est que les causes du malaise démocratique ne se situent pas dans nos institutions, mais dans leur mise en pratique, qui bien souvent épouse la forme démocratique sans en respecter l'esprit. La démocratie est un régime de liberté, mais aussi – on l'oublie trop souvent – de responsabilité. Avec humour, Bernard Shaw disait : « Liberté et responsabilité vont de pair. C'est d'ailleurs pour cette raison qu'au fond si peu d'hommes aiment la liberté[1]. » Revitaliser la démocratie est de la responsabilité de l'ensemble des acteurs, en premier lieu de ceux qui exercent la fonction politique.

La première des priorités est de retrouver une démocratie de substance, une démocratie qui donne aux citoyens la possibilité de se prononcer sur les sujets déterminants pour l'avenir de la nation. La politique doit à nouveau s'inscrire dans le temps long. La responsabilité des acteurs politiques doit être de porter à la connaissance de tous les débats clés pour l'avenir du pays. Le débat public s'apparente trop souvent à un pugilat savamment orchestré sur les questions sociétales, sur lesquelles il est si facile de se diviser. La démocratie exige de la pédagogie pour éclairer les débats publics. C'est le rôle des acteurs politiques mais aussi des médias, des intellectuels.

Pour être adopté par les acteurs et s'enraciner dans le paysage national, le pacte que nous préconisons

1. Bernard Shaw, *Maximes à l'usage du révolutionnaire*, Voix d'encre, 2018.

a besoin d'institutions politiques où puisse se formuler un débat éclairé sur l'avenir de la nation. En 1958, la modernisation conduite concernait en priorité l'exécutif, dont le rôle devait être restauré pour doter la France d'une véritable force de gouvernement. Le Parlement est aujourd'hui affaibli ; il doit retrouver son rôle de proposition et de contrôle de l'action publique. Contrairement à ses homologues américain ou britannique, le Parlement français ne dispose pas d'un bureau consacré à la production de statistiques et d'études comme le Congressional Budget Office, aux États-Unis, ou l'Office for Budget Responsibility, au Royaume-Uni.

Le Parlement doit surtout se ressaisir des grandes questions de la nation. Il doit être un lieu où l'on débat des sujets clés pour l'avenir, notamment en matière de choix énergétique, de politique industrielle et de politique européenne. Cela suppose de rompre avec une tendance présente en France depuis plusieurs années consistant à gouverner en marge du Parlement.

La démocratie du « pacte » ne se limite pas à son volet politique. Elle comprend un indispensable et fondamental volet social, fondé sur la responsabilité des acteurs sociaux, en premier lieu les entreprises et les organisations syndicales. La responsabilité des acteurs sociaux est double : participer aux travaux de la nouvelle planification de manière à en faire un instrument national fructueux, et d'autre part construire les compromis nécessaires à sa mise en œuvre. L'instauration du pacte nécessite également une plus grande association des forces économiques et sociales aux projets de la nation. C'est ce à quoi peut contribuer la planification, qui doit permettre la co-construction des politiques publiques et, ce faisant, alléger les contraintes bureaucratiques. Cela exige toutefois des partenaires sociaux (syndicats et entreprises) responsables, qui jouent pleinement le jeu et s'emparent des outils de gouvernement que l'État a mis à leur disposition. Le Conseil national de la refondation, mis en œuvre par le gouvernement actuel, va dans ce sens. Espérons qu'il ne soit pas un instrument technocratique supplémentaire mais vienne en appui aux institutions existantes pour leur redonner du souffle.

Mais la démocratie – rappelons-le, gouvernement du peuple, par le peuple, pour le peuple – ne peut s'exercer pleinement sans l'engagement des citoyens. Tout est dit dans la formule fameuse du président Kennedy : « Ne vous demandez pas ce que votre pays peut faire pour vous, demandez-vous ce que vous pouvez faire pour votre pays. » La responsabilité du citoyen est le corollaire de la souveraineté de l'État. La nation protège, offre un socle, élève dans des valeurs, forme des compétences, ouvre au monde, mais c'est à chacun d'apporter sa contribution à l'effort collectif et au destin national.

Tout cela concourt à faire de la démocratie un processus permanent de dialogue entre les dirigeants et les citoyens, une véritable exigence pour ceux qui gouvernent mais aussi pour ceux qui sont gouvernés. Cette vision est exigeante mais elle est de nature à renforcer l'engagement de tous et l'efficacité de l'action collective.

Conclusion générale

Le terme de crise est sans doute celui le plus couramment employé pour qualifier la situation actuelle : crise écologique, crise énergétique, crise géopolitique, crise économique et financière. Cette sensation d'être confronté à des crises multiples alimente dans les sociétés occidentales et plus particulièrement en France un sentiment où se mêlent la nostalgie, l'inquiétude, et le pessimisme face à l'avenir. « C'était mieux avant », « demain sera pire »… ces formules résument l'état d'esprit dominant et conduisent le plus souvent à une vision fataliste et résignée de l'avenir du pays.

Ce livre se veut au contraire un message d'optimisme pour notre pays. Optimisme qui n'est pas une posture de principe, mais l'expression d'une volonté et d'un chemin pour construire notre destin.

La crise, écrivait le philosophe Antonio Gramsci, « c'est le moment où l'ancien ordre du monde s'estompe et où le nouveau doit s'imposer en dépit de toutes les résistances et de toutes les contradictions[1] ». Il ne s'agit pas de nier la réalité des transformations en cours, il s'agit d'en comprendre la nature et la portée,

1. Antonio Gramsci, *Cahiers de prison (1948-1951)*, Gallimard, 1996.

d'en identifier les risques et les opportunités pour bâtir un avenir meilleur. L'histoire enseigne qu'il n'y a pas de déterminisme dans le devenir des nations, que rien n'est inéluctable et que tout dépend au fond de la volonté des acteurs de réaliser avec détermination une ambition collective.

Nous avons analysé dans la deuxième partie de ce livre la nature des transformations qui sont en train de reconfigurer le monde.

Sur le plan géopolitique se termine la période de la globalisation marquée par l'hégémonie du monde occidental conduit par les États-Unis. Nous entrons dans un monde multipolaire aux contours encore incertains. On peut le regretter, mais c'est un fait. Mais ce monde multipolaire – ou *pluripolaire*, tant nombre de puissances émergent – ne sera pas obligatoirement synonyme de confrontations ou de chaos, pour autant que chaque pays se concentre sur la solution de ses problèmes internes tout en coopérant sur les sujets d'intérêt universel, et en premier lieu la maîtrise de l'évolution du climat. Dans cette période de transition, la France peut être une puissance qui défend ses intérêts et qui, conformément à sa tradition, porte un message universel mais respectueux de l'indépendance des nations.

Maîtriser l'évolution du climat est incontestablement la grande affaire de l'humanité pour le XXIe siècle. C'est une nouvelle révolution industrielle à opérer au niveau planétaire et dans chaque pays. Réussir la décarbonation de l'économie aura un coût et nécessitera une transformation des produits, des modes de production et des modes de vie. Mais cela conduira, à terme, à régler définitivement la question de l'énergie pour l'humanité qui disposera alors d'une énergie abondante et peu coûteuse. C'est un défi à la mesure de nos capacités technologiques actuelles et du génie humain.

Le succès ou l'échec dans la mise en œuvre de cette révolution industrielle va aussi déterminer la compétitivité relative des pays. Clairement, la France a des atouts majeurs pour figurer dans les pays gagnants. Même affaibli, notre système énergétique, fondé sur le nucléaire, l'hydraulique et demain les renouvelables (éolien et solaire), doit nous permettre de réussir à la fois la décarbonation de notre économie et la réindustrialisation du pays. Ces deux objectifs se confondant pour la France.

Les transformations en cours, la déglobalisation et la transition énergétique, posent la question du type de capitalisme apte à répondre à ces défis. Depuis 2007, le capitalisme financier, tel qu'il s'est construit aux États-Unis dans les années 1980 et déployé dans le monde, est en crise et ne survit que par le soutien de la création monétaire et de l'endettement. La déglobalisation et le retour de l'inflation ébranlent ses fondements. Les investissements à réaliser pour la transition énergétique sont incompatibles avec les exigences de rentabilité qu'il s'est données. Dès lors, sa réforme n'est pas une option, c'est une obligation. Elle passe par un gouvernement de l'économie qui redéfinisse clairement les rôles respectifs de l'État, des entreprises et des marchés financiers ainsi que leurs interactions. Elle nécessite que le rôle de l'État stratège soit rehaussé, que les entreprises intègrent davantage l'intérêt général du pays et que les marchés financiers soient définitivement mis au service de l'économie réelle. Ce type d'économie politique, ce mode de gouvernement de l'économie correspondent à l'esprit qui était en vigueur jusqu'à la fin des années 1970 et qui combinait une vision libérale de l'économie, des politiques publiques fortes et une démarche planificatrice fédérant les acteurs.

Ainsi les transformations en cours ne doivent pas générer l'inquiétude, voire la peur. Elles sont plutôt favorables à la France, qui se trouve confrontée, comme tous les autres pays, à l'exigence du changement.

Nous avons consacré la première partie de ce livre à l'analyse des causes du déclin économique français. Nous avons montré que son affaiblissement trouvait ses racines dans le désalignement progressif de l'État et des acteurs économiques et financiers. C'est pourquoi nous pensons que la condition du redressement est de construire un nouveau pacte entre l'État, les entreprises et les citoyens partageant l'ambition commune que notre pays renoue avec la puissance industrielle et économique, sans laquelle rien n'est possible.

Construire ce pacte nécessite en premier lieu de partager un constat lucide sur notre situation actuelle, avec nos forces et nos faiblesses.

Construire ce pacte suppose de partager l'ambition certes, mais plus encore une vision de la nature des transformations à opérer pour chacune des parties prenantes dans le cadre des orientations que nous avons présentées dans la troisième partie du livre.

Construire ce pacte, c'est renouer avec l'esprit de la planification lorsqu'elle portait une vision pour le pays, où pour reprendre une formule du IVe plan « La réalisation des objectifs ne découle pas tant d'obligations formelles mais de directives, d'incitations appropriées ainsi que d'une conviction et d'une ardeur fondées sur le sens civique, l'intérêt bien compris et la participation de toutes les forces économiques et sociales à l'élaboration de la mise en œuvre du plan[1]. »

Construire ce pacte, c'est se donner les moyens de retrouver la confiance : confiance en nous-mêmes, confiance entre nous et confiance dans l'avenir de notre pays.

1. IVe plan de développement économique et social (1964-1965), p. 4.

Remerciements

Nos remerciements vont en premier lieu à ceux sans lesquels notre projet n'aurait pu être mené à bien : Quentin Andreani-Barthélémy, dont le travail de recherche historique a été essentiel, Pierre Blanchet pour son apport dans l'analyse économique, Dominique Perrier pour sa relecture pertinente et assidue.

Nos remerciements vont également à tous ceux dont les échanges ont contribué à nourrir notre réflexion. Les dirigeants du groupe Crédit agricole et d'Amundi. Les membres du Comité Médicis et de l'Advisory Board d'Amundi. Jacques de Larosière pour son exceptionnelle maîtrise de la sphère financière, Pierre Sellal dont l'intelligence de l'Europe a été précieuse, Jean-Dominique Senard dont les travaux partagés sur le capitalisme responsable ont été une source d'inspiration, Jean-Christophe Mieszala pour sa compréhension du monde de la globalisation et Guillaume Dard pour sa connaissance de la pensée économique.

Annexes

Annexe 1 – Déplacement du centre de gravité du monde : évolution de la population et du PIB en valeur nominale

Changement de centre de gravité du monde sur 30 ans

En US dollars courants (USD)

Pays ou région	2021				1990			
	PIB (USD mds)	% PIB total	Population (millions)	% Population mondiale	PIB (en USD mds)	% PIB total	Population (millions)	% Population mondiale
États-Unis	22 996	24 %	332	4 %	5 963	26 %	250	5 %
Union européenne *	17 177	18 %	447	6 %	6 498	29 %	420	8 %
Allemagne	4 260	4 %	83	1 %	1 772	8 %	79	2 %
France	2 958	3 %	68	1 %	1 269	6 %	58	1 %
Asie**	35 000	36 %	4 272	54 %	5 145	23 %	2 960	56 %
Japon	4 941	5 %	126	2 %	3 133	14 %	123	2 %
Chine***	18 133	19 %	1 420	18 %	441	2 %	1 141	22 %
Inde	3 176	3 %	1 408	18 %	321	1 %	1 141	22 %
Grandes économies	**75 174**	**78 %**	**5 051**	**64 %**	**17 607**	**77 %**	**3 630**	**69 %**
Reste du monde	**21 339**	**22 %**	**2 837**	**36 %**	**5 177**	**23 %**	**1 664**	**31 %**
Total monde	**96 513**	**100 %**	**`7 888**	**100 %**	**22 784**	**100 %**	**5 294**	**100 %**

* Supposant 27 membres dès 1990 et excluant le Royaume-Uni.

** Asie du Sud et du Sud-Est, hors Océanie.

*** Incluant Chine continentale, Hong Kong et Macau.

Source : Amundi Institute à partir de données de la Banque mondiale (PIB USD courant), janvier 2023.

Annexe 2 – Déplacement du centre de gravité du monde : évolution de la population et du PIB en parité de pouvoir d'achat (PPA)

Changement de centre de gravité du monde sur 30 ans

En US dollars, parité de pouvoir d'achat (PPA USD)

Pays ou région	2021				1990			
	PIB (PPA USD mds)	% PIB total	Population (millions)	% Population mondiale	PIB (PPA USD mds)	% PIB total	Population (millions)	% Population mondiale
États-Unis	22 996	16 %	332	4 %	5 963	20 %	250	5 %
Union européenne *	21 680	15 %	447	6 %	6 228	21 %	420	8 %
Allemagne	4 815	3 %	83	1 %	1 545	5 %	79	2 %
France	3 424	2 %	68	1 %	1 027	3 %	58	1 %
Asie**	61 269	42 %	4 272	54 %	7 371	25 %	2 960	56 %
Japon	5 397	4 %	126	2 %	2 466	8 %	123	2 %
Chine***	27 850	19 %	1 420	18 %	1 228	4 %	1 141	22 %
Inde	10 194	7 %	1 408	18 %	1 048	4 %	1 141	22 %
Grandes économies	**105 945**	**72 %**	**5 051**	**64 %**	**19 562**	**66 %**	**3 630**	**69 %**
Reste du monde	**40 810**	**28 %**	**2 837**	**36 %**	**9 875**	**34 %**	**1 664**	**31 %**
Total monde	**146 755**	**100 %**	**7 888**	**100 %**	**29 436**	**100 %**	**5 294**	**100 %**

* Supposant 27 membres dès 1990 et excluant le Royaume-Uni.

** Asie du Sud et du Sud-Est, hors Océanie.

*** Incluant Chine continentale, Hong Kong et Macau.

Source : Amundi Institute à partir de données de la Banque mondiale (PIB USD PPA internationaux courants), janvier 2023.

Annexe 3 – Évolution du PIB par habitant en Europe, aux États-Unis et au Japon de 1990 à 2021

PIB par habitant (2021, USD courants)	2021	2000	1990	Variation % entre 1990 et 2021
Allemagne	51 204	23 695	22 304	130 %
France	43 659	22 416	21 866	100 %
Italie	35 657	20 138	20 826	71 %
Espagne	30 104	14 750	13 805	118 %
Moyenne Union européenne 27	38 411	16 948	15 461	148 %
États-Unis	70 249	36 330	23 889	194 %
Japon	39 313	39 169	25 371	55 %

Source : Amundi Institute, données Banque mondiale, janvier 2023.

Annexe 4 – PIB par habitant dans l'Union européenne en 2021 (en euros)

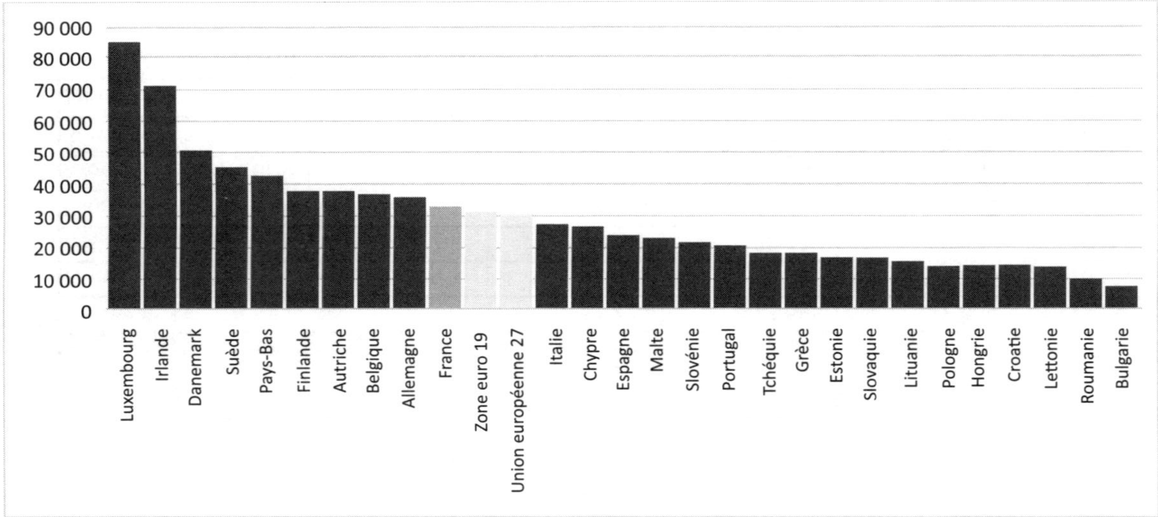

Source : Amundi Institute, données Eurostat, janvier 2023.

Annexe 5 – Évolution de la dette mondiale en pourcentage du PIB entre 2000 et 2022

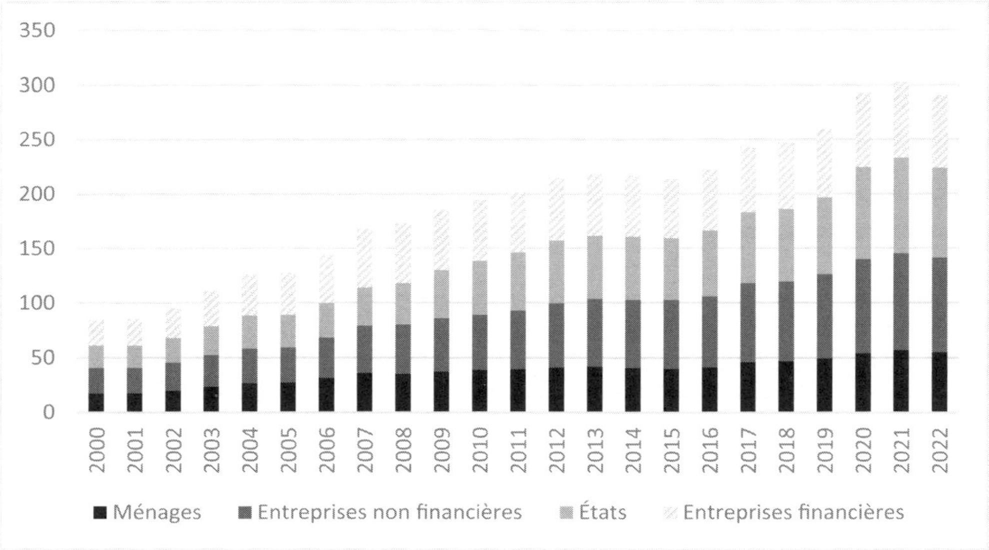

Source : Amundi Institute, données Institute of International Finance, janvier 2023.

Annexe 6 – Évolution de la dette publique et privée des pays du G7 entre 1990 et 2021 (en % du PIB)

Évolution de l'endettement public et privé en % du PIB

Pays du G7	2021			1990		
	Dette publique % PIB	Dette privée % PIB *	Dette totale % PIB	Dette publique % PIB	Dette privée % PIB *	Dette totale % PIB
États-Unis	128 %	159 %	287 %	62 %	125 %	187 %
Canada	113 %	231 %	343 %	74 %	135 %	209 %
Allemagne	69 %	129 %	198 %	41 %	118 %	158 %
France	113 %	232 %**	345 %	36 %	129 %	165 %
Italie	151 %	116 %	267 %	95 %	58 %	153 %
Royaume-Uni	104 %	158 %	262 %	28 %	115 %	143 %
Japon	263 %	187 %	450 %	63 %	207 %	270 %

* Dette des ménages et des entreprises privées non financières.

** 148 % selon la Banque de France.

Source : FMI, Global Debt Database, janvier 2023.

Annexe 7 – France : croissance comparée du PIB et de la dette publique de 1990 à 2021

Mds €	1990	2021	Variation	Ratio
PIB	1 058	2 500	+1 442	
Dette publique	363	2 956	+2 593	**1,80**

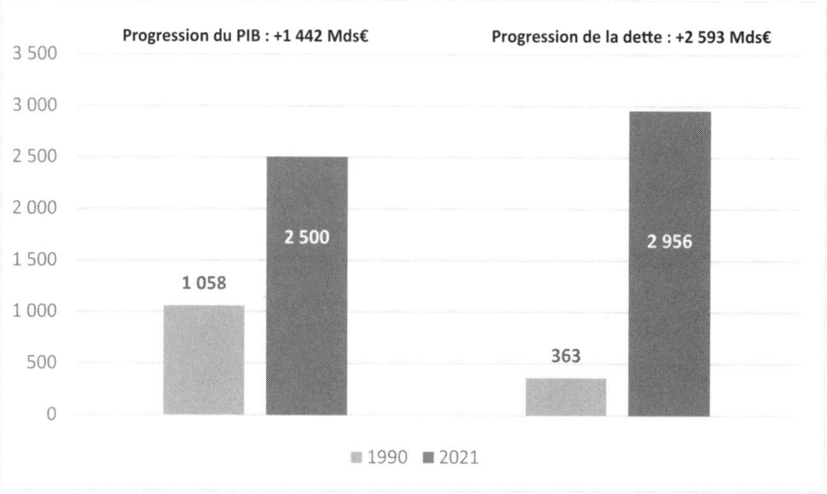

Source : Amundi Institute, Insee, janvier 2023.

Lecture : Entre 1990 et 2021, le PIB de la France est passé de 1 000 à 2 500 milliards d'euros. Pendant la même période, la dette publique a augmenté de 2 600 milliards d'euros. Pour faire 100 milliards d'euros de PIB additionnel, la France a généré en moyenne sur la période 180 milliards de dette publique supplémentaire.

Annexe 8 – France : évolution des dépenses publiques et des dépenses sociales de 1990 à 2021 (en % du PIB)

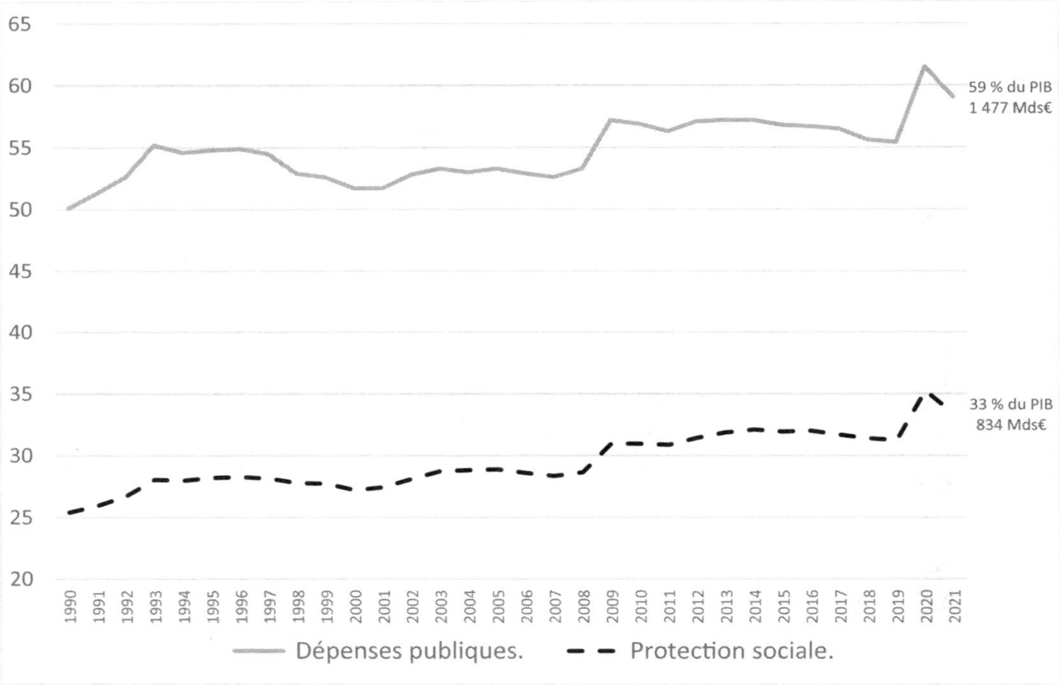

Source : Insee, janvier 2023.

Annexe 9 – France : évolution des dépenses publiques et des recettes fiscales

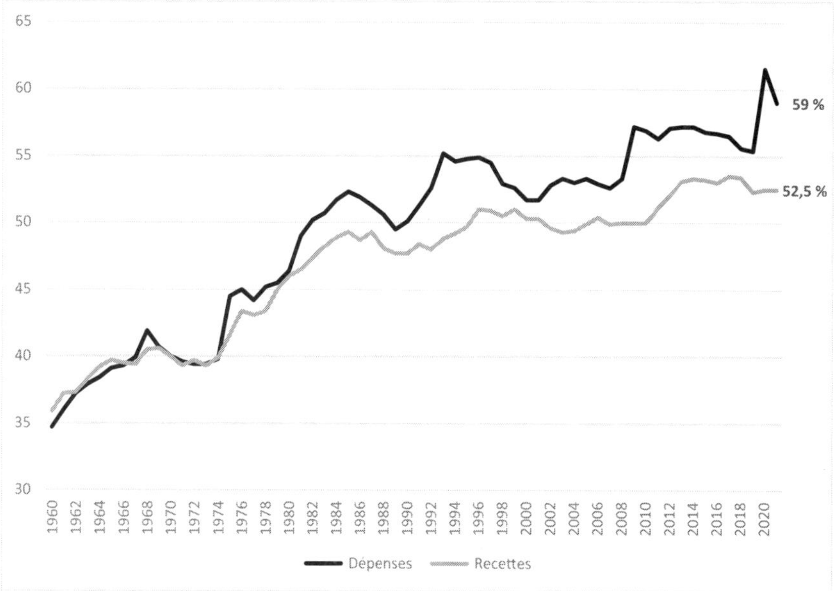

Source : Insee, janvier 2023.

Annexe 10 – Heures de travail rapportées à la population totale par pays

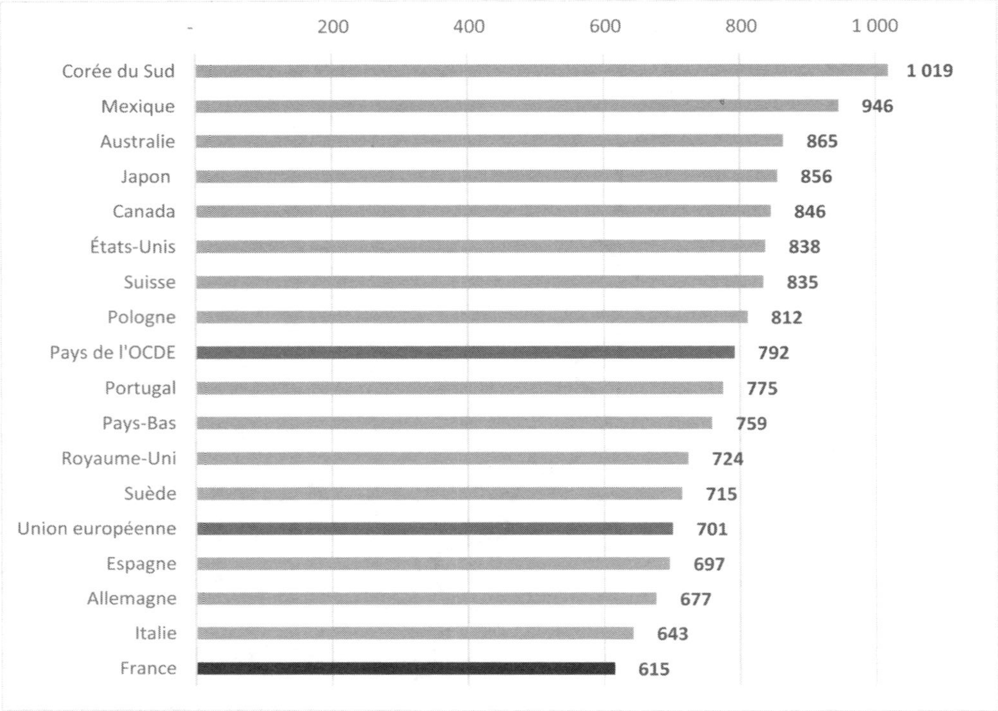

Source : Amundi Institute, données OCDE, 2021.

Annexe 11 – Part de l'industrie manufacturière en valeur ajoutée (en % du PIB)

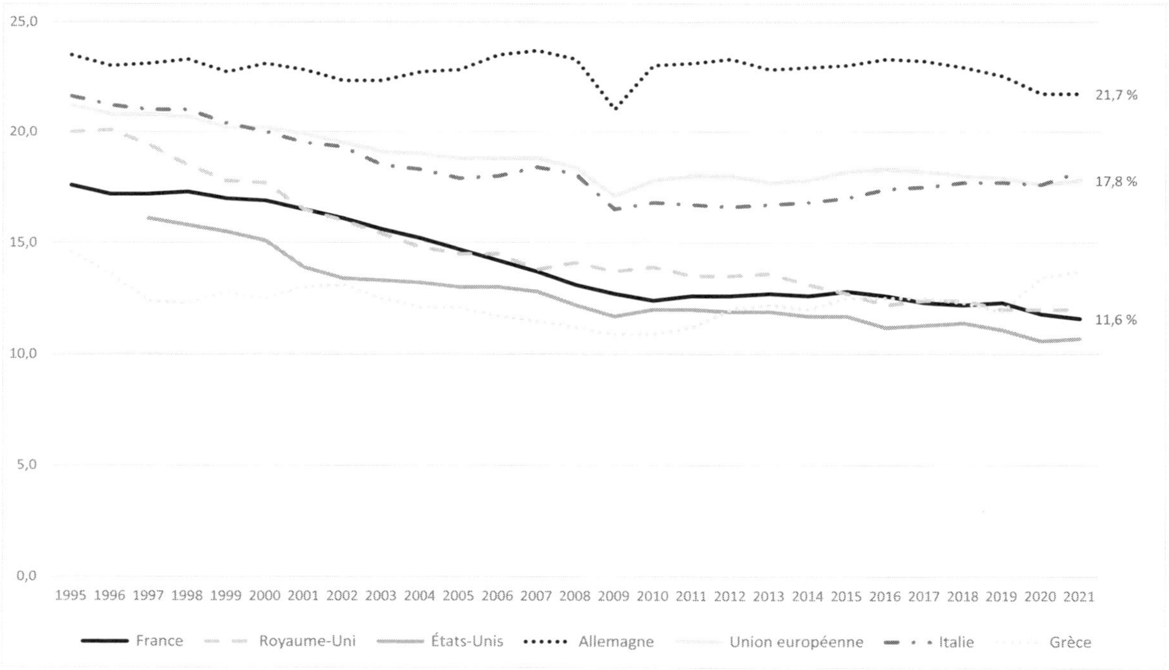

Source : Eurostat, US Bureau of Economic Analysis, janvier 2023.

Repères bibliographiques

Première partie
Les vraies raisons du déclin français :
comment la France a raté le virage de la globalisation

ALBERT, Michel, *Capitalisme contre capitalisme*, Seuil, 1991.

AUDIER, Serge, *Néolibéralisme(s)*, Grasset, 2012.

BAVEREZ, Nicolas, *Les Trente Piteuses*, Flammarion, 1997.

BILGER, François, *La Pensée économique libérale dans l'Allemagne contemporaine*, R. PICHON et R. DURAND-AUZIAS, 1964.

BLOT, Christophe, CHAGNY, Odile et LE BAYON, Sabine, *Faut-il suivre le modèle allemand ?* La Documentation française, 2015.

BOYER, Robert, *Économie politique des capitalismes. Théorie de la régulation et des crises*, La Découverte, 2015.

BRAUDEL, Fernand et LABROUSSE, Ernest, *Histoire économique et sociale de la France*, t. IV, *L'Ère industrielle et la société d'aujourd'hui (1880-1980) : 1950 à nos jours*, Puf, 1982.

COMMUN, Patricia, *Les Ordolibéraux. Histoire d'un libéralisme à l'allemande*, Les Belles Lettres, 2016.

DELAUME, Coralie, *Le couple franco-allemand n'existe pas. Comment l'Europe est devenue allemande et pourquoi ça ne durera pas*, Éditions Michalon, 2018.

DUVAL, Guillaume, *Made in Germany. Le modèle allemand au-delà des mythes*, Seuil, 2013.

EICHENGREEN, Barry, *Globalizing Capital: A History of the International Monetary System*, Princeton University Press, 2008.

ERHARD, Ludwig, *La Prospérité pour tous*, Plon, 1959.

ESAMBERT, Bernard, *Pompidou capitaine d'industries*, Odile Jacob, 1994.

FOUCAULT, Michel, *Naissance de la biopolitique. Cours au Collège de France (1978-1979)*, Gallimard, 2004.

GAURON, André, *Histoire économique et sociale de la Ve République*, La Découverte, 1983.

HAU, Michel, *Histoire économique de l'Allemagne (XIXe-XXe siècles)*, Economica, 1994.

HAU, Michel et TORRES, Félix, *Le Virage manqué (1974-1984). Ces dix années où la France a décroché*, Les Belles Lettres, 2020.

HELLEINER, Eric, *States and the Reemergence of Global Finance: from Bretton Woods to the 1990s*, Cornell University Press, 1996.

IZRAELEWICZ, Érik, *Le Capitalisme zinzin*, Grasset, 1999.

JOHNSON, Simon et KWAK, James, *13 Bankers: The Wall Street Takeover and the Next Financial Meltdown*, Pantheon Books, 2010.

KRUGMAN, Paul R., *L'Amérique que nous voulons*, Flammarion, 2008.

KUISEL, Richard F., *Le Capitalisme et l'État en France. Modernisation et dirigisme au XXe siècle*, Gallimard, 1984.

–, *Le Miroir américain. 50 ans de regard français sur l'Amérique*, J.-C. Lattès, 1996.

LÉVY-LEBOYER, Maurice, et CASANOVA, Jean-Claude (dir.), *Entre l'État et le marché. L'économie française de 1800 à nos jours*, Gallimard, 1991.

LIPPMANN, Walter, *US Foreign Policy and US War Aims*, Overseas Editions, 1944.

MELANDRI, Pierre, *Le Siècle américain, une histoire*, Perrin, 2016.
MORIN, François, « Le modèle français de détention et de gestion du capital », rapport au ministre de l'Économie, des Finances et de l'Industrie, Bercy, 1998.
NICHOLLS, Anthony James, *Freedom with Responsibility: The Social Market Economy in Germany, 1918-1963*, Clarendon Press, 2000.
NYE, Joseph S., *Is the American Century Over?*, John Wiley & Sons, 2015.
PESIN, Fabrice, STRASSEL, Christophe et BRENDER, Anton, *Le Modèle allemand en question*, Economica, 2006.
PEYREFITTE, Alain, *C'était de Gaulle*, Fayard, 2000.
–, *Le Mal français*, Fayard, 2006.
RÖPKE, Wilhelm, *Au-delà de l'offre et de la demande*, Les Belles Lettres, 2009.
SERVAN-SCHREIBER, Jean-Jacques, *Le Défi américain*, Denoël, 1967.
STOFFAES, Christian, *La Grande Menace industrielle*, Calmann-Lévy, 1980.
STOLERU, Lionel, *L'Impératif industriel*, Seuil, 1969.
TIETMEYER, Hans, *Économie sociale de marché et de stabilité monétaire*, Economica, 1999.
WEBER, Henri, *Le Parti des patrons, Le CNPF (1946-1986)*, Seuil, 1986.
ZUNZ, Olivier, *Le Siècle américain. Essai sur l'essor d'une grande puissance*, Fayard, 2000.

Deuxième partie
La grande reconfiguration

BADIE, Bertrand, *L'Hégémonie contestée. Les nouvelles formes de domination internationale*, Odile Jacob, 2019.
BÉBÉAR, Claude, *Ils vont tuer le capitalisme*, Plon, 2003.

BONIFACE, Pascal, *Requiem pour le monde occidental*, Éditions Eyrolles, 2019.

BRZEZIŃSKI, Zbigniew, *Le Grand Échiquier. L'Amérique et le reste du monde*, Hachette, 2000.

CASE, Anne et DEATON, Angus, *Morts de désespoir. L'avenir du capitalisme*, Puf, 2021.

DALMEDICO, Amy Dahan et AYKUT, Stefan C., *Gouverner le climat. 20 ans de négociations internationales*, Presses de Sciences Po, 2015.

FRIEDMAN, Milton, *Capitalisme et liberté*, Flammarion, 2016.

FUKUYAMA, Francis, *La Fin de l'histoire et le dernier homme*, Flammarion, 1992.

GEMENNE, François, *Géopolitique du climat. Négociations, stratégies, impacts*, Armand Colin, 2015.

GOLLIER, Christian, *Le Climat après la fin du mois*, Puf, 2019.

GOMART, Thomas, *L'Affolement du monde. 10 enjeux géopolitiques*, Tallandier, 2020.

GOMEZ, Pierre-Yves, *L'Esprit malin du capitalisme*, Desclée de Brouwer, 2019.

GUÉHENNO, Jean-Marie, *Le Premier XXIe siècle. De la globalisation à l'émiettement du monde*, Flammarion, 2021.

JAISHANKAR, S., *The India Way: Strategies for an Uncertain World*, Harper Collins, 2020.

KISSINGER, Henry, *L'Ordre du monde*, Fayard, 2016.

LAROSIÈRE, Jacques (de), *40 ans d'égarements économiques. Quelques idées pour en sortir*, Odile Jacob, 2021.

–, *En finir avec le règne de l'illusion financière : Pour une croissance réelle*, Odile Jacob, 2022.

LE GOFF, Jacques, *Marchands et banquiers du Moyen Âge*, Puf, 2014.

LEJBOWICZ, Agnès, *Philosophie du droit international. L'impossible capture de l'humanité*, Puf, 2018.

MAHBUBANI, Kishore, *Has the West Lost It?: A Provocation*, Penguin UK, 2018.

–, *Le Jour où la Chine va gagner. La fin de la suprématie américaine*, Saint-Simon, 2021.
MILANOVIĆ, Branko, *Inégalités mondiales. Le destin des classes moyennes, les ultra-riches et l'égalité des chances*, La Découverte, 2019.
PAYRE, Denis, *Le Contrat mondial. Pour que l'humain et la nature soient enfin au cœur de la mondialisation*, Éditions First, 2021.
POITRINAL, Guillaume, *Pour en finir avec l'apocalypse. Une écologie de l'action*, Stock, 2022.
The Shift Project Paris, *Climat, crises : le plan de transformation de l'économie française*, Odile Jacob, 2022.
–, « L'emploi : moteur de la transformation bas carbone », 2021.
STERN, Nicholas, *Why Are We Waiting?: The Logic, Urgency, and Promise of Tackling Climate Change*, MIT Press, 2016.
STIGLITZ, Joseph Eugene, *Quand le capitalisme perd la tête*, Fayard, 2003.
TEURTRIE, David, *Russie. Le retour de la puissance*, Armand Colin, 2021.
TIROLE, Jean, *Économie du bien commun*, Puf, 2016.
VÉDRINE, Hubert, *Sauver l'Europe !*, Liana Levi, 2016.
–, *Une vision du monde*, Bouquins, 2022.

Troisième partie
Pour un nouveau pacte entre l'État, les entreprises et les citoyens

ARTUS, Patrick et VIRARD, Marie-Paule, *La Dernière Chance du capitalisme*, Odile Jacob, 2021.
BEFFA, Jean-Louis, *Les Clés de la puissance*, Seuil, 2015.
CLAMADIEU, Jean-Pierre, *L'Europe, avenir de l'industrie française*, Le Cherche midi, 2022.
COHEN, Élie, *Souveraineté industrielle. Vers un nouveau modèle productif*, Odile Jacob, 2022.

DJAIZ, David, *Le Nouveau Modèle français*, Allary Éditions, 2021.

DUFOURCQ, Nicolas, *La Désindustrialisation de la France (1995-2015)*, Odile Jacob, 2022.

FOROOHAR, Rana, *Homecoming: The Path to Prosperity in a Post-Global World*, Crown, 2022.

FOURQUET, Jérôme, GARNIER, Mathieu, CASSELY, Jean-Laurent et MANTERNACH, Sylvain, *La France sous nos yeux. Économie, paysages, nouveaux modes de vie*, Seuil, 2021.

GALLOIS, Louis, « Pacte pour la compétitivité de l'industrie française », rapport au Premier ministre, La Documentation française, 2012.

KESSLER, Denis, « Quelles sont les réformes indispensables et urgentes pour rapprocher rapidement et durablement nos performances de celles de l'Allemagne en matière d'emploi, de compétitivité et de finances publiques ? », dans *Réformes et transformations*, Puf, 2018.

LENGLET, François, *Rien ne va, mais...*, Place des éditeurs, 2022.

MASSÉ, Pierre, *Le Plan ou l'Anti-hasard*, Gallimard, 1965.

NOTAT, Nicole et SENARD, Jean-Dominique, « L'entreprise, objet d'intérêt collectif », rapport ministériel, 2018.

PERRIER, Yves, « Faire de la place financière de Paris une référence pour la transition climatique : un cadre d'actions », 2022.

SAPIR, Jacques, *Le Grand Retour de la planification ?*, Jean-Cyrille Godefroy, 2022.

SENARD, Jean-Dominique, BARBARA, Emmanuelle et PERRIER, Yves, « Partage de la valeur : salariés, entreprises, tous gagnants ! », Institut Montaigne, 2022.

SENARD, Jean-Dominique et PERRIER, Yves. « Pour un capitalisme européen responsable », Institut Montaigne, 2022.

VÉDRINE, Hubert, *Et après ?*, Fayard, 2020.

Verdier-Molinié, Agnès, *Le Vrai État de la France*, Éditions de l'Observatoire, 2022.
Wolf Martin, *The Crisis of Democratic Capitalism*, Penguin Press, 2023.

Table